国家示范性高等职业教育规划教材

经济学原理

主编 张秦龙 陈红梅

北京理工大学出版社
BEIJING INSTITUTE OF TECHNOLOGY PRESS

版权专有 侵权必究

图书在版编目（CIP）数据

经济学原理 / 张秦龙，陈红梅主编 . —北京：北京理工大学出版社，2013.7
（2019.8 重印）
　ISBN 978 – 7 – 5640 – 8082 – 2

　Ⅰ . ①经… 　Ⅱ . ①张… ②陈… 　Ⅲ . ①经济学 – 高等学校 – 教材 　Ⅳ . ①F0

中国版本图书馆 CIP 数据核字（2013）第 182006 号

出版发行 / 北京理工大学出版社有限责任公司
社　　址 / 北京市海淀区中关村南大街 5 号
邮　　编 / 100081
电　　话 /（010）68914775（办公室）
　　　　　82562903（教材售后服务热线）
　　　　　68948351（其他图书服务热线）
网　　址 / http：//www.bitpress.com.cn
经　　销 / 全国各地新华书店
印　　刷 / 涿州市新华印刷有限公司
开　　本 / 710 毫米 × 1000 毫米　1/16
印　　张 / 17.5
字　　数 / 326 千字
版　　次 / 2013 年 7 月第 1 版　2019 年 8 月第 8 次印刷
定　　价 / 39.80 元

责任编辑 / 张慧峰
文案编辑 / 多海鹏
责任校对 / 周瑞红
责任印制 / 吴皓云

图书出现印装质量问题，请拨打售后服务热线，本社负责调换

前　言

随着全球经济一体化的迅速发展，中国经济在世界经济中的地位日益突出，经济运行、价格变动、微观决策、总量分析、宏观调控和国际经济等问题已经成为全球的热点问题。与此同时，中国的改革开放在经历30多年后，一些深层次问题和矛盾也显得更加尖锐。作为一名财经高职院校的大学生，学习并掌握一定的经济学知识成为其基本素质之一。

近年来，我国高职教育事业呈现出前所未有的发展势头，如何给当代大学生提供一本既简明扼要、相对全面，又适应学生特点、突出自身特色的经济学教科书，成为当务之急。

本书作者在总结多年教学经验的基础上，针对高职学生的学习实际，在借鉴当代经济学教科书基本理论的前提下，从基本概念、基本知识和基本原理入手，以较为突出的通俗性、趣味性和可读性材料传授着经济学的基本要义。

本书内容包括经济学概述、市场经济、价格理论及其应用、微观主体行为、宏观经济总量、总需求、宏观经济调控和国际经济学等十个方面的内容。与此同时，本书的特点表现在以下三个方面：

1. 突出了实用性

本书不仅注重理论知识与实践活动的结合，而且以通俗易懂的文字表达、至情至理的图表说明、有针对性的"经典案例"分析使相关原理增强了理解上的趣味性和可读性；更突出了理论知识在实践中的应用，提高了学生的分析与解决问题的能力。与此同时，本书还在每讲开头以"基本思路"的形式将本讲所要讲授的内容概要地介绍给同学们，以便在学习时有一个清晰的脉络。

2. 强调了创新性

本书通过"经济学概述、微观经济学、宏观经济学和国际经济学"四部分不仅将经济学的基本概念、基本知识和基本原理呈现给学生，而且在有关内容中，通过"知识链接"的方式，从广度方面介绍了曼昆的经济学十大原理，还通过穿插一定数量的常识性图表、名词，以方便同学们的学习与理解；通过"延伸阅读"的方式，从深度方面介绍了与教材内容相关的知识，方便有兴趣的同学更进一步地学习。

3. 明确了任务性

在每一讲的内容中，通过"任务要求"这一形式，以"重点掌握""基本了解""一般了解"三个层次将本讲所要讲授的知识进行分类，以便同学们有所侧重地学习。每讲学习结束时，通过"任务练习与学习思考"的形式，提供一定数量的、与教材内容相关的练习思考题，以帮助同学们对知识融会贯通。

本书由陕西财经职业技术学院张秦龙、陈红梅担任主编。具体编写内容如下：张秦龙编写了第一讲、第七讲、第八讲、第九讲和第十讲内容，陈红梅编写了第二讲、第三讲、第四讲、第五讲和第六讲内容。全书由张秦龙统稿。

本书的部分经典案例分析借用了相关互联网和教科书的内容，在此一并表示感谢。

由于时间仓促，加之作者水平有限，书中疏漏和不足之处在所难免，恳请各位专家和广大读者批评指正。

编　者

目 录

第一篇 经济学概述

第一讲 经济学导论 ··· (003)
- 任务一 经济学研究的出发点 ······································ (004)
- 任务二 经济学研究的对象 ·· (005)
- 任务三 经济学的分类 ·· (013)
- 任务四 经济学研究的方法 ·· (019)
- 任务五 经济学发展简史 ·· (021)

第二讲 现代市场经济 ··· (026)
- 任务一 市场经济 ·· (026)
- 任务二 市场经济下的政府 ·· (038)
- 任务三 市场经济下的个人收入分配 ································ (042)

第二篇 微观经济学

第三讲 市场价格 ··· (049)
- 任务一 需求 ·· (050)
- 任务二 供给 ·· (059)
- 任务三 均衡价格 ·· (064)
- 任务四 价格对经济的调节 ·· (071)

第四讲 弹性价格 ··· (079)
- 任务一 需求弹性 ·· (080)

任务二　供给弹性 ·· (089)
任务三　弹性价格的运用 ······································ (092)

第五讲　消费者行为 ·· (102)
任务一　效用 ·· (102)
任务二　边际效用分析法与消费者均衡 ···················· (110)
任务三　无差异曲线分析法与消费者均衡 ················· (116)

第六讲　生产者行为 ·· (124)
任务一　企业 ·· (125)
任务二　一种可变生产要素的投入 ························· (130)
任务三　短期成本分析 ·· (136)
任务四　收益和利润最大化 ·································· (144)

第三篇　宏观经济学

第七讲　国民收入 ·· (151)
任务一　国民收入账户 ·· (151)
任务二　国内生产总值及其核算方法 ······················ (153)
任务三　国民收入核算中的其他总量 ······················ (160)
任务四　国民收入流量循环 ·································· (166)

第八讲　总需求与总供给 ······································· (173)
任务一　总支出函数 ··· (174)
任务二　总支出变动与乘数原理 ···························· (179)
任务三　总供求均衡 ··· (185)
任务四　凯恩斯革命 ··· (193)

第九讲　宏观经济调控 ·· (201)
任务一　宏观经济调控的必要性 ···························· (201)
任务二　宏观经济调控的目标 ······························· (204)
任务三　宏观经济调控工具 ·································· (210)
任务四　需求管理：财政政策 ······························· (211)
任务五　需求管理：货币政策 ······························· (215)

任务六　需求管理：财政政策和货币政策的混合使用 ……………………（230）
任务七　供给管理政策 …………………………………………………（231）

第四篇　国际经济学

第十讲　国际经济学 …………………………………………………（241）
任务一　开放经济 ………………………………………………………（242）
任务二　国际贸易 ………………………………………………………（243）
任务三　国际金融 ………………………………………………………（250）

参考文献 ……………………………………………………………………（270）

第一篇

经济学概述

第一讲
经济学导论

【基本思路】

物质资料的生产是人类社会生存和发展的基础,也是经济学研究的出发点。资源的稀缺性导致经济学的产生,经济学研究的对象就是由稀缺性而引起的资源配置问题。经济学经历了产生、发展与完善的过程。

【主要内容】

物质资料的生产;资源的稀缺性规律;选择的基本原则;生产可能性曲线;资源配置的基本方法;经济学及其分类方法;经济学产生、发展与完善的过程。

【任务要求】

重点掌握:1. 资源的稀缺性规律。
    2. 经济学。
    3. 选择的基本原则。
    4. 资源配置的基本方法。
基本了解:1. 生产可能性曲线。
    2. 经济学的方法。
一般了解:1. 物质资料的生产。
    2. 经济学的分类。
    3. 经济学发展的四个时期。

  自古及今,人类的经济活动总是在一定的生产方式下进行的。与此同时,人类社会始终面临着资源的有限性和人们对消费品欲望无限性之间的矛盾。生存与发展始终是人类社会各个历史时期所关心的共同话题。21世纪以来,经济失衡、贫富对立、区域失调、环境污染和国际经济冲突,等等,仍然是世界各国所面临的难题。因此,如何合理地配置和利用有限的资源,就成为人类社会永恒的问题。经济学正是为解决这个问题而产生的。

任务一　经济学研究的出发点

一、人类经济活动

人类为了自身的生存与发展，从来没有停止过利用各种资源进行物质资料生产的活动，即经济活动。物质资料的生产是劳动者运用劳动资料对劳动对象进行加工，按照人们的需要改变劳动对象的形状、性质和地理位置，使之适合于人们的生产和生活需要的活动。人们通过生产活动能够生产出各种产品用以满足生活、生产、文化娱乐及其他各方面的需要。在物质资料生产过程中，人类劳动、劳动对象和劳动资料是这一过程不可缺少的三个基本要素。

人类劳动是具有劳动能力和劳动经验的人改造客观物质对象，使之适合于自己需要的一种活动。它有两个鲜明特点：它是有计划、有目的活动；它是运用自己制造的生产工具而进行的劳动。

劳动对象是在生产过程中用劳动加工的对象，即"人们把劳动力加于其上的东西。"它可以分为两大类：一类是未经人们劳动加工的自然物——自然界原来就有的，如原始森林、地下宝藏等。另一类是经过人们劳动加工的产品——原材料。随着劳动者经验的积累和科学技术的进步，劳动对象的范围、种类、数量乃至加工方法和利用程度不断发展扩大和提高。

劳动资料介于劳动者和劳动对象之间，其是把劳动传导到劳动对象上去以改造劳动对象的物件；是使人的劳动和劳动对象联系起来的媒介物。劳动资料包括：生产工具与加工劳动对象所需的管道、容器和运输机具。广义的劳动资料如建筑物、道路、运河和土地等，不直接加入劳动过程，但没有它们，生产就不能顺利而完善地进行。

任何物质资料的生产过程都必须具有这三个要素，即人类劳动、劳动对象和劳动资料。劳动对象和劳动资料统称生产资料。人类劳动是生产过程的主观条件，它是生产的主体方面；而生产资料则是生产中的物的因素，它是生产的客观条件。

二、物质资料的生产是人类社会生存和发展的基础

首先，物质资料的生产是人类社会存在的基础。人类社会要生存，就必须有满足人们生产所需要的物质资料，而这些物质资料就要由人们的生产活动生产出来，人们的生产活动是物质资料的唯一源泉。其次，物质资料的生产是人们从事其他社会活动的基础。人们必须先满足衣、食、住、行等物质生活的需要，然后

才有可能从事其他社会活动。没有生存条件，人们是不可能从事其他社会活动的。同时，物质资料生产发展的水平对人们的其他社会活动也起着决定和制约作用。如果物质资料的生产发展水平比较低，社会上大部分劳动者都要从事物质资料生产，那么，人们其他社会活动的发展就要受到限制。反之，如果物质资料生产发展水平比较高，人类社会除了进行物质资料生产以满足人们必需的物质生活需要外，还能抽出较多的劳动力从事其他社会活动，这样就能推动其他社会活动的发展。最后，物质资料的生产是人类社会发展的基础。人类社会是从原始社会到奴隶社会、封建社会、资本主义社会、社会主义社会和共产主义社会由低级阶段向高级阶段发展的，人类社会之所以会由低级阶段向高级阶段发展，是由物质资料生产活动本身的发展，具体来说，是由生产力的发展决定的。

三、生产力与生产关系的统一构成社会生产方式

人类要发展进步，就必须在一定的社会生产方式下进行，即在生产过程中形成两个方面的关系：一方面人们要同自然界发生关系，人类改造自然、征服自然、向自然界获取物质资料的能力就是生产力；另一方面，人们的物质生产活动不是孤立进行的，必须在生产过程中直接或间接地相互结合起来，这种在生产过程中结成的人与人之间的相互关系就是生产关系。生产力与生产关系是人类社会的基本矛盾，生产力决定生产关系，生产关系则必须适合生产力的性质。生产力通过生产关系一定要适合生产力的发展规律推动人类社会由低级阶段向高级阶段发展。

物质资料的生产是人类社会生存和发展的基础，也是经济学研究的出发点。

任务二　经济学研究的对象

一、资源

资源就是人类社会物质资料生产活动所需要的诸种要素的统称。按资源本身属性其可分为自然资源和社会资源两大类。前者包括阳光、空气、水、土地、森林、草原、动物和矿藏等；后者包括人力资源、信息资源以及经过劳动创造的各种物质财富等。

在经济学中，生产要素是指进行社会生产经营活动时所需要的各种社会资源。生产要素一般被划分为劳动、土地、资本和企业家才能四种类型。劳动是指人类在生产过程中体力和智力的总和。土地不仅指一般意义上的土地，还包括地上和地下的一切自然资源，如江、河、湖、泊、森林、海洋和矿藏，等等。资本

可以表现为实物形态和货币形态,实物形态又被称为投资品或资本品,如厂房、机器、动力燃料和原材料,等等;货币形态通常又被称为货币资本。企业家才能通常指企业家组建和经营管理企业的才能。

【知识链接】 与资源相关的世界纪念日

1. 世界森林日:3月21日

1972年3月21日为首次"世界森林日"。有的国家把这一天定为植树节;有的国家根据本国的特定环境和需求,确定了自己的植树节;中国的植树节是3月12日。而今,除了植树,"世界森林日"广泛关注森林与民生的更深层次的本质问题。

2. 世界水日:3月22日

世界水日是人类在20世纪末确定的一个节日。为满足人们日常生活、商业和农业对水资源的需求,联合国长期以来致力于解决因水资源需求上升而引起的全球性水危机问题。1977年召开的"联合国水事会议",向全世界发出严正警告:水不久将成为一个深刻的社会危机,继石油危机之后的下一个危机便是水危机。1993年1月18日,第四十七届联合国大会作出决议,确定每年的3月22日为"世界水日"。

3. 世界粮食日:10月16日

世界粮食日是世界各国政府每年在10月16日围绕发展粮食和农业生产举行纪念活动的日子。在1979年11月举行的第二十届联合国粮食及农业组织(简称"联合国粮农组织")大会决定:1981年10月16日为首次世界粮食日纪念日。此后每年的这个日子都要为世界粮食日开展各种纪念活动。

4. 世界环境日:6月5日

世界环境日为每年的6月5日,它的确立反映了世界各国人民对环境问题的认识和态度,表达了人类对美好环境的向往和追求。它是联合国促进全球环境意识、提高政府对环境问题的注意并采取行动的主要媒介之一。联合国环境规划署每年6月5日选择一个成员国举行"世界环境日"纪念活动,发表《环境现状的年度报告书》及表彰"全球500佳",并根据当年的世界主要环境问题及环境热点,有针对性地制定每年的"世界环境日"主题。

5. 全国土地日:6月25日

全国土地日是每年6月25日。1986年6月25日,我国第六届全国人民代表大会常务委员会第十六次会议通过并颁布了我国第一部专门调整土地关系的大法——《中华人民共和国土地管理法》。为纪念这一天,1991年5月24日国务院第83次常务会议决定,从1991年起,把每年的6月25日,即土地管理法颁布的日期,确定为全国土地日。土地日是国务院确定的第一个全国纪念宣传日。中国是世界上第一个为保护土地而设立专门纪念日的国家。

二、资源的稀缺性规律

（一）稀缺性

人类社会的基本问题是生存与发展。这就要不断地用物质产品以及劳务来满足人们日益增长的需求。需求源于欲望，而欲望是一种缺乏的感受与求得满足的愿望。

人的欲望要用各种物质产品或劳务来满足，物质产品或劳务又要用各种资源来生产，而一个社会的资源在一定时期总是既定的。无限的欲望和有限的资源之间的关系就是经济学所说的稀缺性。所谓资源的稀缺性是指相对于人类的无穷欲望而言，资源总是不足的，这种资源的相对有限性就是稀缺性。这里所说的稀缺性不是指资源绝对数量的多少，而是指相对于无限的欲望而言，再多的资源也是稀缺的。

稀缺性是人类社会面临的永恒问题，也就是说，稀缺性的存在是绝对的，它存在于人类社会和人类历史的各个时期。从现实看，无论是贫穷的地区，还是富裕的地区；无论是富可敌国的富豪，还是一贫如洗的难民，都要面对资源的稀缺性问题，只是其稀缺的内容有所不同。所以只要有人类社会，就会有稀缺性。

资源的稀缺性是相对的，又是绝对的。相对性是指相对于人类社会的无限需求而言，资源总是不足的；绝对性是指稀缺性存在于人类社会的任何时期和一切社会。

稀缺性的存在产生了经济学；而经济学的研究对象也正是由这种稀缺性所决定的。

（二）选择

稀缺性决定了每一个社会和个人必须作出选择。选择就是用有限的资源去满足不同欲望的决策，或者说如何使用有限资源的决策。

作出选择是有得失的，这就是经济学家所说的"天下没有免费的午餐"。为了得到某种东西而放弃的另一种东西，就是作出决策的机会成本。例如，我们把一块土地用于修建飞机场时，则必须放弃这块土地所能生产的粮食。为修建飞机场所放弃的粮食就是作出修建飞机场这项选择的机会成本。

我们可以用生产可能性曲线的概念来说明稀缺性、选择和机会成本。假定一个社会用它的全部资源可以生产出满足人们一定需要的两种物品，如粮食和水果。如果只生产粮食可以生产5万吨，只生产水果可以生产17万吨，在这两种极端的可能性之间，还存在着粮食和水果的不同数量组合。假设这个社会在决定粮食与水果的生产时,提出了 A、B、C、D、E 和 F 六种组合方式,则可以作出表 1-1。

表 1-1 粮食与水果的生产可能性组合　　　　　万吨

可能性组合	粮 食	水 果
A	0	17
B	1	15
C	2	13
D	3	10
E	4	6
F	5	0

根据表 1-1,我们可以作出图 1-1。

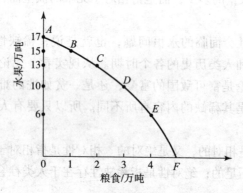

图 1-1　生产可能性曲线

在图 1-1 中,连接 A、B、C、D、E 和 F 点的 AF 线是在资源既定的条件下所能达到的粮食与水果最大产量的组合,称为生产可能性曲线或生产可能性边界。AF 线还表明,多生产一单位粮食要放弃多少单位水果,或者相反,多生产一单位水果要放弃多少单位粮食,因此,其又被称为生产转换线。从图 1-1 中还可以看出,AF 线内的任何一点粮食与水果的组合,也是资源既定条件下所能达到的,但并不是最大数量的组合,即资源没有得到充分利用。AF 线外的任何一点粮食与水果的组合,是粮食与水果更大数量的组合,但在现有资源条件下无法实现。

生产可能性曲线是在资源既定的条件下所能达到的两种物品最大产量的组合,它说明了稀缺性、选择和机会成本这三个重要概念。

人的欲望是无限的,用来满足这种欲望的粮食与水果也应该是无限的,但由于资源是有限的,这个社会不能生产无限的粮食与水果,这就表明社会存在稀缺性。生产可能性曲线之外是无法实现的产量组合,这就表明稀缺性的存在。

在稀缺性存在的情况下，人们必须作出生产多少粮食与水果的决策，这就是我们所面临的选择问题。生产可能性曲线上的所有点都是人们所作出的选择。

在资源既定时，多生产一单位粮食就要少生产若干单位水果，或者说为了多得到一单位粮食就要放弃若干单位水果。所放弃的若干单位水果正是得到一单位粮食的机会成本。生产可能性曲线的斜率代表机会成本。

在稀缺性资源存在的情况下，人们必须作出究竟该生产多少粮食和多少水果的决策。这就是人类始终所面临的选择问题。

（三）选择的基本原则

经济学家把选择概括为三个相关的问题，即选择的基本原则：

1. 生产什么与生产多少

用粮食与水果的例子来说，就是生产粮食还是生产水果；或者生产多少粮食、多少水果，即在粮食与水果的可能性组合中选择哪一种。

2. 如何生产

用什么方法来生产粮食与水果，生产方法实际就是如何对各种生产要素进行组合：是多用资本、少用劳动，用资本密集型方法来生产，还是少用资本、多用劳动，用劳动密集型方法来生产？不同的方法尽管可以达到相同的产量，但经济效率是不相同的。

3. 为谁生产

粮食与水果按什么原则分配给社会各阶层与各个成员。

稀缺性是人类社会各个时期和各个社会所面临的永恒问题，所以选择，即"生产什么与生产多少""如何生产"和"为谁生产"的问题，也就是人类社会所必须解决的基本问题。这三个问题被称为资源配置问题。

经济学正是为了确定解决这些问题的原则而产生的，因此，经济学所研究的对象就是由稀缺性而引起的选择问题，即资源配置问题。

【知识链接】　　　经济学十大原理之——人们面临交替关系

关于作出决策的第一课可以归纳为一句谚语："天下没有免费的午餐。"即为了得到我们喜爱的一件东西，通常就不得不放弃另一件我们喜爱的东西。作出决策就要求我们在一个目标与另一个目标之间有所取舍。

我们考虑一个学生必须决定如何配置他的最宝贵的资源——时间。他可以把所有的时间用于学习经济学；他也可以把所有的时间用于学习心理学；他也可以将时间均分在这两门课上。当他把某一小时用于学习一门课时，他就必须放弃学习另一门课的一小时。而且，对于他用于学习一门课的每一个小时，他都要放弃用于睡眠、骑车、看电视或打工赚零花钱的时间。

我们还可以考虑父母决定如何使用自己的家庭收入。他们可以购买食物、衣服或全家去度假，或者他们也可以为自己退休或孩子的大学教育储蓄一部分收入。当他们选择把额外的一部分钱用于上述物品中的一种时，他们在某种其他物品上就要少花一部分钱。

当人们组成社会时，他们要面临各种不同的交替关系。典型的交替关系是"大炮与黄油"之间的交替。当我们把更多的钱用于国防以保卫我们海岸免受外国入侵（大炮）时，我们能用于提高国内生活水平的个人物品的消费（黄油）就少了。在现代社会里，同样重要的是清洁的环境和高收入水平之间的交替关系。要求企业减少污染的法律增加了生产物品与劳务的成本，由于成本增加，最终的结果就是这些企业的利润少了，相应支付工人的工资低了，而产品的价格高了，或者是这三种结果的某种结合。因此，尽管污染管制给予我们的好处是更清洁的环境以及由此引起的健康水平提高，但其代价是企业所有者、工人和消费者收入的减少。

社会面临的另一种交替关系是效率与平等之间的交替。效率是指社会能从其稀缺资源中得到最多东西，平等是指这些资源的成果公平地分配给社会成员。换句话说，效率是指经济蛋糕的大小，而平等是指如何分割这块蛋糕。在制定政府政策的时候，这两个目标往往是不一致的。

例如，我们来考虑目的在于实现更平等地分配经济福利的政策。某些这类政策，例如福利制度或失业保障，是要帮助那些最需要帮助的社会成员；另一些政策，例如个人所得税，是要求经济上成功的人士对政府的支持比其他人更多。虽然这些政策对实现平等有好处，但它都是以降低效率为代价的。当政府把富人的收入分配给穷人时，相应地就减少了对辛勤工作工人的奖励。结果，人们工作少了，生产的物品与劳务也就少了。换句话说，当政府想要把经济蛋糕切为更均等的小块时，这块蛋糕也就变小了。

认识到人们面临交替关系的本身并没有告诉我们，人们将会或应该做出什么决策。一个学生不应该仅仅由于要增加用于学习经济学的时间而放弃心理学的学习；社会不应该仅仅由于环境控制降低了我们的物质生活水平而不再保护环境，也不应该仅仅由于帮助穷人扭曲了工作激励制度而忽视了他们。然而，人们认识到生活中的交替关系是很重要的，因为人们只有了解了他们面临的选择，才能作出更好的决策。

三、资源配置的基本方式

计划与市场是在社会化大生产条件下按比例分配社会劳动的基本形式，也是社会进行资源配置的两种基本方式和手段。

计划是社会按照预先确定的目标，运用各种力量和形式调节国民经济的运行过程。无论这种调节以何种力量和形式去实施，只要它是由社会按照事先确定的原则与目标进行的，就可以看作是计划，都属于计划调控的范围。而计划经济则不同，它是一个与市场经济相对应的范畴，是一种社会的经济运行和资源配置的全部或主要由计划调节的组织方式。计划不等于计划经济，计划和计划调控的存在也不等于计划经济体制一定存在，对计划经济体制的否定，也并不意味着对计划和计划调控方式的全盘否定。

市场是商品生产和商品交换的场所，是一定社会经济条件下商品交换关系的总和。市场调节的实质是通过供求机制、价格机制和竞争机制等作用来配置资源的一种方式。市场经济是指经济资源主要由市场来配置，且市场调节在社会经济运行中占据主导地位的一种经济运行形式。市场经济一词在19世纪末新古典经济学兴起后才流行起来。市场经济中包含着市场与计划，当代经济模式主要是"混合经济模式"，即国家干预和市场调节相结合的经济模式。

市场经济与计划经济的区别主要表现在以下几个方面：

(1) 资源配置的主体不同。市场经济以企业为资源配置的主体，政府职能仅限于宏观经济调控；计划经济国家不仅是宏观经济管理的主体，还是微观经济的指令者和指导者，企业成为被支配的客体。

(2) 资源配置的依据不同。市场经济是根据市场供求状况配置资源；计划经济是根据计划指标配置资源。

(3) 资源配置的传递方式不同。市场经济以横向传递为主，在竞争中实现要素组合；计划经济则以纵向传递为主，机构重叠，信息不灵。

(4) 资源配置的结果不同。市场经济以竞争为手段，优胜劣汰，保证效率；计划经济则主要依赖政府。

【延伸阅读】　　　市场经济如何解决资源配置问题

(1) "生产什么"的问题是由消费者的"货币选票"所决定的。消费者选择购买某种商品，就是用货币投这种商品及其商品生产者一票。同时，消费者所支付的货币又成为该企业支付工资、租金、利息和利润的来源。

(2) 企业之间的竞争决定着"如何生产"的问题。对生产者来说，迎接价格竞争、实现利润最大化的最佳方法就是采用最为有效的生产手段使之成本最小化。

(3) "为谁生产"的问题是由生产要素的价格所决定的。要素市场的供需联合决定着工资、租金、利息和利润——它们被称为生产要素的价格，将所有的要素收益加总便得到了总收入。因此，人们的收入分配取决于他们所拥有的要素数量、质量以及要素的价格。

四、经济学

在现实生活中，人类社会经常面临这样一对矛盾：一方面资源是稀缺的；另一方面稀缺的资源往往得不到充分的利用，存在稀缺资源的浪费。而且人类社会为了发展，还要使既定的资源生产出更多的产量，这就又引出了资源利用这一问题。所谓资源利用就是人类社会如何更好地利用现有的稀缺资源，使之生产出更多的物品。资源利用包括下面三个相关的问题：

1. 充分就业问题

就是说如何能使稀缺的资源得到充分利用，使经济生活中既不存在资源的闲置，也无资源的浪费，并且使产量达到最大。

2. 经济波动与经济增长问题

在资源既定的条件下，一国的经济总会有周期性的波动，即尽管资源条件没有变，但粮食与水果的产量时高时低。与此相关的是，如何用既定的资源生产出更多的粮食与水果，即实现经济的持续增长。

3. 通货膨胀或通货紧缩问题

现代社会是一个以货币为交换媒介的商品社会，货币购买力的变动对资源配置与资源利用所引起的各种问题的解决都影响很大。解决这些问题就必然涉及货币购买力的变动问题。

由此可以看出，稀缺性不仅引起了资源配置问题，而且还涉及资源利用问题。正因为如此，经济学家认为经济学就是"研究稀缺资源配置和利用的科学"。

同时，尽管各个社会都存在稀缺性，但解决稀缺性的方法却并不相同。人类社会的各种经济活动都是在一定的经济制度下进行的。在不同经济制度下，资源配置与资源利用问题的解决方法也不同。经济制度就是一个社会做出选择的方式，或者说是解决资源配置与资源利用的方式。

当前世界上解决资源配置与资源利用的经济制度基本有两种：一种是市场经济制度，即通过市场上价格的调节来决定生产什么与生产多少、如何生产与为谁生产；另一种是计划经济制度，即通过中央计划来决定生产什么与生产多少、如何生产和为谁生产。

经济学家从经济效率、经济增长和收入分配等方面来比较这两种经济制度，其各有利弊。从20世纪总体经济运行状况来看，市场经济优于计划经济。可以说，经济上成功的国家都建立了市场经济制度。

市场经济作为一种好的经济活动组织方式已被绝大多数人认可，但市场经济并非完美无缺。因此，还需要政府用各种干预手段来纠正市场经济的不足。经济学家把这种以市场调节为基础，又有政府适当干预的经济制度称为混合经济。混合经济又叫现代市场经济。

既然稀缺性问题的解决离不开具体的经济制度，那么经济学的定义就应该是：研究在一定的经济制度下稀缺资源配置与利用的科学。

经济学主要源于市场经济体制的西方国家，我国通常称经济学为西方经济学，可见，西方经济学就是市场经济的经济学。我国的经济体制改革是以建立社会主义市场经济为目标，其本质仍然是现代市场经济。从这方面来讲，学习经济学对我国经济改革与建设具有重要的意义。

【知识链接】　　　　各历史时期比较经典的经济学定义

（1）经济学是研究财富的性质和增长的科学。

——亚当·斯密（18世纪古典经济学创始人）

（2）经济学是研究人类日常生活事务，如何谋生和如何过得快活的学问。

——A·马歇尔（19世纪末新古典经济学家）

（3）经济学是研究稀缺资源在各种可选择的使用中间进行分配的科学。

——L·罗宾斯（现代经济学家）

（4）经济学研究人和社会如何作出最终选择，在利用或不利用货币的情况下，使用可以有其他用途的稀缺的生产资源，来在现在或将来生产各种商品，并把商品分配给社会各个部门或集团以供消费之用。它分析改善配置形式所需要的代价和可能得到的利益。

——P·A·萨缪尔森（诺贝尔经济学奖获得者）

任务三　经济学的分类

经济学的主要内容包括研究资源配置的微观经济学与研究资源利用的宏观经济学。

一、微观经济学与宏观经济学

（一）微观经济学

微观经济学是指以单个经济单位为研究对象，通过研究单个经济单位的经济行为和相应的经济变量单项数值的决定，来说明价格机制如何解决社会资源的配置问题。

在理解微观经济学概念时应注意以下几点：

（1）微观经济学研究的对象是单个经济单位的经济行为。单个经济单位是指组成经济的最基本的单位：家庭与厂商。家庭是经济中的消费者和生产要素的提供者，它以实现效用（即满足程度）最大化为目标。厂商是经济中的生产者和生产要素的需求者，它以实现利润最大化为目标。

（2）微观经济学解决的问题是资源配置。资源配置即生产什么与生产多少、如何生产和为谁生产的问题。解决资源配置问题就是要使资源配置达到最优化，即在这种资源配置下能给社会带来最大的经济福利。微观经济学从研究单个经济单位的最大化行为入手,来解决社会资源的最优配置问题。

(3) 微观经济学的中心理论是价格理论。在市场经济中,家庭和厂商的行为要受价格的支配,生产什么与生产多少、如何生产和为谁生产都由价格决定。价格像一只看不见的手,调节着整个社会的经济活动,从而使社会资源的配置实现最优化。因此,价格理论是微观经济学的中心理论,其他内容则围绕这一中心理论。

(4) 微观经济学研究方法是个量分析。个量分析是对单个经济单位和单个经济变量的单项数值及其相互关系所做的分析。例如,某种商品的价格、某种产品的产量就属于价格和产量这类经济变量的单项数值。微观经济学即分析这类个量的决定、变动及其相互之间的关系。

本书的第二讲"现代市场经济"、第三讲"市场价格"、第四讲"弹性价格"、第五讲"消费者行为"和第六讲"生产者行为"为微观经济学的内容体现。

(二) 宏观经济学

宏观经济学是指以整个国民经济为研究对象,通过研究经济中各有关总量的决定及其变化,来说明资源如何才能得到充分利用。

在理解宏观经济学概念时应注意以下几点:

(1) 宏观经济学研究的对象是整个经济,即宏观经济学所研究的不是经济活动中的各个单位,而是由这些单位所组成的整体。这样,宏观经济学就要研究整个经济的运行方式与规律,从总体上分析经济问题。

(2) 宏观经济学解决的问题是资源利用。宏观经济学把资源配置作为既定的前提,分析现有资源未能得到充分利用的原因、达到充分利用的途径以及如何增长等问题。

(3) 宏观经济学的中心理论是国民收入决定理论。宏观经济学把国民收入(国内生产总值)作为最基本的总量,以国民收入的决定为中心来研究资源利用问题,分析整个国民经济的运行。国民收入决定理论被称为宏观经济学的核心理论,其他理论则是运用这一理论来解释整体经济中出现的各种问题。

(4) 宏观经济学研究方法是总量分析。总量是指能反映整个经济运行情况的经济变量。这种变量有两类:一类是个量的总和,如国民收入是组成整个经济的各个单位的收入总和,总投资是各个企业的投资之和,等等;另一类是平均量,如价格水平是各种商品与劳务的平均价格,等等。总量分析就是分析这些总量的决定、变动及其相互关系,并通过这种分析说明经济的运行状况,决定经济政策。

本书的第七讲"国民收入"、第八讲"总需求与总供给"、第九讲"宏观经济调控"和第十讲"国际经济学"为宏观经济学的内容体现。

二、微观经济学与宏观经济学的联系与区别

从微观经济学与宏观经济学含义及对其的理解可以看到,微观经济学与宏观经济学在研究的对象、解决的问题、中心理论和分析方法上都有所不同,可以用表1-2进行比较。

表1-2 微观经济学与宏观经济学比较

项 目	微观经济学	宏观经济学
研究的对象不同	单个经济单位	整个国民经济
解决的问题不同	资源配置	资源利用
中心理论不同	价格理论	国民收入决定理论
分析方法不同	个量分析	总量分析

尽管微观经济学与宏观经济学存在着上述种种差别,但作为经济学的不同组成部分,它们之间又有着密切的联系,主要表现在以下几个方面:

(1) 微观经济学与宏观经济学是互相补充的。经济学的目的是要实现社会经济福利的最大化。为了达到这一目的,既要实现资源的最优配置,又要实现资源的充分利用。微观经济学是在假定资源已实现充分利用的前提下,分析如何达到最优配置的问题;宏观经济学则是在假定资源已实现最优配置的前提下,分析如何达到充分利用的问题。它们从不同的角度分析社会经济问题,从这种意义上来说,微观经济学与宏观经济学不是互相排斥而是相互补充的,它们共同组成经济学的基本原理。

(2) 微观经济学与宏观经济学的研究方法都是实证分析。微观经济学与宏观经济学都把社会经济制度作为既定的前提,不分析社会经济制度变动对经济的影响。也就是说,它们都是把市场经济制度作为一个既定的存在,分析这一经济制度下的资源配置与利用问题。这种不涉及制度问题,只分析具体问题的方法就是实证分析。从这种意义上看,微观经济学与宏观经济学都属于实证经济学的范畴。

(3) 微观经济学是宏观经济学的基础。单个经济单位之和构成整体经济,宏观经济学分析的经济总量就是由经济个量加总而成的,其对宏观经济行为和经济总量的分析是以一定的微观经济学分析为基础的。

【延伸阅读】　　　经济学是使人生幸福的学问(节选)

记得在20世纪60年代最常听到的一句话是,让哲学从哲学家的书斋和课堂

中解放出来，成为群众手中锐利的武器。那是一个阶级斗争的时代，用斗争哲学去武装群众，可以让群众斗得更热闹，普及哲学服务于政治。如今是以经济建设为中心的时代了，武装群众的应该是经济学。这正是普及经济学的现实意义。

一、经济学是什么？

从我国目前的情况来看，经济学的普及程度还相当低。建立市场经济的改革是一场革命，需要广大民众的参与和支持。当群众对经济学有所了解时，他们会更好地理解改革。在改革中，所有的人都要转变观念，而普及经济学是有利于观念转变的。

网上有许多笑话都是嘲讽经济学家的。有一则笑话说，经济学的用处就是应付经济学这门课的考试。在许多人看来，经济学或者是经邦济世的学问，太深奥；或者是经济学家玩的游戏，与群众无关。其实这些都是误解。

经济学是一门选择的科学。每个社会、每个企业以及每个人都会遇到欲望与资源的矛盾，都必须做出选择。一个人每天只有24小时，既要工作又要休闲，把多少时间用于工作，多少时间用于休闲，这就是一个选择；一个企业的资源是有限的，生产什么产品与劳务，也是一个选择；一个社会既要实现效率，又要实现公平，这还是一个选择。当然，经济学并不是为我们遇到的各种矛盾问题提供现成的答案，而是告诉我们分析与解决矛盾问题的方法和思路。

人们做出选择是为了实现最大化的目标，例如个人幸福的最大化、企业利润的最大化、社会福利的最大化，等等。其实，最大化是所有动物的本能，是所有动物有意或无意的行为目的。仔细观察动物的行为，野兽捕猎物、蜜蜂建蜂房，都符合最大化规范。那么，人比动物强在什么地方呢？动物追求最大化是凭本能，人追求最大化是靠理性，这种理性就是经济学的分析方法。经济学家研究发现，可以通过对增量的分析来找出实现总量最大化的方法。比如企业追求利润最大化，利润是总收益与总成本之差，通过分析总收益与总成本增量的变动可以找出实现利润最大化的正确方法。经济学家把产量增加一个单位而引起的收益增加称为边际收益，成本增加称为边际成本。他们证明了当边际收益等于边际成本时，产量就能实现利润最大化，这是经济学家对许多企业实践经验的理论总结，被实践证明是正确的。用这个原理去指导企业生产就可以少走弯路，少交学费。经济学家分析增量的方法称为边际分析法，现在已经得到了广泛运用。在追求最大化中采用这种分析来做出决策，会使决策更加理性和正确。从这种意义上说，经济学是一门使人更理性、更聪明的学问，了解经济学能提高我们的分析与决策能力。

当人们谈到最大化时往往有些误解，例如，把人的目标定义为收入最大化，或者把社会的目标定义为GDP（国内生产总值）最大化，其实经济学家所说的最大化不是一元的最大化，而是多元的最大化。如果仅仅把人的目标作为只包括收入的一元函数，为了使收入增加而不惜一切代价，其结果往往是人生并不幸福。只有把人的目标作为包括收入、社会地位、家庭生活和人际关系等在内的多元函数，追求这种多元函数均衡的最大化，人才会幸福。同样，一个社会也不能把 GDP 作为唯一的目标。社会只有把 GDP、社会公正和生态平衡等作为目标，求得这些目标的平衡，即全面协调发展，才有整个社会福利的提高，才是理想的社会。经济学家认为，只有达到多种目标的均衡才能实现最大化。当我们理解了这一点时，才能理性地设计人生与社会的目标，正是在这种意义上，英国大文豪萧伯纳把经济学称为"使人生幸福的学问"。

我们的社会正处于转型时期，我们的目标是建立有中国特色的社会主义市场经济。邓小平同志曾指出，我们的社会主义市场经济与资本主义市场经济在运行方式和调节方法上是一致的，要建成社会主义市场经济体制就必须了解市场经济的规律。现代经济学正是对各国市场经济共同规律的总结。了解经济学可以使我们在建立市场经济体制中事半功倍。

一些企业家错误地认为，不学经济学照样能成功。应该说，企业家是天生的，不是学经济学学出来的。在经济发展之初，许多人尽管不懂经济学，甚至没有文化，但他们凭着对市场的敏感、胆识和勤奋最终成功了。然而在企业做大之后，如果还是这样干下去，就难免会有失败的危险。在改革开放之初，许多成功的企业家都先后倒下去了，其原因当然是多方面的，但不懂经济学、违背经济规律蛮干却是其中重要的原因。现代企业家需要文化，就包括要有经济学修养。一个天才的企业家可能会有一时的辉煌，却难得基业长青。天才企业家也必须学习，学习经济学和其他知识，经济学可以为天才企业家添翼。

在市场经济中，经济学是每个公民必须具备的素质之一。经济学从无到有，直到发展为今天的"显学"，这说明经济学是有用的。

二、经济学家该做什么？

经济学正在成为"显学"，经济学家正在走红，有的进入政府当官，有的进入企业发财，其实这并不是经济学家的正路。经济学家应该是学者，学者是做学问的，学问不是升官发财的工具。

我想，以做学问为目的的经济学家有两个任务：一是从事研究工作。经济学家的任务主要不是改造世界，而是认识世界。认识世界就是要不断深入对经济规律的认识，并将之上升为理论。也许在书斋中从事这种研究工作的人并不需要很多，但一定要有这种经济学家。从短期来看，这些经济学家也许没用，但从长期看，他们推动了经济学的进步，深化了我们对现实经济世界的认识，他们是人类世界精神文明的创造者。现在这样的经济学家的确是太少了。

经济学家的另一个任务是把经济学知识普及给大众。许多著名经济学家，如美国的弗里德曼、贝克尔、诺斯、曼昆和克鲁格曼等，他们不仅是经济学大师，而且也是普及经济学的高手。要把深奥的经济学道理讲给公众，让他们听得懂、愿意听，不是一件容易的事。这首先要有深厚的经济学功底，其次还要有清新、生动和幽默的文风。普及经济学不是在课堂上讲课,而是让公众在轻松、活泼、有趣的阅读中了解经济学的真谛。

三、如何学习经济学?

现代经济学的确运用了数学工具,有些还相当高深,但经济学绝不等于数学。经济学是对人类社会经济行为与经济规律的认识,它来自活生生的现实生活,我们每个人也都在自觉或不自觉地运用经济学的道理。用一句话来说,经济学就在你身边。经济学家用抽象的推理、图形和数学工具来表述和论述经济学道理是理论化本身的需要,也有助于人们更深入、更准确地认识世界。如果你立志做一个专业经济学家,抽象思维的能力和数学工具是必不可少的。但如果你仅仅只想了解经济学道理,完全可以不需要数学工具。经济学道理既可以用高深的数学工具进行表述,也可以用通俗、生动的语言来表述。所以完全不用把经济学神秘化。

学习经济学当然要了解一点基本概念与理论,因此,学习经济学最好从系统地读一本教科书开始。教科书是对一门科学全面、系统的总结与概述,从读教科书开始学一门科学是一条捷径。经济学的教科书非常多,一般读者只要选一本就可以。我写过《经济学是什么》,这是一本较简单的教科书,全书没有一个数学公式,也没有一张图,全部用文字表述。如果还想对经济学有更多了解,可以读美国经济学家曼昆的《经济学原理》,这本书畅销全球,写得通俗、生动又有趣。

读经济学教科书是入门,但仅仅读教科书,对许多道理还不能理解得很深刻,因此还可以读一些其他的书。经济学家写的普及经济学的著作一般是用通俗的事例解释经济学道理。这类书不是系统的经济学教科书,但围绕某些重要问题,讲得会更深刻,或者更容易理解。类似的书市场上有不少,如美国经济学家贝克尔的《生活中的经济学》,等等。这方面我自己也做了一些尝试,比如《寓言中的经济学》,我用古今中外65个寓言故事讲了65个经济学道理,寓言讲的是动物或人,反映的是人性以及做人的道理。经济学用的是逻辑推理和数学工具,分析的是人类行为。无论在寓言中还是经济学中,人性是共同的,做人或做事的道理也是相同的。寓言用原始质朴的方式表现了当代经济学中的许多深奥道理,经济学用现代精致的方式再现了寓言中的许多简单道理。我希望用大家喜闻乐见的寓言故事介绍一些基本经济思想、分析各种现实问题,以引起更多人学习经济学的兴趣,也使人们能更容易地接近、感悟和接受经济学。

经济学是一个大范围,包括了不同的分支,在有了经济学的基本知识后,读者可以根据自己的兴趣与需要,有重点地读。从事企业管理的可以读一点管理经济学的书,关心国家大事的可以读一点宏观经济学的书,有志于个人理财的可以读一点金融学的书,从事国际贸易的可以读一点国际经济学的书,等等。

当然,经济学不仅要读、要学,还要用。对大众来说,学的目的并不是从事这个专业,因此,学的重点还是要学会像经济学一样思维,即用经济学的知识和方法来分析自己所遇到的各种问题,并解决这些问题。这就要边学、边思、边用,三者同时进行,你才会学得有趣,能学进去,并且学了以后有用。

从根本上说,学习经济学和学习其他学科一样,都是为了提高自己的整体素质。也许在开始学习经济学时,你并不会感到它有多少用,起码不会立竿见影,学了就可以有效。但这个学习过程是一个逐渐提高自己整体素质的过程,有一天你一定会发现,自己分析问题的水平提高了,解决问题的能力也强了。有了这种素质,什么工作都能做好,对人生也更充满了希望,你人生的路会走得更好。这时,你会更深刻地理解萧伯纳的那句话:

经济学是一门使人生幸福的学问。

(资料来源:梁小民 2005 年 1 月 12 日所作的演讲,《解放日报》。)

任务四 经济学研究的方法

每一门科学都有它自己的研究方法,经济学也不例外。经济学对稀缺性所引起的资源配置与利用问题的分析一般采用规范分析和实证分析两种方法。用规范分析的经济学就是规范经济学,用实证分析的经济学就是实证经济学。

一、规范经济学

规范经济学是指以一定的价值判断作为出发点,提出行为的标准,并研究如何才能符合这些标准的准则。

在理解规范经济学时,应注意:

(1) 规范经济学中提出的价值判断是指经济事物的社会价值,即对某一经济事物的好与坏的判断。价值判断属于社会伦理学范畴,具有强烈的主观性和阶级性。即规范经济学解决"善"与"恶"的问题。

(2) 规范经济学所提出的行为标准说明事物本身的发展趋势,对社会有十分重要的意义。但是,不同的世界观和不同的价值观,处于不同阶级地位,就具有不同的价值判断标准。不同的阶级对经济制度"善""恶"判断的标准不同,这是由不同的阶级立场和不同的思维方法所决定的。

(3) 规范经济学所采用的规范分析方法主要有以下几种:

①科学的抽象法。科学的抽象法是运用人们思维的抽象力,从大量的社会经济现象中抽去外部的、偶然的、非本质的联系,找出内部的、必然的、本质的联系,并加以概括,得出概念、原理和揭示规律,形成理论体系的方法。科学抽象法的一般过程是:在理论研究时,从具体到抽象,从现象到本质;在理论叙述时,从抽象到具体,从本质到现象,从而形成理论体系。

②逻辑与历史相统一的方法。在理论分析时，首先要注重逻辑的方法。逻辑方法就是在研究社会经济现象时采用的思想推理法，即按照经济概念的逻辑关系进行分析推理，从而得出结论。其次要注重历史方法，就是按历史进程，用历史的观点来进行比较分析，从中得出结论。逻辑方法与历史方法是一致的，一般来说，历史从哪里开始，逻辑就从哪里开始，它们是相互统一的。

二、实证经济学

实证经济学是指作出与经济行为有关的假定并分析和预测经济行为的后果，研究经济本身的内在规律。

在理解实证经济学时，应注意：

（1）为使经济学具有客观科学性，就要避开价值判断，从而研究经济本身的客观规律性，分析经济变量之间的关系，并解决最少的投入如何取得最多的产出的问题。即实证经济学解决"多"与"少"的问题。

（2）实证经济学是一种根据事实加以验证的陈述，而这种陈述则可以简化为某种能根据经验数据加以证明的形式。

（3）实证分析所得到的理论可以用多种表达方式进行表达。其主要有：叙述法、列表法、图形法和模型法等。其中，叙述法是指用文字来表述经济理论的方法；列表法是指用表格来表述经济理论的方法；图形法是指用几何图形来表述经济理论的方法；模型法是指用一系列数学方程式组成经济模型，运用经济模型可以预测未来发展趋势的方法。

（4）实证分析的哲学基础是西方实证主义哲学。它是由美国哲学家波普在20世纪30年代首先提出的。实证主义哲学认为：科学家的任务是证伪，世界上任何的理论都是暂时的，都将会不断被将来的科学所证伪。因此，科学哲学的方法是：假说（猜测）—证伪—再假说（再猜测）。应用到经济学中，实证分析的方法也就成为假设—定义—假说—验证—修正—预测—理论这样一个实证分析的理论形成过程。

【经典案例】　　　　　　　经济学是一门科学吗？

经济学是不是一门科学，学术界仍然存在着争论。国外多数经济学家认为，经济学是一门科学。国外少数经济学家和我国国内相当一部分经济学家认为经济学不是一门科学。了解这种争论对我们学习这门课程是很有意义的。

把经济学作为科学的理由可以综述为以下几点：

（1）经济学研究的是资源配置与资源利用。这种研究对象是客观的，或者说，经济学认识世界就是发现经济中的客观规律，这种规律与自然科学中的许多规律一样是不以人的意志为转移的。这种客观性决定了经济学的科学性。

（2）经济学可以运用实证的方法进行研究。也就是说它可以摆脱价值判断，从经验中归纳出理论，然后再通过经验检验与发展。

（3）经济学得出的结论可以用事实进行验证。尽管它不像自然科学那样可以在实验室中进行试验，但却可以用历史与现实的资料进行验证。这就是说，可以用客观标准来判断其正误。

经济学的科学化也就是经济学的实证化过程，经济学的发展离不开实证化过程。1968年，瑞典皇家科学院设立诺贝尔经济学奖正是对经济学科学化的承认。当然，经济学作为一门科学还相当不成熟，对许多经济问题还难以做出科学的、令人信服的解释。

承认经济学是科学，就要求经济学家摆脱价值判断，客观、冷静地分析经济现实，即一般常说的经济学非道德化或不涉及道德问题。

认为经济学不是科学的人认为，经济学的研究对象不同于自然科学，它所涉及的社会经济现象比自然现象复杂得多。而且，经济行为是由人进行的，这就与自然主宰的物理、化学现象不同。而且，研究经济学的人有自己的伦理道德观和阶级立场，不可能摆脱价值判断，从而就不可能超越客观地进行研究。经济学应该关注人，不应该只注重经济规律，见物不见人。经济学研究的结论还谈不上是科学，对许多问题还无法做出正确解释。由此认为，把经济学作为一门科学是误导。

你会认同哪种观点？为什么？

任务五　经济学发展简史

"经济"一词，在中国古汉语中是"经邦"和"济民"、"经国"和"济世"以及"经世济民"等词的综合和简化，含有"治国平天下"的意思。其内容不仅包括国家如何理财、如何管理其他各种经济活动，而且包括国家如何处理政治、法律、教育和军事等方面的问题。在西方，"经济"则源于希腊文，原意是家计管理。古希腊哲学家色诺芬的著作《经济论》中论述了以家庭为单位的奴隶制经济的管理，这和当时的经济发展状况是相适应的。

古代许多思想家既已开始研究经济问题，并提出了不少今天看来仍有影响的思想。在西方，最早出现的经济学思想可以追溯到古希腊时期。但是，经济学作为一门独立的学科则是与资本主义生产方式的形成同时产生的。从世界范围来看，经济学从产生到现在，经历了重商主义、古典经济学、新古典经济学和当代西方经济学四个重要发展时期。

一、重商主义——西方经济学的萌芽时期

重商主义产生于 15 世纪,终止于 17 世纪中期,这是资本主义生产方式的形成与确立时期。重商主义的主要代表人物有英国经济学家威廉·配第、约翰·海尔斯、威廉·斯塔福德、托马斯·曼,法国经济学家安·德·孟克列钦等人。他们的代表作是威廉·配第的《赋税论》和托马斯·曼的《英国得自对外贸易的财富》。

重商主义的基本观点是:金、银形态的货币是财富的唯一形态,一国的财富来自对外贸易,增加财富的唯一方法就是扩大出口、限制进口,这样就必须实行国家对经济的干预,即用国家的力量来扩大出口、限制进口。重商主义的这些观点反映了原始积累时期资本主义经济发展的要求。重商主义仅限于对流通领域的研究,其内容也只是一些政策主张,并没有形成一个完整的经济学体系,只能说是经济学的萌芽时期。

二、古典经济学——西方经济学的形成时期

古典经济学是从 17 世纪中期开始,到 19 世纪 70 年代前为止。古典经济学的主要代表人物有英国经济学家亚当·斯密、大卫·李嘉图、马尔萨斯,法国经济学家让·巴蒂斯特·萨伊、布阿吉尔贝尔、西斯蒙第等,其中最重要、最杰出的代表人物是亚当·斯密,其代表作是 1776 年出版的《国民财富的性质和原因的研究》(简称《国富论》)。

《国富论》的发表被认为是经济学发展过程中对重商主义的革命。以亚当·斯密为代表的古典经济学家的贡献,是建立了以自由放任为中心的经济学体系。古典经济学研究的中心是如何增加国民财富。他们强调财富是物质产品,要增加国民财富就必须通过增加资本积累和分工来发展生产。对此,他们研究了经济增长、价值、价格和收入分配等广泛的经济问题。古典经济学的政策主张是自由放任,主张通过价格这只"看不见的手"来调节经济的运行,使人们在追逐自己利益的过程中实现社会资源合理而有效的配置,以增加国民财富和社会福利。古典经济学自由放任的思想反映了自由竞争时期经济发展的要求。古典经济学家把经济研究从流通领域转到生产领域,使经济学成为一门真正独立的学科。

【知识链接】　　　　　　　斯密信条

追求自利的理性经济人,经过一只看不见的手(价格、供求与竞争规律)引导,最终会促进社会整体福利的改进。亚当·斯密提出这一信条的大背景是欧洲当时正处于基督教道德被普遍尊重的社会氛围之中。"斯密信条"一个隐含的

前提是：理性经济人在追求自利的过程中，是以尊重而不是践踏道德为先决条件的。如果不尊重道德，那么追求自利就不会增加社会整体福利，最终也会损害个人的福利。

三、新古典经济学——微观经济学的形成与发展时期

新古典经济学从19世纪70年代的"边际革命"开始，到20世纪30年代结束。这一时期经济学的中心仍然是自由放任，它是古典经济学的延伸。但由于它用新的方法、从新的角度论述了自由放任思想，并建立了说明价格如何调节经济的微观经济学体系，因而我们称其为新古典经济学。

19世纪70年代初，奥地利经济学家门格尔、英国经济学家杰文斯、瑞士经济学家瓦尔拉斯几乎同时但又各自独立地提出了边际效用价值论，揭开了"边际革命"的序幕。边际效用价值论者认为：效用"是价值的源泉"，而"边际效用"是衡量价值的尺度，物品有、无价值取决于物品的有用性和稀缺性，而物品的价值量则是由该物品合理使用时产生的最小效用所决定的。他们引入了一种新的分析方法——边际分析法，来说明其理论。正是这种分析方法使经济学进入了一个新的时期，标志着新古典经济学的开始。其后，1890年，英国经济学家阿弗里德·马歇尔综合了当时的各种经济理论，出版了《经济学原理》一书。他把边际效用价值论和生产费用论等结合起来，应用均衡概念建立了一个以"均衡价格理论"为核心的经济学体系，奠定了现代微观经济学的理论基础。因此，《经济学原理》一书被称为新古典经济学理论的代表作，马歇尔则被认为是新古典经济学理论的主要代表和创始人。

虽然新古典经济学的政策主张仍然是自由放任，但其已不像古典经济学那样只重视对生产的研究，而是将研究重心由过去侧重供给转向了强调消费和需求，他们明确地把资源配置作为经济学研究的中心，论述了价格如何使社会资源配置达到最优化，从而在理论上证明了以价格为中心的市场机制的完善性。他们把消费、需求分析与生产、供给分析结合在一起，建立了现代微观经济学的框架体系。由于该体系是以完全竞争为前提的，所以它在20世纪初出现垄断后便与现实发生了冲突。1933年，英国经济学家J·罗宾逊和美国经济学家E·张伯伦分别出版了《不完全竞争经济学》和《垄断竞争理论》，分析了不完全竞争或垄断竞争条件下的资源配置问题，从而对马歇尔所创立的微观经济学体系做了最重要的补充，为微观经济学确立了完整的理论体系，对微观经济学的发展有重大意义。

四、当代西方经济学——宏观经济学的形成与发展时期

当代西方经济学是以20世纪30年代凯恩斯主义的出现为标志的，这一时

期，经济学得到了全面而深入的发展，但由于各国资本主义发展的特点不同，以及经济学家们的研究角度、理论观点、分析方法与政策主张的不同，又形成了许多不同的经济学流派。我们把这一时期的经济学分为三个阶段。

(1) 凯恩斯革命时期。这一时期从20世纪30年代到20世纪50年代之前。1929—1933年，资本主义国家爆发空前的经济大危机，使得新古典经济学论述的市场调节完善性的神话被打破。传统的经济理论与经济现实发生了尖锐的冲突，经济学面临着它有史以来的第一次危机。在此形势下，1936年，英国经济学家 J·M·凯恩斯发表了《就业、利息和货币通论》（简称《通论》）一书。这本书从总需求的角度分析国民收入，并用有效需求不足来解释失业存在的原因，在政策上则提出了国家干预经济的主张，并提出了一整套国家干预经济从而进行需求管理的办法。凯恩斯的这些观点被绝大部分西方经济学家所接受，他的政策主张也被西方发达国家的政府采纳，史称凯恩斯革命。这次革命所产生的以国民收入决定理论为中心、以国家干预为基调的理论和政策主张，形成了当代宏观经济学体系。因此，凯恩斯被称为宏观经济学之父。

(2) 凯恩斯主义发展时期。这一时期从20世纪50年代至20世纪60年代末。第二次世界大战后，西方各国都加强了对经济生活的全面干预，凯恩斯主义得到了广泛的传播与发展。美国经济学家 P·萨缪尔森等人把凯恩斯主义的宏观经济学与新古典经济学的微观经济学结合起来，建立了一个适合当代资本主义需要的、既有微观经济理论又有宏观经济理论的新体系，形成了新古典综合派。新古典综合派全面发展了凯恩斯主义理论，并把这一理论运用于实践，其对各国经济理论与政策都产生了重大影响。

(3) 自由放任思想复兴时期。这一时期始于20世纪70年代。凯恩斯主义的经济理论和政策在西方各主要资本主义国家广泛推行和发展，国家对经济生活全面干预一方面促进了经济的巨大发展，另一方面也引起了许多问题。生产的进一步社会化使资本更加集中到大垄断集团手中，生产社会化与生产资料私人占有的矛盾更加激化，结果在20世纪70年代初出现了经济停滞与失业和通货膨胀并存的"滞胀"局面，导致资本主义经济面临恶化，凯恩斯主义陷入困境，而以美国经济学家 M·弗里德曼为首的货币主义所主张的自由放任思想却得以复兴。20世纪70年代末80年代初，英国首相撒切尔夫人宣布执行货币主义的政策，这表明货币主义从理论变成了实践。在20世纪70年代之后，又出现了以美国经济学家 R·卢卡斯为首的理性预期学派，该学派以更为彻底的态度拥护自由放任思想。他们从不同的角度论述了市场机制的完善性，提出了减少国家干预、充分发挥市场机制作用的主张。

20世纪80年代中期以后，新经济自由主义的理论和政策受到了人们的普遍怀疑。新经济自由主义自由市场万能的理论和20世纪70年代至20世纪80年代各国政府深信的"市场机制最有效，政府干预越少越好"的观念均受到了强有力的挑战和质疑，国家干预主义又重新抬头。20世纪80年代，美国一些有主见的中、青年学者——新一代凯恩斯主义者，如哈佛大学的曼昆、萨默斯，斯坦福大学的斯蒂格利茨，普林斯顿大学的伯南克等，他们在继承凯恩斯主义传统和基本学说的基础上，从理论和分析技术上改进原凯恩斯主义，对宏观经济学的微观基础进行了重新构建，提出了许多新的研究成果和实证结论，形成了标明"新凯恩斯主义经济学"的一个新学派，在西方经济学界崭露头角并迅速成为影响最大的学派之一。

从经济学发展的历史脉络中，我们可以清楚地看出，经济学是为现实服务的，经济学的形成、确立与发展是与资本主义市场经济的建立与发展相适应的。

任务练习与学习思考

1. 如何理解资源稀缺的相对性与绝对性？
2. 什么是选择？它包括哪些内容？
3. 资源配置的基本方法是什么？
4. 简述微观经济学与宏观经济学之间的区别与联系。
5. 简述实证经济学与规范经济学的特点表现。

第二讲
现代市场经济

【基本思路】

市场经济不是万能的,但是,截至目前还没有一种比它更好、更有效的经济体制。通过对市场经济发展的过程认识现代市场经济,并对市场经济下政府担负的角色、履行的职能以及个人收入分配等进行分析。

【主要内容】

市场经济的概念、功能、特点以及运行机制;市场经济下政府的角色、经济职能;洛伦兹曲线。

【任务要求】

重点掌握:1. 现代市场经济含义。
         2. 现代市场经济特征。
         3. 现代市场经济功能。
基本了解:1. 市场经济运行的条件。
         2. 洛伦兹曲线。
一般了解:1. 市场经济的产生。
         2. 市场经济下政府的经济职能。

任务一 市场经济

一、市场经济的产生

作为社会资源配置手段的市场经济同其他事物的发展一样,有其发展的历史过程。纵观资本主义生产的发展,历经三次产业革命,每一次产业革命都促进了社会生产力和生产关系的进一步发展并使市场经济不断完善。与三次产业革命相适应,我们把市场经济的发展划分为三个历史阶段,即形成阶段、发展阶段和完善阶段。

(一)市场经济的形成阶段——自由竞争的市场经济

从 18 世纪 60 年代开始至 19 世纪 30 年代,以蒸汽机为动力的第一次产业革命是市场经济的开端。这次产业革命为资本主义制度建立了强大的物质技术基础，同时也改变了社会经济生活，尤其是工人的地位和境遇得到了重大改变。由于机器的使用，工人被束缚在机器上，被稳定地雇佣，不可能再复归为独立的小生产者，这就保证了劳动力商品资源。另外，机器改革了社会生产的技术基础，使生产能力扩大，产品数量增多，进而增强了社会经济对市场的依赖性。

18世纪后半期到19世纪70年代，是自由竞争的资本主义阶段，此时资产阶级标榜自由放任，主张国家不干预社会经济活动，且这个阶段资本主义的基本矛盾并未激化，客观上不要求政府参与调节社会经济活动，社会经济的运行基本是价值规律的自发调节。因此，处于这一阶段的市场经济可称为自由竞争的市场经济。

（二）市场经济的发展阶段——垄断的市场经济

19世纪最后30年，发生了以电气化和化学工业为中心的第二次产业革命，这一次产业革命促进了重工业的发展。由于重工业耗资较大，单个资本无力对此投资经营，于是集资经营的大股份公司便应运而生并迅速发展。与此相适应，为投资者互相交换资本所有权的证券市场也蓬勃发展起来，这又进一步完善了市场体系。另一方面，19世纪末出现了垄断，垄断组织通过种种手段，不同程度地调节或纠正由市场经济的自发性带来的比例失调和过失，这一举措可以看作是市场经济与计划调节相结合的雏形。此后，市场经济的调节机制不断完善。因此，处于这一阶段的市场经济可称为垄断的市场经济。

（三）市场经济的完善阶段——国家调控的市场经济

随着资本主义经济的发展，传统的自由放任的市场经济的弊病日益暴露出来，不断出现的经济危机更加表明，自由放任的市场经济在经济运行中不能完善自我调节的功能，客观上要求在市场机制之外附加对社会经济进行调控的社会宏观调控机制。

20世纪40年代后期至20世纪50年代初，在发达国家相继发生了以原子能、电子和高分子合成技术为主导的第三次产业革命（又称新科技革命），新的科技革命所引发的问题，已超出了私人垄断资本所能解决的范围，如筹集巨额资金、产业结构调整、跨地区、跨学科、跨行业的合作、应用科学研究及各种实验等。这一切使私人垄断资本无能为力，客观上要求国家出面，进行宏观调控。另外，频繁爆发的经济危机，特别是1929—1933年的世界大危机，震撼了整个资本主义世界。为了延缓危机的爆发和减轻危机的破坏，作为"总资本家"的资产阶级国家也必须出面做出适当的干预和调节，在这一背景下，产生了国家垄断资本主义。这样，在市场经济基础上，加上国家干预和宏观调控，此阶段就发展为国家调控的市场经济阶段。直到今天，国家宏观调控与市场机制相结合始终是资本主义发达国家调控社会经济的手段。这两种结合的经济机制使资本主义国家经济出现了许多新现象：它在一定程度上抑制了生产的无政府状态；它使经济危机的周期阶段变形，破坏程度减轻；它调控社会经济，尽量缩小总供给和总需求的矛盾。这种成熟的、完善的市场经济是与计划调节相统一的，这是现代市场经济的显著特征。

可见，从历史发展来看，市场经济是在自由竞争的基础上产生的。

二、现代市场经济的含义

现代市场经济，又称现代型市场经济或计划市场经济，它是指建立在现代生产力水平以及现代科学技术的基础上，以生产资料的高度集团化与国有化为特征，采取宏观计划调控的市场经济。现代市场经济是市场经济发展的高级阶段，是市场经济发展的一个新阶段。概括地说，现代市场经济具有以下几层特殊含义：

（1）从时间上看，它是指20世纪初期萌芽、第二次世界大战以后逐渐成熟起来的一种市场经济。这种市场经济不是指一般的市场经济，而是特指随着生产力的发展和资本主义国家宏观调控的实行而出现的一种市场经济。具体说，它萌芽于20世纪初期，形成于两次世界大战期间，成熟于20世纪50年代初期，大力发展于20世纪60年代以后。其成熟的标志如下：

①由国家干预经济向国家系统地调控经济迈进。
②生产主体集团化、公司化。
③生产资料高度社会化。
④个人收入分配方式多层次化。

（2）从空间上看，现代市场经济具有国际的通用性。当今世界上存在的市场经济，如果说撇开其社会属性，那么都是建立在社会化大生产基础上的市场经济。现代市场经济的发展超越了一国的范围，形成了国际体系。与此相适应，人们在经济活动中逐渐形成和制定了一些各个国家共同遵守的国际准则。

（3）从内容上看，它是有别于马克思所论述的古典市场经济的一种新兴的市场经济。马克思在《资本论》中所论述的市场经济是19世纪的古典市场经济。当今的市场经济内涵已发生了极大的变化，是一种新兴的市场经济，它在运行主体、运行机制、调控手段等方面具有自己的特征。

（4）从层次上看，它是一种高级市场经济。市场经济已经经历了原始市场经济与古典市场经济两个阶段，作为第三个阶段的现代市场经济是高度社会化和市场化了的市场经济，它把一切经济活动都纳入市场体系中，各种生产要素都与市场相联系。

（5）从运行方式上看，它是采取宏观调控的一种市场经济。当今国际上的市场经济都是受国家宏观调控的，是采取计划调节的，这是同以往各种市场经济的最大区别。

在资本主义早期的自由市场经济阶段，政府也有某些干预，但一般只限于较小的范围。在现代市场经济条件下，政府的作用已不限于维持法律和秩序，而是在很大程度上介入国民经济的生产、分配和流通的全过程及各个环节，即采取宏观调控的措施，成为推动与调节经济发展的重要力量。

三、现代市场经济的功能

在现代市场经济条件下，一切生产要素都进入市场，以市场作为资源配置的基本形式，以市场机制作为配置资源的基本手段。市场成为社会生产和社会需要之间连接的中间环节，成为国民经济运行和发展的枢纽。因而，现代市场经济在经济社会生活中具有重要的功能。

（一）合理有效地配置资源

现代市场经济是以市场作为配置资源的基本形式，以市场机制作为配置资源的基本手段。从宏观方面看，通过市场调节来配置资源，可以比较充分、合理地发挥各种资源的作用，减少和防止资源的浪费；通过市场决定合理的价格体系，引导投资活动的资源流动，实现资金增量的调整。这样就能实现生产要素的最佳组合和供求之间的不断均衡，调整和优化产业结构，提高资源配置效率。从微观方面看，市场经济能让企业充分利用各种资源，节约劳动消耗，采用科学技术，改进经营管理，不断提高劳动生产率。这样，市场机制成为企业行为的调节器，通过供求、价格、竞争和风险等市场要素之间的相互制约作用，就能实现微观经济活动的均衡与协调发展。从总体看，现代市场经济是最有效的资源配置方式，资本主义经济的发展达到现代发达程度，就是靠市场来配置资源的。可见，现代市场经济这种运行和发展机制，是人类的文明成果和时代潮流。

（二）灵活及时地传递信息

市场是经济信息的载体，又是经济信息的晴雨表。现代市场经济具有灵敏地传播、交流和反馈信息的功能。市场信息传递能把国家与企业紧密地联系起来，利用各种市场信号来引导企业生产经营规模的扩展或收缩，使之适应社会需要和符合国家计划意向；市场信息传递能促进横向经济联系和联合，能为商品生产者与经营者提供多种竞争机会，又能密切和加强生产者之间、经营者之间、生产者与经营者之间的横向联系、联合与协作，从而扬长避短、发挥优势，实现规模经营和规模效益；市场信息传递能引导企业科学决策，企业能依靠市场多变的信息，加以科学的分析和处理，并做出正确的决策，这样才能降低风险，提高成功的概率。可见，灵敏的信息流通正是市场经济活跃、企业充满生机的必要条件和重要体现。

（三）自动地调节供求关系

现代市场经济是调节供求关系的自动机制。市场供求矛盾运动平衡是有条件的、暂时的和相对的；不平衡是无条件的、经常的和绝对的。在现代市场经济条件下进行市场调节，市场价格信号可以比较准确及时地反映供求状况的变动，由此能对市场供求关系进行自动的引导，双向调节生产和消费，从而可使市场供应和需求在总量上和结构上基本吻合，协调发展。同时，现代市场经济在自动地调节供求关系的同时，也调节着人力、物力、财力及其他生产要素的流动，调节着国内生产力的布局，进而还调节着各国之间的经济往来，所以现代市场经济的发展能够促进生产的社会化、专业化和国际化，能够促进生产力的发展和社会的进步。一些发达国家的经验和我国改革开放以来的实践就是证明。

（四）客观地进行价值评估

市场是评估商品的使用价值与价值、企业成效、经营管理水平以及产业前景最公正、最准确的尺度和标杆。商品使用价值的确定必须通过市场进行评价，从质上判断是好还是坏，是优还是劣；从量上判断是多还是少，是大还是小。如果商品进入市场后，货币所有者不买，这表明其不适应社会需要。如果某商品的成本高于社会平均成本，通过市场评判，其个别价值在市场上就不能完全实现。只有社会需要，生产成本低于或等于社会平均成本的商品，其使用价值和价值才能在市场上完全实现。如果商品适销对路、物美价廉，就会成为市场上的抢手货，企业生产经营该种商品就能获得较好的经济效益。企业的产品在交换中定价，接受市场检验，形成合理的价格构成和价格体系，就能为企业创造公平竞争的环境。可见现代市场经济是价值评估的客观标准。

以上是现代市场经济功能体现效率和优越性的方面。现代市场经济也不可避免地会带来一些不良影响，比如：

（1）现代市场经济带有一定的盲目性和自发性，在一定条件下有可能造成资源配置的浪费甚至经济危机的产生。其是建立在个人追求利益的基础上，不可能站在更高的高度，如站在社会的高度观市场全貌，可能会导致决策失误、判断失误和资源浪费。

（2）现代市场经济竞争法则作用的结果一方面会促使经济发展和社会进步，另一方面会造成商品生产者的分化和居民收入水平的拉大以及地区之间经济差距拉大，在一定条件下甚至产生两极分化和社会不公平的现象。

（3）现代市场经济对某些供求变化弹性较小的产品的生产及其经营，对受稀缺资源制约的产品的生产和经营，对某些经济效益小、社会效益大的产品的生产和经营及教育等科学研究部门的发展只起有限的调节作用甚至不起调节作用，这时就需要政府进行社会调节。

总的来说，现代市场经济能对资源配置进行合理有序的调节，发挥好现代市场经济的基本功能，能较好地促进社会经济的健康发展。

【知识链接】 经济学十大原理之——市场通常是组织经济活动的一种好方法

现在大部分曾经是中央计划经济的国家已经放弃了这种制度，并努力发展市场经济。在一个市场经济中，中央计划者的决策被千百万企业和家庭的决策所取代。企业决定雇用谁和生产什么，家庭决定为哪家企业工作，以及用自己的收入买什么，这些企业和家庭在市场上相互交易，价格和个人利益引导着他们的决策。

乍一看，市场经济的成功是一个谜。千百万利己的家庭和企业分散作出决策似乎会引起混乱，但事实并非如此。事实已经证明，市场经济在以一种促进普遍经济福利的方式组织经济活动，且非常成功。

经济学家亚当·斯密在他1776年的著作《国富论》中提出了全部经济学中最有名的观察结果：家庭和企业在市场上相互交易，他们仿佛被一只"看不见的手"所指引，引起了合意的市场结果。当你学习经济学时，你将会知道，价格就是用"看不见的手"来指引经济活动的工具。价格既反映了一种物品的社会价值，也反映了生产该物品的社会成本。由于家庭和企业在决定购买什么和卖出什么时关注价格，所以他们就不知不觉地考虑到了他们行动的社会收益与成本。结果，价格指引这些个别决策者在大多数情况下就实现了整个社会福利的最大化。

关于"看不见的手"在指引经济活动中的技巧有一个重要推论：当政府阻止价格根据供求自发地调整时，它就限制了"看不见的手"协调组成经济的千百万家庭和企业的能力。这个推论解释了为什么税收对资源配置有不利的影响：税收扭曲了价格，从而扭曲了家庭和企业的决策。这个推论还解释了租金控制这类直接控制价格的政策所引起的更大伤害。中央计划者之所以失败，是因为它们在管理经济时把市场上那只"看不见的手"缚起来了。

四、现代市场经济的特点

从目前世界各国的经济体制现状来看，实行市场经济的国家占绝大多数，但真正实现繁荣经济目标的，都是建立起规范和有效的市场经济体制的国家。许多国家虽然长期实行市场经济，但至今仍然在不规范和低效的市场经济中苦苦挣扎。由此可见，市场经济也有好坏之分，并不是只要实行了市场经济，资源配置就可以自动优化，社会福利就可以自动增加。尤其值得我们注意的是，原来实行计划经济的国家在向市场经济的转轨中，如果搞得不好，也很容易陷入不规范的、低效的市场经济当中而难以自拔。根据世界各国的经验，运作规范和有效的市场经济体制一般具有以下五个共同特点。

（一）独立的企业制度

独立的企业制度是指企业拥有明确和独立的产权并受到法律的有效保护；有充分的决策权，能够根据市场信息的变化自主决策；对自己的决策和行为负民事责任。这三个方面相互联系，相辅相成，缺一不可。明确和独立的产权不仅是市场交易得以顺利进行的基础，也是企业进行投资和贸易活动的动力源泉，是形成有效的企业治理结构的前提。如果产权不明确或得不到有效保护，独立的企业制度不可能真正确立。同样，企业拥有自主权和对其决策的后果负责是一个问题的两个方面，如果企业的决策常常受到外来干预，它就不可能也不应当对其决策的后果负责，反过来，如果企业不能对自己的行为后果真正负责，拥有决策自主权就是危险的。现代经济研究的成果充分说明，市场机制不仅是一种资源配置手段，更是一种激励和约束机制。确保决策者对其决策后果负责，对决策者既是约束，也是激励。

（二）有效的市场竞争

竞争是市场经济有效性的最根本保证。市场机制正是通过优胜劣汰的竞争，迫使企业降低成本、提高质量、改善管理和积极创新，从而达到提高效率、优化资源配置的结果。但竞争必须有效，否则也很难取得良好的效果。从规范的市场经济体制来看，有效的市场竞争必须具有公平性，即要求法律、法规和政府有关政策平等对待不同的市场主体；竞争必须相对充分，即消除阻碍企业进入和退出市场的各种行政性和经济性障碍，保证竞争的相对充分；竞争必须有序，即要求有符合市场经济要求的"游戏规则"，这种规则既包括正式的法律、法规，也包括非正式的行业规范、国际惯例等，同时，市场主体必须严格遵守这样的规则，严禁欺诈、造假、低价倾销和垄断特尔等不正当竞争行为。

（三）规范的政府职能

现代市场经济的一个突出特点是政府与经济之间保持一定的距离。市场经济的正常运转离不开政府的作用，但政府的作用不能过大，其行为必须受到法律的约束，否则如果政府任意对经济活动进行干预，同样会损害民间经济的活力和创造力。能够成功促进市场机制有效发挥作用的、规范的政府行为通常被称为"良政治理"或"有限和有效政府"。

（四）良好的社会信用

诚实守信在任何时期对于任何国家、任何民族、任何体制都具有普遍的价值，不诚实守信、不勤勉敬业，任何一种游戏规则都难以正常运转，对于现代市场经济而言，诚实守信尤其重要。这是因为，与传统市场经济主要是现货交易，即与一手交钱、一手交货的交易方式不同，现代市场经济的交易方式主要是信用交易。信用交易的出现和发展克服了时间及空间的分离对交易的限制，从而大大扩展了市场交易的范围。但信用交易的基础是交易双方的诚实守信，否则不仅交易的成本会大大上升，而且交易的广度和深度也会受到很大影响。尤其值得重视的是，随着现代信息技术和网络技术的发展，低成本的电子商务将会得到越来越广泛的应用，但如果没有良好的信用作基础，现代企业制度即使形式上建立了，也不能真正发挥作用。

（五）健全的法制基础

从各国经济体制演变的历史经验来看，一个国家能否真正实现从传统市场经济或计划经济向现代市场经济的转变，关键在于其能否真正建立起适应市场经济需要的法制基础。没有好的法治环境，市场主体的独立性、市场竞争的有效性、政府行为的规范性和市场秩序的有序性都将缺乏根本的保证。这就要求法的内容符合基本的或公认的正义，特别是符合市场经济的内在要求；法是至高无上的，法律面前人人平等；法律得到公正执行。因此，从根本上讲，现代市场经济是法治经济。

五、市场经济的运行

市场经济运行是指在一定的运行场所和制度环境中，在价值规律、竞争规律和供求规律支配下的市场经济的现实运作过程，即通过市场体系中的市场价格信号来传递供求信息，引导追求利益最大化的经济主体调整其消费与生产行为，实现供求与需求在数量与结构上的平衡过程。

具体来讲市场经济运行必须具备以下条件：

（一）市场经济运行的主体

市场经济主体是指在市场上从事经济活动、享有权利和承担义务的个人和组织体。具体来说，就是具有独立经济利益和资产，享有民事权利和承担民事责任的可从事市场交易活动的法人或自然人。任何市场经济主体参与经济活动都带有明确的目的，以在满足社会需要中追求自身利益最大化为目标。市场主体具有盈利性，这是其最本质、最重要的特征。市场主体还具有独立性，主要表现为产权的独立和经营权的独立。此外，市场经济主体还具有相互间的关联性、平等性和合法性等特征。市场经济主体包括与经济活动有关的政府、机构、企业和自然人，其中企业是最主要的主体。

（二）市场经济运行的载体

市场体系是在社会化大生产充分发展的基础上，由各类市场组成的有机联系的整体。它包括生活资料市场、生产资料市场、劳动力市场、金融市场、技术市场、信息市场、产权市场和房地产市场等，它们相互联系、相互制约，推动整个社会经济的发展。培育和发展统一、开放、竞争、有序的市场体系，是建立社会主义市场经济体制的必要条件。简而言之，市场体系就是相互联系的各类市场的有机统一体。

【延伸阅读】　　　　　　各类商品市场和要素市场

发挥市场机制在资源配置中的基础性作用，必须培育和发展市场体系。市场体系包括商品市场和要素市场。商品市场包括消费品市场和生产资料市场。要素市场包括资本市场、劳动力市场、房地产市场、技术市场和信息市场等。

消费品市场是交换用于满足消费者的个人生活消费需要以及社会消费需要的消费品的商品市场，如食品、服装和日用品等。消费品市场是整个市场体系的基础，所有其他的市场都是由它派生出来的，所以消费品市场是社会再生产中最后的市场实现过程，它体现了社会最终供给与最终需求之间的对立统一关系。消费品市场的特点：

（1）消费品市场涉及千家万户和社会的所有成员，全社会中的每一个人都是消费者；

（2）消费品市场因社会需求结构形式的多样性、多变性而呈现出多样性和多变性的特点；

（3）市场交易量不一定很大，但交易次数可能很多。

生产资料市场是交换人们在物质资料生产过程中所需要使用的劳动工具和劳动对象等商品的市场。例如生产所需的原材料、机械设备和仪表仪器，等等，都是生产资料市场的客体。生产资料市场的特点：

（1）生产资料市场上所交换的商品大部分是初级产品和中间产品，而不是最终产品；

（2）市场交易的参与者是单纯的生产部门，属生产性消费，购买数量大，交易方式多是大宗交易或订货交易，供销关系比较固定；

（3）生产资料市场需求属于派生性、引发性需求。

金融市场是资金的供应者与需求者进行资金融通和有价证券买卖的场所，是货币资金借贷和融通等关系的总和。在现实中，金融市场既可以有固定的地点和相应的工作措施，也可以没有固定场所，由参加交易者利用电信等手段进行联系洽谈来完成交易。按交易期限划分，通常把经营一年期以内货币融通业务的金融市场称为货币市场，把经营一年期以上中、长期资金的借贷和证券业务的金融市场称为资本市场。

劳动力市场是交换劳动力的场所，即具有劳动能力的劳动者与生产经营中使用劳动力的经济主体之间进行交换的场所，是通过市场配置劳动力的经济关系的总和。劳动力市场交换关系表现为劳动力和货币的交换。劳动力市场的特点：

（1）区域性市场为主；
（2）进入劳动力市场的劳动力的范围是广泛的；
（3）劳动力的合理配置主要是通过市场流动和交换实现的，市场供求关系调节着社会劳动力在各地区、各部门和各企业之间的流动；
（4）劳动报酬受劳动力市场供求和竞争的影响，劳动力在供求双方自愿的基础上实现就业。

房地产市场是从事地产和房产交易活动的市场，具体分为地产市场与房产市场。地产市场主要是进行土地使用权的交易和转让；房产市场主要是进行房屋的交易和转让。房地产市场的特点：

（1）经营对象具有地域性，并且是非流动性商品。
（2）房地产价格具有上浮性；
（3）具有垄断性。

技术市场是以知识形态出现并进行交换的商品的市场。它是一种特殊的商品，有多种表现形态：有软件形式（程序、工艺、配方和设计图等）；咨询、培训等服务形式；买方需要的某种战略思想、预测分析、规划意见和知识传授等形式。技术市场的特点：

（1）技术商品是知识商品；
（2）技术商品交易实质是使用权的转让；
（3）技术商品转让形式特殊；
（4）技术商品价格确定比较困难，价格往往由买、卖双方协商确定。

信息市场是以提供各种信息来满足用户需要的信息交换的场所。大多数信息能够进入市场进行交换。信息市场的特点：

（1）交易活动具有多次性；
（2）交换具有间接性；
（3）交易具有很强的时效性。

（三）市场经济运行的动力

市场经济运行的动力分为两种：内在驱动力和竞争形成的外在压力。追求利润是市场经济运行的内在驱动力，市场经济运行的动力是人们追求经济利益的愿望。

（四）市场经济运行的机制

市场经济运行机制是指通过市场价格的波动、市场主体之间的利益竞争和市场供求关系的变化来调节市场经济运行的机制。市场经济运行机制主要包括供求机制、价格机制、竞争机制和风险机制。简而言之，市场运行机制就是依靠价格、供求和竞争等市场要素的相互作用，自动调节企业的生产经营活动，实现社会经济的按比例协调发展。

价格机制是商品的供给与需求同价格的相互制约作用。供求的变化会引起价格变动，价格的变动又会引起供求的变化，正是在这种联系和变动中，供、求趋向一致，价格与价值趋向一致。价格机制是市场机制的核心。

供求机制是商品、资本、劳动力的供、求之间的内在联系和作用机制。在一定的市场需求条件下，市场供给总量是由整个社会生产能力决定的，社会需求是消费者愿意购买并有支付能力的需求。

竞争机制是指市场行为主体之间为获取经济利益最大化而进行的斗争。竞争是市场经济的本质属性，竞争机制可以促进社会供求平衡。

风险机制是市场活动同盈利、亏损和破产之间的相互联系和作用的机制。在市场经济条件下，任何一个微观经济主体都面临着盈利、亏损和破产等多种可能性，都必须承担相应的风险。风险机制以盈利的诱惑力和破产的压力作用于企业，从而鞭策企业注重经营、改进技术、加强管理和增强企业活力。

（五）市场经济运行规律

一般来说，在市场经济运行中有三大规律：价值规律是商品生产和商品交换的基本经济规律，即商品的价值量取决于社会必要劳动时间，商品按照价值相等的原则互相交换；竞争规律是指市场经济中各个不同的利益主体为了获得最佳的经济效益，互相争取有利的投资场所和销售条件的客观必然性，它和价值规律一样，都是市场经济固有的规律；供求规律是指供求变动引起价格变动，同样反之亦然，这种商品供求变化与价格变动相互作用，供给与需求相互适应，形成均衡价格的规律性。

【知识链接】　　　　　　　西方现代市场经济模式

发达国家在世界上较早地建立了市场经济，并在长期的发展过程中逐渐形成了某种特定的模式。但是各发达国家之间，市场经济模式并非完全一样的，在保持市场经济总特征的前提下，其各自形成了具有自身特点的具体模式。其中比较典型的有五种基本模式：英国的"自由市场经济"模式；美国的"调节市场经济"模式；德国的"社会市场经济"模式；法国的"计划市场经济"模式。

1. 英国的"自由市场经济"模式

英国是世界上最早建立市场经济的国家之一，其市场经济是一个传统性的市场经济体系。英国人的一条基本信条是：国民经济仅靠一只"看不见的手"来自动调节，就完全可以达到一种理想的"自然经济秩序"。他们认为，国家的主要功能是税收、国防和对外事物，不要直接干预国内的具体经济活动。所以英国无论从经济结构上看，还是从政府组织上看，都体现着很高的经济活动的"自由"性。英国的经济组成和政府管理职能说明，英国是一个以私人资本为基础，以企业分散决策为主体，以个人自由选择为特征，以市场机制为资源配置主要手段的"自由市场经济"模式。

2. 美国的"调节市场经济"模式

美国的市场经济被称为"混合经济"，它的主要特征是：多种所有制并存，竞争和垄断并存，市场调节和政府调节并存。可见，美国是一个以私有垄断资本为基础，以自由企业经营为主体，以"混合经济"为特征，强调利用宏观经济政策调节经济的"调节市场经济"模式。

3. 德国的"社会市场经济"模式

德国的市场经济既不是自由放任的市场经济，也不是强调国家控制的市场经济，而是介于二者之间的一种模式。它的主要特征是：保证竞争秩序，加强社会指导，强调社会稳定，注重社会保障。德国人认为，自由竞争的市场经济，会最大限度地满足生产者利润最大化的需要和最大限度地满足消费者效用最大化的需要，并可使社会资源达到最有效的配置。但是，自由放任的经济体系，不仅赋予经济单位自由支配资源的权利，也赋予它们垄断的权利。垄断会造成资源浪费，会使消费者利益受损，会导致收入分配不公，会引起社会的不稳定。所以好的经济体制应能在国家和法律的制约下，限制垄断，保护竞争，促进公平，加强保障，促进社会稳定。所以德国最终形成的是一个"市场经济+总体调节+社会保障"的"社会市场经济"模式。

4. 法国的"计划市场经济"模式

法国的市场经济又不同于以上几个发达国家，它最主要的特征就是在市场经济基础上，实行双重调节机制，即市场调节机制和计划调节机制共同起作用，以实现资源的合理配置。他们认为，一方面要强调自由和竞争是市场经济所必须遵守的法则，自由和竞争是经济活动的主要方式；另一方面要强调计划和集中能补偿自由和竞争的缺陷，也是管理经济活动的一个重要手段。但是，他们同时认为，必须处理好二者的关系，坚持市场调节为主而不以市场来否定计划，强调计划的重要作用，也不能以计划取代市场，二者是相辅相成、相互补充的。这就要求计划是指导性的而不是指令性的，计划的实现是靠市场而不是靠行政命令。在上述思想指导下，法国一是保证私有经济占主导地位，适当增加国有经济的比重；二是在私有经济占主导地位的经济结构上，把制定宏观经济计划作为一项庞大的社会工程来执行。从上述两大方面的情况可以看出，法国的市场经济是以私有制为基础，以市场和计划双重调节为特征的"计划市场经济"模式。

任务二 市场经济下的政府

一、自由市场经济下政府角色

政府角色是指政府在经济社会发展中承担的职责和应该发挥的作用，即政府应该做什么，政府不应该做什么，政府通过哪些途径可以做得更好。居民、厂商和政府是市场经济的三大主体，市场的作用在于协调人们的利益关系、促进社会合作并实现经济发展。然而市场经济由于市场失灵和居民与厂商的分散决策使资源无法达到社会全面合作，从而降低了经济运行效率，这时就需要通过政府干预来解决市场缺陷问题。在市场经济的历史上政府起到了不同的职能角色。

（一）政府角色"守夜人"

英国古典政治经济学家亚当·斯密等以理性"经济人"假设为基础，极力推崇市场机制这只"看不见的手"，反对政府干预经济活动，认为最好的政府就是干预得少的政府。亚当·斯密在《国富论》中谈到"利己的润滑油将使经济齿轮以奇迹般的方式来运转，不需要计划，不需要国家元首的统治，市场会解决一切问题。"政府的天职是"守夜人"，由于自由放任的经济活动和资源的配置完全是由市场机制来推动的，国家或政府的职能仅限于保护这种自由竞争的机制。

（二）政府角色"道德人"

亚当·斯密在《道德情操论》中阐述了人性不同于"经济人"的另外三个方面：同情心、正义感、行为的利他主义倾向，这些都是人的道德性的体现。斯密的这种伦理思想后来被发展成"道德人"理论。"道德人"的理论应用在政府上就是说政府是讲道德的，政府会重新确立国家对公民所负担的责任，以减轻过度的资本主义带来的危害。"道德人"的理论偏重于从道德上对官员进行约束，却放松了制度上对官员的要求，对官员寄予的是一种人格期待和道德要求，对制度的要求很低。

（三）政府角色"经济人"

地方政府作为市场主体参与市场竞争，在市场运行中像企业一样参与市场经济活动，此时政府充当的便是"经济人"的角色。地方政府作为"经济人"参与市场竞争，具有极大的优势，如资源优势、地理位置优势和公共产品价格优势等。由于政府人也是市场活动的参加者，其目的也是为了追求最大的利益，政府人与非政府人之间最基本的关系是给予利益与自利的交易，因此，政府人的腐败就不可避免了，是不管运用什么手段都难以消除的。

（四）政府角色"全能人"

全能型政府的职能模式是计划经济的产物，在计划经济条件下，政府全面直接控制经济，扮演了生产者、监督者和控制者的角色，其为社会和公众提供公共服务的职能和角色却被淡化。

二、市场经济下政府角色

市场经济是自主性、平等性、竞争性、开放性和规则性的经济。与之相适应建立起来的政府应该是有限政府、服务型政府、透明政府和法治政府。

（一）市场经济的自主性要求建立有限政府

市场经济是市场主体之间自主、自由地交换其产品的经济，因而市场主体必须有足够的自主性和自由度。如果政府的权力过宽过大，就会限制市场主体的经济活动，削弱市场主体的活力和积极性，从而阻碍市场经济的发展。有限政府即权力受到限制的政府，它要求把政府的权力限定在提供公共产品、维护市场秩序和社会安全稳定、实施宏观调控以弥补市场失灵等几个少数领域之内。

（二）市场经济的平等交换原则要求建立服务型政府

市场经济是平等主体之间交换其产品的经济，它不允许任何一方拥有特权。只有市场主体之间是平等的，市场经济才能正常运转，如果哪一方拥有特权，市场交易就不是平等的，就会破坏价格信号、降低经济效率。在市场经济中，政府作为一个特殊主体，与其他市场主体在地位上应是完全平等的，同样不能拥有特权。政府的特殊性在于它是规则的制定者、监督者和维护者，政府应为其他市场主体提供一个公平、公正的竞争环境，保障经济社会健康有序地运行和发展。从这一意义上讲，政府的地位相当于服务业，所以要建设服务型政府。政府提供公共服务是调控社会经济健康发展和社会群体之间收入差距、促进社会公平正义、保障社会安定有序的有效手段和机制。

（三）市场经济的竞争性和开放性要求建立透明政府

市场经济是竞争性和开放性的经济，这正是市场经济的活力所在。如果没有竞争和开放，经济发展就会停滞甚至倒退。市场经济的竞争性和开放性要求政府信息公开，政府作为特殊的市场主体，掌握着大量的信息和市场资源，而且其活动也同其他市场主体的利益息息相关。因此，除了有关国家安全和商业秘密的信息之外，其他信息都应该向公众公开，以利于资源共享和充分竞争。

（四）市场经济是规则经济，要求建立法治政府

"规则"既包括"法则、规章"，也包括要求大家共同遵守的"制度或章程"。这些规则一方面需要贯彻到经济活动的各个领域，政府参与经济活动的行为也不例外；另一方面，所有的规则在各个领域都需要通过法治化加以实施，因为法律更具有权威性、稳定性和长期性。法治政府即依法行政的政府。

三、市场经济下政府的经济职能

对市场经济国家而言，政府经济职能主要在于从效率改善、促进公平和稳定经济等方面来弥补市场缺陷。具体地说，政府经济职能大致可以归纳为以下五个方面。

（一）制定经济规范，维护市场秩序

在市场经济中，商品的交换实质上就是产权交换，没有明确的产权，交换就无法正常进行。有效地界定和保护产权，明确市场上每个行为主体的权、责、利关系是产生激励、提高效率和促进经济发展的重要源泉。如果一种经济资源没有明确的产权归属，谁都可以任意使用，则就不存在商品交换关系，就没有市场激励，也就不需要市场经济制度了。尽管依靠私人势力或民间组织在一定范围内和一定程度上也能实现对产权的界定，但这样不仅会使社会成本提高，而且会造成社会的极大不公平，导致弱肉强食，激化矛盾，最终导致市场失效。所以对产权的有效界定和保护通常只能由政府来承担。政府只有对各种经济资源做出排他性的产权安排，才能维系市场的生命。为此，政府必须制定一系列旨在确定排他性产权的制度规范及可转让的交易规则，并通过行政机构、执法机构和司法机构的工作保证产权规则实施。显然，政府通过界定和保护产权，事实上就明确了市场作用的边界：市场关系只能在具有明确产权的领域存在。

（二）保持宏观经济的稳定性

稳定的宏观经济环境是参与市场活动主体的共同要求，因为在稳定的经济环境中人们可以减少各方面的风险。实践表明，市场经济不可能消除经济的周期性波动，以市场机制自发恢复新的均衡往往需要很长时间，也可能引起更大的社会不稳定，甚至可能需要付出无法估量的代价，唯有依靠政府的宏观调控才有可能以最小成本来"熨平"周期性的经济波动。因此，可以说政府调控宏观经济是

现代市场经济有效运行的客观需要——需要政府综合运用财政和货币政策，加强需求管理，努力保持总供给与总需求的平衡；需要政府运用产业政策，促进产业结构的合理化，以实现物价稳定、就业充分、经济适度增长和对外贸易平衡等经济目标；需要政府将兴办公共事业作为缓解周期波动、调节宏观经济总量的一种重要手段，使公共事业成为保持社会经济稳定的一种调节阀。

（三）提供公共产品和公共设施等基础服务

市场经济的发展使社会经济联系越来越密切，人们在广泛的经济联系中形成了一些共同的生产条件和生活条件，直接构成现代市场经济发展的基础。这些条件包括基础教育、基础科学和新兴科学研究、交通与通信事业、城市公共基础设施、国土整治与水利事业、消防安全、环境保护和公共信息业等。这些基础事业大部分都具有公共品或准公共品的特性，许多项目往往耗资巨大、投资回收期长，也很难进行排他性的产权制度安排。如果这些基础事业由市场进行安排或完全由民间组织兴办，则很容易出现供给短缺问题，不能充分满足市场交易和公众消费需要；或价格不合理，社会成本高；或服务范围窄，不利于实现最优社会效益等。政府作为行使社会公共权力的组织，提供市场经济运行的基础条件，责无旁贷。为此，需要政府直接兴办一些公共事业，或在政府的引导和协助下兴办一些民间公共事业，或在政府的直接规制下适当引进竞争机制，兴办一些公共事业，以满足经济发展的需要。

（四）培育市场体系，保证市场有效运行

发挥市场机制在资源配置中的基础性作用，要求所有生产要素包括商品、资本、劳动力、技术和信息都进入市场，同时要创造平等竞争的环境，形成统一、开放、竞争和有序的大市场。但市场机制具有产生垄断的倾向，各种利益集团往往会为了自己的利益搞各种形式的封锁、壁垒和保护，妨碍市场机制有效发挥作用，甚至损害其他社会成员的利益，不利于刺激人们的创新热情，从长远看也会阻碍社会经济的稳定发展。因此，培育和完善市场体系应当作为政府的一项重要职责。政府应着力于消除各种形式的保护主义，打破各种封锁、割据、壁垒和垄断，促进国内统一大市场的形成。同时，根据社会经济发展的新情况，及时建立、培育和开放新的市场，如产权市场、技术市场、信息市场、金融市场和房地产市场等，以满足市场配置资源基础性作用的要求。

（五）进行收入再分配，实现社会公平目标

社会公平与否是影响市场经济有效运行的重要因素。如果社会分配不公，贫富差距悬殊，就会激化社会矛盾，破坏市场效率。社会分配不公对市场经济制度的最大危害是抑制了劳动者潜在能力的发挥，使劳动力这一生产力中最活跃、最

能动的因素缺乏有效激励，造成经济停滞。市场经济的实践证明，靠牺牲公平来保护效率，是不能保证市场经济长期效率的。收入分配差距过大往往是市场失败的一个突出表现。为此，政府必须肩负起协调社会利益、兼顾效率与公平目标的责任——既要建立合理的个人收入分配制度，保护居民的一切合法收入和财产；也要通过再分配政策、社会公共福利政策和社会保障政策来缩小收入差距，为市场经济良性运作提供必要条件。

任务三　市场经济下的个人收入分配

一、个人收入不平等的原因

市场机制可以有效地解决经济效率问题，但不能很好地解决财富与收入的合理分配问题。市场经济的逻辑是每个经济主体追求各自利益的最大化可以实现效率最优，但每个经济主体拥有的财产、能力、天赋、机遇以及所处环境都存在差异，这就决定了社会成员之间的收入分配差异，所以收入分配不平等是市场经济的必然结果。

适度的收入分配差距可以激励每个经济主体更加努力地改善经济效率，但市场本身无法控制收入分配差距的"度"，而且市场还存在不断扩大分配差距的倾向。财产性收入和工资性收入是每个人收入结构中最主要的两个部分，二者的多少分别取决于人们的财产多少和劳动能力高低。人们拥有的财产数量通常决定了他们的财产性收入，这也是收入分配的最主要决定因素，而财产在社会成员之间的初始分配不均等，必然使财产及财产性收入的分配不平等始终存在，而且市场分配制度的累积效应还会继续拉大这种差距。

在市场经济条件下，企业通常根据劳动者的劳动效率支付工资，而劳动效率又取决于每个人的劳动能力，所以劳动能力差异也就决定了社会成员之间的工资性收入不可能均等。劳动能力越强的人收入水平也越高，这些人也越有条件改善自身的生活、健康和教育状况，并不断增加人力资本积累，这又会进一步提高他们的劳动能力。因此，劳动能力的差异同样会不断拉大社会收入分配差距。

如果收入分配差距不断扩大而不能得到控制，人类发展最终必然会因此而受到损害。

首先，保证每个人的生存权利是社会伦理的基本要求，而市场分配原则和分配结果却时刻在破坏着这个社会伦理的基石。市场单纯以效率原则分配收入，这使得那些因不可抗因素造成效率低下的人（如残疾者）只能获取低微收入，生存状况恶劣，甚至无法得到足够的食物和医疗保障。显然，市场不能保证这些劳动能力低的人的基本生存权利。

其次，收入分配不平等可能引发社会阶层之间的矛盾和冲突，甚至危及社会稳定。收入差距的不断扩大可能使低收入阶层无法实现社会可接受的生活水准，并使得众多社会成员对社会分配状况产生不满，这往往是产生社会矛盾的重要根源。如果社会贫富差距悬殊，突破了社会可承受的能力，那么社会贫富阶层之间产生冲突将不可避免，甚至可能出现暴力和革命。

最后，收入分配不平等也会危及市场制度本身，并损害经济效率。社会贫富分化往往具有马太效应，即穷人越穷、富人越富。财富是决定社会各阶层社会影响力的重要基础，因此，贫富分化会削弱穷人的社会影响力，而增强富人的社会影响力。为了追求更多财富和收入，富人阶层可能利用其社会影响力垄断市场、修改法律，甚至诱使伦理道德也屈服于商业利益，让市场朝着有利于少数富人而不是整个社会的方向运行。贫穷者无法以正当手段获得维持基本生活需要的收入时，他们可能产生破坏法律的动机，导致社会犯罪率提高，这在很多国家都已得到验证。在没有秩序的社会里，穷人和富人的利益都无法得到有效保障，市场不能有效运行，经济也很难产生效率。

因此，政府以再分配调节居民收入差距显然十分必要，这也是维护市场秩序、保证市场有效运行的重要保障。

二、个人收入分配原则

个人收入分配原则是制定个人收入分配政策的基本依据。收入分配不仅是经济利益关系问题，也是关系社会经济发展动力和社会政局稳定的问题。效率和公平是人类社会一切经济行为和政治行为所追求的两大目标。个人收入分配的问题实际上是效率和公平的关系问题。因此，收入分配原则既要反映效率，又要体现公平。

效率是指资源的有效使用和有效配置。通常情况下，效率的高低都是借助投入与产出的对比关系及变化来反映的。一定的投入有较多的产出或一定的产出只需较少的投入，就意味着效率的提高；相反，一定的投入有较少的产出或一定的产出需要较多的投入，那就意味着效率的下降。影响经济效率的因素有很多，其中物质因素包括投入生产过程中的劳动、资本、技术和管理等生产要素，它们对效率产生直接的影响；制度因素包括产权制度、分配制度和资源配置机制等因素，它们对效率产生间接的影响。

公平在经济学意义上有两层含义，即经济公平和社会公平。经济公平是指在市场经济条件下，经济主体在再生产过程中权利与义务、作用与地位以及付出与报酬之间的平等关系，强调公平的机会、公平的竞争和平等的权利。社会公平是指在再生产环节之外的再分配过程中，通过一定的机制和政策使收入趋向合理化的一种平等关系，强调的是将人们收入差距保持在社会所能接受的范围之内。

公平是效率的保障，没有公平就没有效率存在的理由和保证。生产力、经济的发展，效率的提高，要以公平为条件和保证。若没有经济领域自身的公平竞争条件，则经济发展和效率提高也是难以实现的。公平解决得越好，生产关系就越合理，从而就越有利于生产力的发展和经济效率的提高。如果社会和政府为每个经济主体创造出一个自由平等、公平竞争和统一开放的市场体系，由市场根据价格机制准确灵敏地传递市场供求信息进行资源的合理优化配置，各要素主体获得与其贡献相符合的收入，那么这种公平将带来持久的高效率，保证国民经济的持续增长。没有公平的效率在社会现实中是存在的，但它不可能持久，更不会成为社会经济发展的基本支柱。效率是公平的基础，效率为公平提供物质基础，没有效率就没有公平实现的物质条件和源泉。效率主要体现的是生产力、经济的发展，若没有生产力、经济的发展就没有效率的提高和财富的增进。同时效率的提高有助于推动实现更高层次的分配公平，在一个效率低下、物质匮乏的社会里，人们连最起码的生存条件都满足不了，只能在一定范围内按人头大致平均分配生存必需品，这样公平就成了无源之水、无本之木，就难以有什么真正意义的公平。

因而，在处理效率和公平关系时，应做到：

（1）在市场上追求效率。在市场经济条件下，应当以公平竞争为主要准则，以追求效率为主。

（2）在管理上以公平促进效率。管理领域中主要是体现机会均等和组织内成员的公平感。

（3）在社会制度上追求公平。

三、个人收入分配的衡量：洛伦兹曲线

为了研究国民收入在国民之间的分配问题，美国统计学家洛伦兹提出了著名的洛伦兹曲线。洛伦兹曲线是用来衡量社会收入分配（或财产分配）平均程度的曲线。例如，某国家的人口与收入分布如表2-1所示。

根据表2-1中人口与收入百分比的合计，画出洛伦兹曲线图，如图2-1所示。

表2-1 某国家人口与收入分布表 %

组别	人口		收入	
	占人口百分比	合计	占收入百分比	合计
A	20	20	5	5
B	20	40	12	17
C	20	60	18	35
D	20	80	25	60
E	20	100	40	100

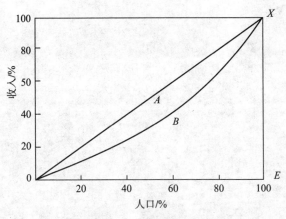

图 2-1 洛伦兹曲线

在图 2-1 中，在 OX 这条线上，表明收入分配绝对平均，称为绝对平均线。折线 OEX 表明收入分配绝对不平均，称为绝对不平均线。实际的洛伦兹曲线应该介于这两条线之间，利用洛伦兹曲线可以表明收入与财产分配的不平等程度。洛伦兹曲线离绝对平均线越近，表明收入或财产分配越平等；洛伦兹曲线离绝对平均线越远，表明收入或财产分配越不平等。

【经典案例】　　　　　　马 太 效 应

《新约·马太福音》中有这样一个故事，一个国王远行前交给三个仆人每人一锭银子，吩咐他们："你们去做生意，等我回来时，再来见我。"国王回来时，第一个仆人说："主人，你交给我的一锭银子，我已经赚了 10 锭。"于是国王奖励他 10 座城邑。第二个仆人报告说："主人，你给我的一锭银子，我已经赚了 5 锭。"于是国王奖励了他 5 座城邑。第三个仆人报告说："主人，你给我的一锭银子，我一直包在手巾里存着，我怕丢失，一直没有拿出来。"于是国王命令将第三个仆人的一锭银子也赏给第一个仆人，并且说："凡是少的，就连他所有的也要夺过来。凡是多的，还要给他，叫他多多益善。"这就是马太效应。

任务练习与学习思考

1. 什么是现代市场经济？
2. 现代市场经济的特征和功能是什么？
3. 现代市场经济需要政府干预吗？
4. 你怎样评论现代政府从"守夜人"角色向其他更多角色的扩张？
5. 引起收入分配不平等的原因是什么？

第二篇

微观经济学

第三讲

市场价格

【基本思路】

价格是市场经济活动的晴雨表，它由市场供求双方两种力量共同决定。在市场经济中，价格对资源配置和经济活动的调节起到了非常重要的作用。

【主要内容】

需求及需求定理；供给及供给定理；均衡价格；供求定理。

【任务要求】

重点掌握：1. 需求曲线与需求定理。
2. 影响需求的因素。
3. 均衡价格的决定与变动。
4. 供求定理。

基本了解：1. 供给曲线和供给定理。
2. 价格对经济的调节。
3. 支持价格和限制价格。

一般了解：1. 需求函数和供给函数。
2. 需求量的变动和需求变动。
3. 供给量的变动和供给变动。

19世纪著名的历史学家和作家卡莱尔曾经说过这样一句话："只要教鹦鹉学会说供给与需求，就能把它培养成一个经济学家。"尽管卡莱尔的说法过于夸张，但他却恰如其分地强调了需求和供给在经济学中的重要作用。

供给和需求是经济学最常用的两个概念。供给和需求是使市场经济运行的动力，它们决定了每种物品的产量以及出售的价格。要想知道每一事件或政策将如何影响经济活动，就应该先考虑它将如何影响供给和需求。

任务一 需 求

一、需求和需求曲线

(一) 需求

需求是指消费者在某一特定时期内,在每一个价格水平下愿意而且能够购买的某种商品的数量。它和需要不同,需要是想要而没有购买的能力。因而在理解需求概念时,应该注意两个条件:一是消费者要有购买的欲望,二是要有购买能力,二者缺一不可。所以需求也可以说是消费者根据其欲望和购买能力所决定购买商品的数量,因而在做需求预测时同时要考虑到需求的这两个条件,否则会做出错误的预期。当我们口袋里没有钱还特别喜欢某种物品,那就是需要;如果我们有钱可以买它,那就是需求。像葛朗台那样,他虽然很有钱,却从来不花钱,十分吝啬,所以没有需求;私人飞机很好,但一般人买不起,也不算需求。

(二) 需求表

需求表就是利用表格的形式反应商品价格与需求量的一种关系。例如,2013年第一季度在某地方市场上,当每斤①土豆价格为2元时,消费者A的需求量为5斤;当价格上升为3元时,需求量下降为3斤;当价格进一步上升为4元时,需求量下降为2斤,等等。根据这些具体的数据,我们做出土豆的需求表,见表3-1。

表3-1 土豆的需求表

序 号	价格/(元·斤$^{-1}$)	需求量/斤
1	2	5
2	3	3
3	4	2
4	5	1
5	6	0.5

---

① 1斤=0.5千克。

（三）需求曲线

当我们把需求表 3-1 中的数据在坐标图中描述出来时，横坐标代表需求数量，纵坐标代表价格，就得到该商品的需求曲线。需求曲线是表示需求量与价格之间反方向变动关系的一条曲线，它向右下方倾斜，如图 3-1 所示。

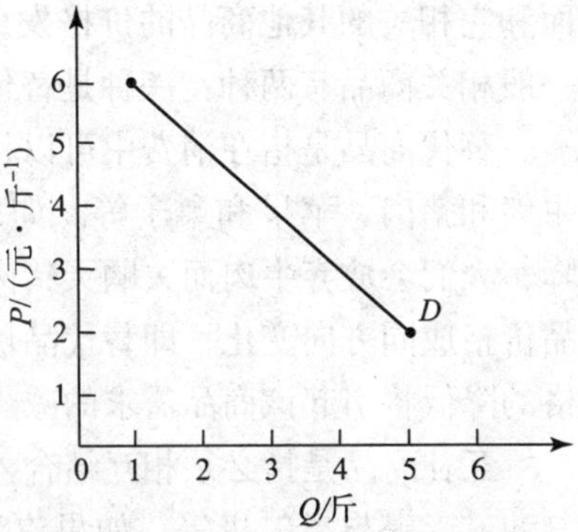

可见，根据表 3-1 数据显示，需求曲线总是一条向右下倾斜（斜率为负）的曲线。我们会发现土豆价格上涨，需求量就减少；土豆价格下降，需求量就增加。

为什么价格下降会刺激需求量的增加呢？

（1）由于价格降低，消费者用同样的钱就可以购买更多的东西；

（2）原来因为价格太高而买不起的消费者，降价后也来购买；

（3）过去因为价格贵而使用替代品的消费者，现在也来购买。

所以价格下降会导致需求量的增加。同样的道理，价格上涨会引起需求量的减少。

图 3-1　需求曲线

【知识链接】　　　　英国商人的失算——消费欲望与需求

鸦片战争以后，英国商人因为打开了中国这个广阔的市场而欣喜若狂。当时英国棉纺织业中心曼彻斯特的商人估计，中国有 4 亿人，假如有 1 亿人晚上戴睡帽，每人每年用两顶，那么即使整个曼彻斯特的棉纺厂日夜加班也不够，何况还要做衣服呢！于是他们把大量洋布运到中国。

结果与他们的梦想相反，中国人没有戴睡帽的习惯，衣服也用自产的丝绸或土布，洋布根本卖不出去。

二、影响需求的因素

一种商品的需求是由多种因素决定的，既有经济因素，也有非经济因素，这些因素概括起来主要有以下几个方面：

（一）商品自身价格

一般来说，商品的价格高，消费者买不起，购买能力小，也不愿意购买，需求就会减少；相反，某种商品价格低，消费者买得起，购买能力大，也愿意购买，需求就会多。

（二）相关商品的价格

某种商品的需求与其他相关商品的价格有关，当一种商品本身的价格不变，而和它相关的其他商品的价格发生变化时，这种商品的需求数量也会发生变化。一般相关商品有两种：一种是替代品，另一种是互补品。

替代商品是指在消费中可以相互替代以满足消费者某种欲望的两种商品，如牛肉和猪肉、苹果和梨子等。如果牛肉价格上升，相对来说猪肉价格就相对下降，人们会放弃牛肉而去购买猪肉来满足需求。所以一种商品的需求与它的替代品价格成同方向变化，即替代品价格的提高将引起该商品需求的增加，替代品价格的降低将引起该商品需求的减少。

互补商品是指必须相互结合才能满足消费者某种欲望的两种商品，如汽车与汽油、影碟与影碟机等。如果汽油价格上升，需求减少，对汽车的需求也会减少。相反，当汽油价格下降，需求增加，对汽车的需求也会增加。所以一种商品的需求与它的互补品的价格成反方向变化，即互补品价格的提高将引起该商品需求的降低，互补品价格的下降将引起该商品需求的增加。

（三）消费者的收入

每个人都知道收入的多少决定了人们的购买能力。一般来说，在其他条件不变的情况下，随着人们收入水平的不断提高，对商品的需求也就相应增加。关键要注意的是，决定某种商品需求的不仅有收入水平，而且还有收入分配状况。不同收入水平的人购买能力不同，需求也不同，不能仅仅根据收入来判断某种商品的需求，还要分析不同收入阶层的需求，也就是说并不完全是收入越高，需求就一定越多。经济学根据需求数量的变动与消费者收入变动之间的关系，将商品分为正常物品与低档物品两种。

正常物品是指需求数量和消费者收入同方向变化的物品。一般来说，消费者的收入越高，对这个商品的需求就越高，如汽车、空调以及娱乐等。

劣等品或低档物品是指需求数量的变动与消费者收入反方向变化的物品。一般来说，消费者的收入越高，对这个商品的需求越低，如面粉、公共汽车等。

同一个物品，可能对低收入者是正常物品，对高收入者就是低档物品，如汉堡包等。当你的月收入从1 000元涨到2 000元时，你对汉堡包的需求可能上升；当你的月收入从2万元涨到5万元，你对汉堡包的需求可能就会下降。

（四）消费者的嗜好

我们在街上购物时都会发现这样的一些现象：同样是一种用途的商品，如洗发水，为什么每一个人所买的牌子不一样，有人喜欢买这个，有人喜欢买那个。随着社会生活水平的提高，消费不仅要满足人们的基本生理需要，还要满足种种心理和社会需要。当消费者对某种商品的喜欢程度增强时，会多买或常买这种商品；相反，当消费者对某种商品的喜欢程度减弱时，会少买或不买这种商品。这就说明了消费者的嗜好在某种程度上决定了他们购买的欲望。而消费者嗜好主要取决于其个人的生理和心理的欲望。同时，消费者的嗜好也取决于社会消费的时尚。影响消费时尚的主要因素是示范效应和广告效应，如在学生的宿舍里经常会有"舍鞋""舍衣"等一样的东西，20世纪80年代，中国流行"大岛茂风衣"，2013年流行"中国彭范儿女士用品"，这些在很大程度上都是示范效应决定了消费者的需求。为什么商家会不惜血本做广告，争抢黄金时段的广告播放，原因也在这里，广告在一定程度上影响了人们消费的倾向性。再次人们的消费嗜好一般也与他们所处的社会环境及当时、当地的社会风俗习惯等因素有关。

（五）消费者对商品价格的预期

预期是指消费者对自己未来收入与商品价格走势的一种合理判断。预期会影响消费者的购买意愿，从而影响需求。当消费者预期未来收入增加，某种商品的价格在将来某一时期会上升时，就会增加目前的需求；当消费者预期未来收入减少，某商品的价格在将来某一时期会下降时，就会减少对该商品的现期需求。如消费者预期钢材价格明年会上涨，这时就会增加现在的需求量；相反，预期钢材价格明年会下降，这时就会减少现在的需求量。

（六）人口数量和结构的变动

人口数量的增长会导致对各种商品的需求上升。人口结构的变化会导致对某些产品的需求上升，如老龄化趋势增长导致对老年用品和医疗的需求上升等。

（七）政府的消费政策

政府的消费政策对消费者的需求有很大影响。当政府提高利息率，人们就会把钱存入银行，从而减少消费；相反，政府降低利息率，人们就会减少存款而增加消费。2010年，国家为了加强城市的环保，对排气量在1.6L以下的小汽车实行惠民政策，凡是购买排气量在1.6L以下的小汽车，给予补助3 000元/辆，这个政策的出台促使了消费者对排气量在1.6L以下的小汽车的需求。

（八）其他因素（如自然灾害、战争和瘟疫等）

需求函数。如果把影响需求的各种因素作为自变量，把需求作为因变量，则可以用函数关系来表示影响需求的因素与需求之间的关系，这种函数称为需求函数。我们把影响需求的各种因素作为自变量，用 $a, b, c, d, \cdots, n$ 表示，把需求作为因变量，用 D 表示，则需求函数为：

$$D = f(a, b, c, d, \cdots, n)$$

为了简化分析，可以假定影响需求的因素不变，仅分析商品本身价格与需求量之间的关系，并以 P 表示价格，则需求函数可以表示为：

$$D = f(P)$$

【经典案例】 　　　　　　　影响房地产需求的因素分析

　　根据我国 1990—1997 年商品房实际销售面积、住宅销售面积和个人购买商品房面积的数据显示：我国商品房实际销售面积 1990—1997 年分别为 2 871 平方米、3 025 平方米、4 288 平方米、6 687 平方米、7 230 平方米、7 905 平方米、7 900 平方米和 9 010 平方米。我国商品房中住宅所占比重较大，平均值为 87.88%，比重变动范围不大。商品房、住宅销售面积和个人购买面积都呈逐年上升趋势，但变动范围不同，其中个人购买面积变动较大，其变异系数为 1.209 6。国际上对房地产价格长期的研究结论是：商品房售价为家庭年收入的合理比例是 3~6 倍，超过 6 倍就不能形成买方市场。据测算，我国房价相当于家庭收入的 10 倍左右。根据 1987—1997 年我国城镇居民家庭人均可支配收入和个人购买商品住宅的数据，计算出它们的相关系数为 0.964 95。城镇居民家庭人均可支配收入和个人购买商品住宅的增长率的均值 $\Delta Y = 0.174\ 763$，$\Delta Q = 0.354\ 751$；$E_r = 2.226\ 968$。试分析导致我国房地产有效需求变动的主要因素。

　　房地产开发的目的是获取期望收益，若要实现开发目的则必须要满足市场需求。房地产的需求是指消费者在特定时期、一定价格水平上愿意购买的房地产商品数量。一个地区所有的消费者的需求量之和是该地区的需求总量。由于房地产商品的特殊性，需求呈明显的区域性，并且与消费者的偏好和城市住宅制度有较强的关系。需求的变化是房地产投资风险的因素之一，无论是政策风险、经济波动风险还是区位风险等，都是通过影响房地产有效需求来影响房地产投资收益的。有效需求是一定时期消费者正在或准备购买的房地产商品数量。结合本案例资料可以看出，导致我国房地产有效需求变动因素主要有以下几个方面：

　　(1) 商品价格。人们从大量经验事实中观察到，商品的价格越高，人们对该商品的购买量越少；反之价格越低，人们购买量越多。本案例中，国际上对房地产价格长期的研究结论是：商品房售价为家庭年收入的合理比例是 3~6 倍，超过 6 倍就不能形成买方市场。据测算，我国房价相当于家庭收入的 10 倍左右。从这一点分析，我国商品房的价格需求弹性较大。

　　(2) 收入水平和消费结构。在其他条件给定不变的情况下，人们的收入越多，对商品的需求越多。因此，一个市场上消费者的人数和国民收入分配情况显然是影响需求的重要因素。本案例中，居民收入与需求量成正比，而消费结构中有多少用于房地产商品也直接影响需求量。一般来说，恩格尔系数在 40%~50% 的消费结构，房地产需求会达到 15%。我国城镇居民家庭人均可支配收入和个人购买商品住宅增长率的均值 $\Delta Y = 0.174\ 763$，$\Delta Q = 0.354\ 751$；$E_r = 2.226\ 968$。

证明我国房地产需求收入弹性确实较大。城镇居民在解决温饱后将把消费热点转移到住宅消费。

进一步推断的结论为：价格的变化以及人均收入变化，对我国商品房的需求量影响明显，因此，价格和收入是形成商品房风险的重要因素。

(3) 替代品。一般而言，房地产商品是不可替代的，是生活的必需品。但是，房地产本身是耐用品，当其价格过高时，消费者将紧缩人均居住面积，减少其正常的需求量。

(4) 偏好。经济学论述的嗜好及其变化更多地涉及人们生活于其中的社会环境，因而主要取决于当时、当地的社会传统习惯，如流行的时尚，商业广告的目的之一是通过信息影响人们的嗜好，从而影响需求。结合本案例来说，不同的消费者有不同的偏好，经济实力不同的人对房屋的偏好不同。一般居民对房屋的要求是安全、耐用，而经济更好的人士更在乎环境、社区的文明程度等因素。房地产需求具有明显的阶次性，商用楼的需求取决于公司的档次；住宅需求取决于消费者的消费观念、收入水平和工作性质等，一般是递阶增长的。

(5) 预期。消费者对未来的预期将影响有效需求的实现。房地产市场常出现当房价下跌时，消费者预期价格还会再降，从而持币观望的情况。

(6) 国民经济波动。一般来说，国民经济波动与房地产需求呈正相关关系，当经济处于扩张阶段，则对房地产的需求上升，反之则需求下降。但房地产需求除为满足个人和家庭生活需求外还具有投资功能，其是资产保值、增值的一种手段。在发达国家，人们的投资意识和理财观念较强，这种需求占一定比例，在一定程度上存在反经济循环的特点，在经济萧条时期，房价下降，出于保值、增值的目的，个人和机构投资可能增加，其需求量可能不下降或下降较少；在经济繁荣时期，投资方向增多，房价上涨，机构投资者为抽回资金和盈利而转让房地产，使供应量增加。我国处于市场经济初期，人们的投资意识和理财观念均不成熟，加之人们的收入水平偏低，以投资房地产作为保值、增值手段的时期尚未真正到来。

(7) 城市化水平。城市规模扩大和人口的增加将使需求增加。

(8) 房地产资产租金的高低。房地产产品间价格相互关联性强，房地产资产租金的高低对商品房的销售多少有直接影响，土地出让或转让价格直接影响房地产开发成本。房地产租金水平是房地产资产收获及收益能力的标志，是影响房地产需求的重要因素。此外，房地产市场受政策因素影响大，政府在调节供需关系中起重要作用。各国政府均在解决贫困阶层的住房方面采取了很多措施，我国政府实施的"安居""经济适用房"等政策均在调节供需关系、引导房地产开发方面起到了重要作用。

(资料来源：《管理经济学》第2章第62页。)

三、需求定理

从需求表和需求曲线中可以看出，某种商品的需求量与其价格是呈反方向变动的。这种现象普遍存在，被称为需求定理。需求定理是说明商品本身价格与其需求量之间关系的理论。其基本内容是：在其他条件不变的情况下，一种商品的需求量与其本身价格呈反方向变动，即需求量随着商品本身价格的上升而减少、随商品本身价格的下降而增加。

在理解需求定理时特别要注意两点：

（1）前提条件为"在其他条件不变的情况下"，这就是说，任何一种经济理论都是有条件的，只有在某种条件下才能成立，才有适用性。离开了"其他条件不变的情况下"这一前提，需求定理就无法成立。

（2）商品的需求量和价格会反方向变动，这是需求定理的核心。

需求定理所说明的需求量与价格反方向变动可以用替代效应和收入效应来解释。

替代效应是指实际收入不变的情况下，某种商品价格变化对其需求量的影响。也就是说，如果某种商品价格上涨了，而其他商品价格没有变，那么其他商品的相对价格就下降了，消费者就要用其他商品来代替这种商品，从而对这种商品的需求就减少了。例如，大米的价格上升而面粉价格不变，面粉相对于大米就便宜了，人们就会更多地购买面粉而减少大米的购买。这种某种商品价格上升而引起的其他商品对这种商品的取代就是替代效应。替代效应会使价格上升的商品需求量减少。

收入效应是指货币收入不变的情况下某种商品价格收入变化对其需求量的影响。这就是说，如果某种商品价格上涨了，而消费者的货币并没有变，那么消费者的实际收入就减少了，从而对这种商品的需求也就减少了。例如，如果大米价格上升而消费者的货币收入不变，则消费者实际收入减少，对大米的需求量必然减少。这种商品价格上升而引起实际收入减少与需求量减少就是收入效应。

替代效应强调了一种商品价格变动对其他商品相对价格水平的影响，收入效应强调一种商品价格变动对实际收入水平的影响。需求定理所表明的商品价格与需求量反方向变动的关系正是这两种效应共同作用的结果。

【延伸阅读】　　　　　　　需求定理的例外

1. 吉芬商品

吉芬商品是指价格上升需求也上升的商品。根据需求法则消费者对商品或劳务的购买数量一般随着价格的上升市场需求将减少。英国统计学家罗伯特·吉芬最早发现，1845年爱尔兰发生灾荒，土豆价格上升，但是土豆需求量反而增加了。这一现象在当时被称为"吉芬难题"。

英国经济学家马歇尔在其著名的《经济学原理》一书中详细讨论了这个问题，并在分析中提及罗伯特·吉芬的看法，从而使得"吉芬商品"这一名词流传下来。发生灾荒的爱尔兰土豆是一种非常强的低档商品，当土豆价格上升时，消费者变穷了，收入效应使消费者想少买肉并多买土豆。同时由于土豆相对于肉变得更为昂贵，替代效应使消费者想购买更多的肉和更少的土豆，但是在这种特殊的情况下收入效应如此之大，以至于超过了替代效应，结果消费者对土豆的反应是少买肉，多买土豆。这样就可以解释"吉芬难题"了，也称"土豆效应"。

2. 炫耀性商品

炫耀性消费是用于显示自己社会身份的消费，用于炫耀性消费的商品称为炫耀性商品。美国亚利桑那州一家绿宝石店采购到一批绿宝石，由于数量较大，店主担心短时间内销不出去，影响资金周转，便决定只求微利，以低价销售。本以为会一抢而光，结果却事与愿违。后来老板急着要去外地谈生意，便在临走时匆匆留下一纸手令，我走之后，若销售不畅，可按1/2的价格卖掉。几天后老板返回，见绿宝石已销售一空，一问价格却喜出望外。原来店员们把老板的指令误读成1~2倍的价格卖。他们开始还犹豫不决，后来购买者反而越来越多，薄利多销未必一贯正确，有时高价策略反倒更能促进销售。

3. 投机性商品

投机的时候会有"买涨不买落"的心理。例如，股票、房地产，等等。

4. 传统文化商品

人们对某些带有传统文化含义的商品，其消费行为不再表现为对该商品使用价值的真正需求，而是对一种风格和传统习惯的遵守。

四、需求量与需求的变动

在经济分析中特别要注意区分需求量的变动和需求的变动这两个概念。需求量的变动和需求的变动都是需求数量的变动，它们的区别在于引起这两种变动的因素是不相同的，且这两种变动在坐标图形中的表示也是不相同的。

（一）需求量的变动

在经济学分析中，需求量是在某一特定价格水平时，消费者购买的量。例如，当苹果的价格为每斤1.5元时，消费者购买5斤，这5斤就是需求量。当商品自身价格变动时，所引起的是需求量的变动。所谓需求量的变动是指在其他条件不变的情况下，商品本身价格变动所引起的需求量的移动，即同一条需求曲线上点的上、下移动，向上方移动是需求量的减少，向下方移动是需求量的增加。

如图 3-2 所示：

当价格由 P_0 上升到 P_1 时，需求量由 Q_0 减少到 Q_1，曲线上变动由 b 点上移到 a 点；

当价格由 P_0 下降到 P_2 时，需求量由 Q_0 增加到 Q_2，曲线上变动由 b 点下移到 c 点。

（二）需求的变动

在现实中，影响需求的各种因素（商品本身的价格、其他相关商品的价格和收入等）既影响需求量，又影响需求。当价格以外的其他因素影响需求量的因素变动时，则会引起需求变动。所谓需求的变动是指在商品本身价格不变的情况下，其他因素变动所引起的需求的变动。需求的变动表现为需求曲线的平行移动，即需求曲线向左移动是需求的减少，向右移动是需求的增加。如图 3-3 所示，价格为 P_0 时，需求量为 Q_1，需求曲线为 D_1，由于收入因素的变动而引起的需求曲线的移动如下：

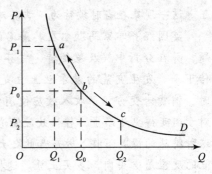

图 3-2 需求量的变动

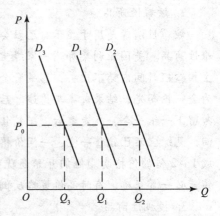

图 3-3 需求的变动

当价格为 P_0 时，收入增加，消费者会增加需求，需求量由 Q_1 增加到 Q_2，则需求曲线由 D_1 向右平行移动到 D_2；

当价格为 P_0 时，收入减少，消费者会减少需求，需求量由 Q_1 减少到 Q_3，则需求曲线由 D_1 向左平行移动到 D_3。

【延伸阅读】 切勿混淆沿着需求曲线的变动和需求曲线的移动

必须注意，不要把需求的变化（表现为需求曲线的平移）与需求量的变化（需求曲线上点的移动）相混淆。

当影响需求曲线的一种因素发生变化时，需求会发生变化。以比萨饼为例，如果收入增加，即使价格不变，消费者想要购买的比萨饼数量也会增加，也就是说，较高的收入增加了需求，使比萨饼的需求曲线向右移动。这就是比萨饼需求的移动。

与之不同的是需求量的变化，当消费者面临的比萨饼价格下降时，在其他条件保持不变的情况下，消费者趋于购买更多的比萨饼。但是，购买量的增加并不是来自于需求的增加，而是来源于价格的下降。这一变化代表了沿着需求曲线的变动，而不是需求曲线的移动。沿着需求曲线的移动意味着价格变动时其他条件不变。

【经典案例】 减少香烟需求的两种方法

公共政策制定者经常想减少人们吸烟的数量,政策可以努力达到这一目标的方法有两种。

一种方法是使香烟和其他烟草产品的需求曲线移动。公益广告、香烟盒上有有害健康的警示以及禁止在电视上做香烟广告,都是旨在减少任何一种既定价格水平时香烟需求量的政策。如果成功了,这些政策就使香烟的需求曲线向左移动。

另一种方法是政策制定者可以试着提高香烟的价格。例如,如果政府对香烟制造商征税,烟草公司就会以高价的形式把这种税的大部分转嫁给消费者。较高的价格鼓励吸烟者减少他们吸的香烟量。在这种情况下,吸烟量的减少就不表现为需求曲线的移动,相反,它表示为沿着同一条需求曲线移动到价格更高而数量较少的一点上。

吸烟量对香烟价格变动会有多大反应呢?经济学家试图通过研究香烟税变动时出现的情况来回答这个问题。他们发现,香烟价格上升10%会引起需求量减少4%,他们还发现青少年对香烟价格特别敏感:香烟价格上升10%会使青少年的吸烟量减少12%。

一个相关的问题是,香烟的价格如何影响大麻这类非法毒品的需求。香烟税的反对者经常争论说,烟草与大麻是替代品,因此,高香烟价格会鼓励使用大麻。与此相反,许多毒品专家把烟草作为"毒品之门",它引导着青年人享用其他有害物质。大多数数据研究与这种观点是一致的:他们发现降低香烟价格与更多使用大麻是相关的。换句话说,烟草和大麻是互补品,而不是替代品。

任务二 供 给

一、供给与供给曲线

(一)供给

市场不仅有买者还要有卖者,这样买卖行为才能发生。卖者主要是给市场提供商品,供给是指厂商在某一特定时期内,在某一价格水平上愿意而且出卖的某种商品的数量。作为供给要具备两个条件:一是要有出售的愿望;二是有供应的能力。二者缺少其中任何一个条件都不能算作供给。

(二)供给表

如果当市场上土豆的价格为6元/斤时,生产者愿意提供100斤;当价格为5

元/斤时，供给量为 80 斤；当价格为 4 元/斤时，供给量为 60 斤；当价格为 3 元/斤时，供给量为 40 斤，等等。根据这些数据，我们可以用图表的形式将土豆的各种价格和与各种价格相对应的该商品供给数量之间的关系表示出来，见表 3-2。

表 3-2 土豆的供给

序号	价格/(元·斤$^{-1}$)	供给量/斤
1	6	100
2	5	80
3	4	60
4	3	40
5	2	20

从供给表的商品价格和供给商品数量的数字我们可以明显地看出，该产品的市场供给量与其价格之间呈同方向变动关系，表现为从上往下看价格由高到低，供给量也由高到低；从下往上看价格由低到高，供给量也由低到高。

(三) 供给曲线

我们也可以根据表 3-2 绘制出一条供给曲线。与需求曲线的坐标相同，在表示供给曲线的坐标图中，也是用纵轴表示价格（P）、用横轴表示数量（Q）。供给曲线是用来表示商品的供给量与价格关系的曲线，是一条向右上方倾斜的曲线，如图 3-4 所示。

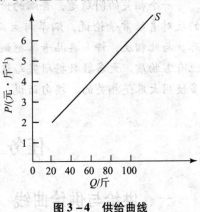

图 3-4 供给曲线

二、影响供给的因素

供给也受到多种因素的影响，下面对此分别加以介绍。

(一) 商品本身的价格

价格是供给量的一个决定性因素。一般来讲，一种商品的价格越高，厂商出售该商品就越有利可图，因而厂商提供的供给越大；反之，商品的价格越低，厂商出售该商品利润降低，因而厂商提供的供给就越小。

（二）相关商品的价格

当一种商品的价格提高，其互补品的供给量就会增加；相反，价格降低，其互补品的供给量就会减少。当一种商品的价格提高，其替代品的供给量就会减少；相反，价格降低，其替代品的供给量就会增加。如，当玉米的价格不变而小麦的价格上升时，小麦的耕种面积就会增加，而玉米的耕种面积就会随之减少。

（三）生产要素价格

为了生产某种商品，生产厂家要进行各种生产要素的投入，如原料、机器、设备、厂房和工人的劳动等。在商品自身价格不变的条件下，当这些投入中的一种或几种生产要素的价格上升时，就意味着生产成本增加，从而会减少利润，生产该商品就不太有利，生产厂家就会减少该商品的供给；相反，如果投入的一种或几种生产要素价格下降，因生产成本下降从而会增加利润，生产厂家会扩大商品的供给。因此，一种商品的供给量与生产这种商品所投入的生产要素的价格呈反方向变动关系。

（四）技术水平

在一般情况下，生产技术水平提高，劳动的生产效率也会相应提高，这样可以降低生产成本，会增加利润，从而厂商会增加该商品的供给量；相反，生产技术水平降低，劳动效率也会降低，意味着成本会增大，利润会减少，则厂商就会减少该商品的供给量。

（五）厂商的预期

当生产者预期某种商品的价格将在未来的某个时候上升时，就会在制订生产计划时增加对该商品的供给量。当生产者预期某商品的价格将在未来的某个时期下降时，就会在制订生产计划时减少对该商品的供给量。

（六）政府的政策

一个国家的政策不仅影响着消费者的需求，同时也影响着厂商的供给。如赋税政策、价格政策、分配政策、产业政策和货币政策等都会对商品的供给有影响。如，国家对某种商品进行减税，厂商就会因生产成本的降低而扩大该商品的供给。

（七）其他因素（如自然灾害、战争、瘟疫等）

供给函数。如果把影响供给的各种因素作为自变量，把供给量作为因变量，S 代表供给量，f 表示函数关系，a、b、c、d、$\cdots$、n 分别代表商品本身的价格、生产要素价格、相关商品的价格、生产技术水平、……、厂商对未来的预期。形

成的函数关系就是供给函数,记作:

$$S = f(a, b, c, d, \cdots, n)$$

如果只考虑商品本身价格而不考虑其他因素的影响,那么供给函数可以表示为一种商品的供给量 S 与商品的价格 P 存在一一对应的关系。一般情况下,价格上涨使供给量沿供给曲线增加,价格下降使供给量沿供给曲线减少,因此,供给量 S 是价格 P 的函数,称为供给函数,记作:

$$S = f(P)$$

三、供给定理

同价格和需求量存在着密切的关系一样,价格和供给量也存在着密切的关系。在影响供给量的其他因素不变的条件下,某商品的供给量与其价格呈同方向变动,即供给量随着商品本身价格的上升而增加,随着商品本身价格的下降而减少。这种现象普遍存在,被称为供给定理。

为什么商品价格的上升会使商品的供给量增加呢?

(1) 在商品价格上升后,生产该商品的生产者会在利润的驱使下增大规模和增加产量;

(2) 价格上升后,生产该商品的行业利润空间扩大,会吸引新的生产者进入该行业进行生产,从而增加该商品的供给量。相反,商品价格的下降会使生产者减少生产,同时也会使生产者朝价格高、利润高的商品行业进行投资转行。

【经典案例】　　　　　　石油和天然气

在 20 世纪 80 年代,很多美国东海岸的学校都采购了昂贵的设备,准备用来使学校能迅速地从以油为热源转而使用天然气,以避免遭受油价突然上升的打击,就像他们在 20 世纪 70 年代早期曾遭受过的那样。

在 1990 年秋天,伊拉克入侵科威特,油价飞涨,而美国那些学校已由烧油改为烧天然气。而此时估计能源费将有很大节省的学校主管们却受到了一个严重地打击:他们根本没有节省多少费用。当他们收到来自当地公共事业公司的账单时,他们发现天然气的价格就像油价一样也显著上涨。

【延伸阅读】　　　　　　供给定理的例外

1. 历史文物、古董

在产品市场中,最好的例子莫过于历史文物、古董那些绝对稀缺的、不可再生的商品了,其供给曲线是一条垂线。例如,名画清明上河图仅有一幅珍品,其价格无论怎样上升,其供给量都不可能增加。

2. 土地

在生产要素市场上也有类似的情况，比如土地。由于土地的数量是有限的，因此，其供给曲线也是一条垂线。垂直的供给曲线表明，无论土地的价格上升还是下降，其供给量都是不可能改变的。

3. 劳动的供给

在生产要素市场上，劳动的供给曲线在一定的价格水平即工资水平（W）上也可能成为供给法则的例外。一般认为，劳动的供给曲线是一条向后弯曲的曲线，如图 3-5 所示。

图 3-5 中的纵轴 W 表示劳动的价格即工资，横轴 L 表示劳动的供给量。劳动的供给曲线之所以是向后弯曲的，是因为作为消费者的劳动者存在着两种需求：对消费品的需求和对闲暇时间的需求。这两种需求都是消费者实现最大效用的组成部分，是可以相互替代的。在工资水平从

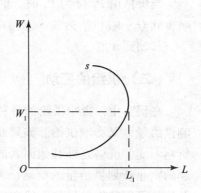

图 3-5 劳动的供给曲线

较低到较高的上升过程中，劳动者被较高的工资水平所吸引，通常会减少对闲暇时间的消费，并增加劳动时间，即增加劳动的供给量，以满足其对消费品的需求。在这个阶段，劳动的供给曲线向右上方倾斜，其斜率为正。但是工资水平的上升对劳动供给的吸引力是有限的，当工资水平上升到 W_1 时，劳动的供给量达到最大为 L_1。此时如果再增加工资，由于消费者的收入水平已经足够高，则他们会更多地追求闲暇。在此情况下，增加工资非但不能增加劳动的供给量，反而会使劳动的供给量减少。在这一阶段，劳动供给曲线就会向后弯曲。

总之，产品市场中的古董和历史文物的供给量、生产要素市场中的土地和劳动供给量的供给曲线都是供给法则的例外。

四、供给量与供给的变动

在分析供给问题时，同样要注意区分供给量的变动和供给的变动。

（一）供给量的变动

在经济学分析中，供给量是指在某一特定价格水平时，企业愿意或计划供给的商品量。例如，当面粉的价格为每斤 2 元时，企业计划供给 100 斤，这 100 斤就是供给量。在供给曲线图中，供给量是供给曲线的一个点。如果其他条件不变，单是商品本身价格变动所引起的企业计划的供给量变动称为供给量的变动，表现为同一条供给曲线上的点的移动，向上方移动是供给量增加，向下方移动是

供给量减少，如图3-6所示。

当价格由 P_0 上升为 P_2 时，供给量从 Q_0 增加到 Q_2，在供给曲线 S 上则是从 b 点向上移动到 c 点；

当价格由 P_0 降为 P_1 时，供给量从 Q_0 减少到 Q_1，在供给曲线 S 上则是从 b 点向下方移动到 a 点。

（二）供给的变动

在现实中，影响供给的各种因素既影响供给量，又影响供给。如果商品的本身价格不变，价格之外其他因素的变动所引起的企业计划供给量的变动，表现为供给曲线的平行移动，供给曲线向左方移动是供给减少，供给曲线向右方移动是供给增加，如图3-7所示。

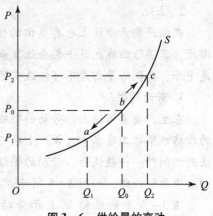

图3-6 供给量的变动

如果生产要素价格下降了，在同样的价格水平 P_0 时，企业所得到的利润增加，从而产量增加，供给从 Q_1 增加到 Q_2，则供给曲线由 S_1 移动到 S_2；

如果生产要素价格上升了，在同样的价格水平 P_0 时，企业所得到的利润减少，从而产量减少，供给从 Q_1 减少到 Q_3，则供给曲线由 S_1 移动到 S_3。

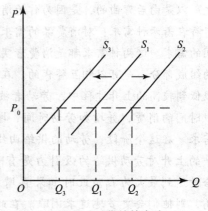

图3-7 供给的变动

任务三 均衡价格

一、均衡价格的形成

在经济学中，均衡是一个被广泛运用的概念。其一般意义是指经济事物中有关的变量在一定条件的相互作用下所达到的相对静止的状态。当商品的供给量恰好等于商品的需求量时，便实现了均衡。当市场上需求量不等于供给量时，要么出现过度供给，要么出现过度需求，这便是市场非均衡。

均衡价格是经过市场上需求和供给的相互作用及价格波动形成的。

一方面若商品的价格过高，则会刺激生产者增加商品的供给量，但会减少消费者的需求量，这样会导致该商品的需求量少于供给量，造成供过于求。供过于求会形成一种迫使市场价格下降的压力，促使生产者减少该商品的生产或供给，使供、求趋向于均衡点。

另一方面若商品的价格过低，则消费者对该商品的需求量就会增加，供给量会减少，若需求数量多于供给数量，则会造成供不应求。这样会产生提高价格的推力，抑制需求刺激供给，使供求趋向于均衡点。

我们通过表3-3中的数据来看均衡价格的形成。

当西红柿市场价格分别为每公斤①4.8元、5.4元或6.0元时，供给量超过需求量，出现了过度供给，此时市场处于非均衡状态，存在着降价压力。这种降价压力来自于生产者，因为有些生产者愿意在更低一些的价格上生产，而更低一些的价格又会促使消费者购买更多的数量从而克服过度供给的状态。

当西红柿市场价格分别为每公斤3.6元、3.0元或2.4元时，需求量超过供给量，出现了过度需求，此时市场也是不均衡的，存在着涨价的压力。这种压力来自于购买者，因为有一部分购买者愿意支付更高的价格来购买商品，而这一更高的价格又将促使生产者生产更多的产品，从而逐渐克服过度需求的现象。

表3-3　西红柿的市场供需表

价格 /（元·公斤$^{-1}$）	需求量 /（公斤·月$^{-1}$）	供给量 /（公斤·月$^{-1}$）	商品的 市场状况	价格的 变动趋势	供求状态
6.0	0	388	剩余	下降	供给>需求
5.4	88	348	剩余	下降	
4.8	178	308	剩余	下降	
4.2	268	268	供求相等	不变	供给=需求
3.6	358	228	短缺	上升	供给<需求
3.0	448	188	短缺	上升	
2.4	538	148	短缺	上升	

在表3-3中，如果西红柿市场价格为每公斤5.4元，需求量为88公斤，而供给量为348公斤，供大于求，价格必然向下移动；如果价格为每公斤3.0元，则需求量为448公斤，供给量为188公斤，供小于求，价格必然向上移动。这种一涨与一跌的现象会一直继续下去，直至最终达到价格为每公斤4.2元时为止。因为这时供、求相等，均衡就实现了，即4.2元就是均衡价格。

再让我们从需求曲线和供给曲线的角度看一下均衡价格的形成过程。

首先，如图3-8所示，当市场价格P_1高于均衡价格P_E时，价格P_1时的需求量为Q_1，供给量为Q_2，这时需求量少，供给量多，一方面会使需求者压低价

---

① 1公斤=1千克。

格来得到他所要购买的商品量,另一方面又会使供给者减少商品的供给量,这样必将导致价格下跌。在此过程中,只要供求曲线不发生移动,价格就会一直下跌,直到 P_E 为止,从而使供、求量相等,最终恢复均衡。

其次,如图 3-9 所示,当市场价格 P_1 低于均衡价格 P_E 时,价格 P_1 时的需求量为 Q_2,供给量为 Q_1,这时的需求量大于供给量,一方面迫使需求者提高价格来得到他所要购买的商品量,另一方面又会使供给者增加商品的供给量,这样必然会使价格上升。在此过程中,只要供求曲线不发生移动,价格就会一直上升,直到 P_E 为止,从而使供求量相等,最终恢复均衡。

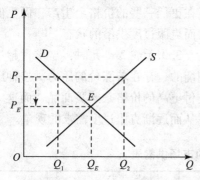

图 3-8 市场价格高于均衡价格

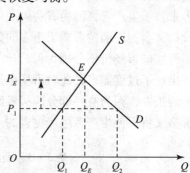

图 3-9 市场价格低于均衡价格

二、均衡价格

经过上述分析,我们可以给均衡价格下这样一个定义:

均衡价格是指一种商品需求量与供给量相等时的价格。这时该商品的需求价格和供给价格相等称为均衡价格,该商品的需求量与供给量相等称为均衡数量。可以用图 3-10 来说明均衡价格。

在图 3-10 中,横轴代表数量(需求量与供给量),纵轴代表价格(需求价格与供给价格),D 为需求曲线,S 为供给曲线;D 与 S 相交于 E,这就决定了均衡价格为 P_E 时,均衡数量为 Q_E。

在理解均衡价格时我们还要应注意以下三点:

(1) 均衡价格的相对性。正如我们在均衡分析时所讲过的,均衡是指经济中各种对立的、变动着的力量处于一种力量相当、相对静止和不再变动的状态。均衡一旦形成,如果有另外的力量使它离开原来均衡的位置,则会有其他力量使之恢复到均衡。由此可见,均衡价格就

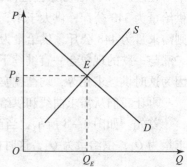

图 3-10 均衡价格的决定

是由于需求与供给这两种力量的作用使价格处于一种相对静止、不再变动的状态。

（2）决定均衡价格的是需求与供给双方的力量。这里要强调的是，在一个完全竞争，不存在垄断的市场上，只有需求与供给决定价格，它们就像一把剪刀的两个边一样，不分主次。因此，需求与供给的变动都会影响均衡价格的变动。

（3）市场上各种商品的均衡价格是最后的结果，其形成过程是在市场的背后进行的。

我们还要注意，当市场供求实现均衡时，消费者愿意支付的价格——需求价格，与生产者愿意接受的价格——供给价格相等。消费者愿意而且能够购买的需求量与生产者愿意而且能提供的供给量也相等。

【知识链接】　　　　　马歇尔的均衡价格理论

马歇尔是19世纪末20世纪初的英国乃至世界最著名的经济学家。他于1890年发表的《经济学原理》被看作是与斯密·亚当的《国富论》和李嘉图的《赋税原理》齐名的划时代著作，构成了现代经济学的基础。这本书在马歇尔在世时就出版了8次之多，成为当时最有影响力的专著，多年来一直被奉为英国经济学的圣经，而马歇尔本人也被认为是英国古典经济学的继承者和发展者，他的理论及其追随者被称为新古典理论和新古典学派。同时由于他及其学生，如J·M·凯恩斯等先后长期在剑桥大学任教，因此也被称为剑桥学派。

均衡价格理论是由马歇尔在19世纪末20世纪初提出的。马歇尔放弃价值分析而从价值的形式——交换价值入手，而交换价值是一物与另一物交换的比例，因而（交换）价值分析也就成了价格分析。因此，均衡价格理论也就成了价值理论。同时马歇尔引入了"时间"概念，由此将均衡价格划分为"暂时的均衡价格""短期的均衡价格"和"长期的均衡价格"，其中"长期的均衡价格"相当于古典政治经济学的"自然价格"或生产费用价格和马克思的"生产价格"。但是马歇尔用报酬递增、报酬递减和报酬不变三种情况来推导出的供给曲线，与其"完全竞争"的假设是矛盾的，由此产生了"马歇尔悖论"，从而使其均衡价格理论陷入困窘，后来英国经济学家琼·罗宾逊和美国经济学家张伯伦提出了垄断竞争理论。

通常所讲的均衡价格是马歇尔的概念，而马歇尔的"均衡"是局部均衡。虽然马歇尔的局部均衡理论对后世影响甚大，但现代一般均衡理论赖以建立的基础却是法国经济学家瓦尔拉斯在19世纪末创立的"一般均衡理论"。

三、均衡价格的变动

均衡价格是由需求与供给相互作用决定的，而需求与供给是不断变化的，所以任何一方的变动都会引起均衡价格的变动。下面分两种情况介绍均衡价格的变动。

（一）需求变动对均衡价格的影响

1. 需求减少对均衡价格的影响

由于人们的收入降低或其他因素的影响，导致市场需求减少，如图 3-11 所示，需求曲线由 D_0 移动到 D_1。在原均衡价格 P_0 的水平上，会出现供过于求，即需求量大于供给量，则会产生降价的压力，直到形成新的均衡点 E_1 为止。新的均衡价格和均衡数量分别为 P_1 和 Q_1。

当供给不变时，需求减少，则均衡价格下降（$P_0 \rightarrow P_1$），均衡数量减少（$Q_0 \rightarrow Q_1$）。

2. 需求增加对均衡价格的影响

由于人们收入的增加或其他因素的影响，导致市场需求增加，如图 3-11 所示。

需求曲线从 D_0 平移到 D_2。在原均衡价格 P_0 的水平上，会出现过度需求，即需求量大于供给量，则会产生价格上升的趋势，直至形成新的均衡点 E_2 为止。新的均衡价格和均衡数量分别为 P_2 和 Q_2。

当供给不变时，需求增加，则均衡价格上升（$P_0 \rightarrow P_2$），均衡数量增加（$Q_0 \rightarrow Q_2$）。

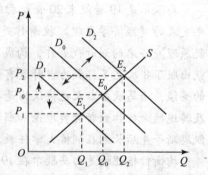

图 3-11　需求变动对均衡价格的影响

结论：需求变动引起均衡价格与均衡数量同方向变动。

【经典案例】　　　　侏罗纪公园和琥珀价格

当 1993 年琥珀价格上涨了 2 倍时，用琥珀来研究化石和已灭绝的动物的科学家们震惊了。由于琥珀的需求量是随着价格上升而上升的，因此，价格的上升是需求增加的结果，而非供给增加的结果。对琥珀需求的增加与影片《侏罗纪公园》的放映同步，在该影片中，科学家用琥珀中的标本来克隆恐龙，很多看过该片的人都购买了琥珀标本，这就增加了人们对琥珀的需求。需求量增加，需求曲线向右移动使得均衡价格和数量上升。

（二）供给变动对均衡价格的影响

1. 供给减少对均衡价格的影响

由于生产要素成本增加或其他因素的影响，导致市场供给减少，如图 3-12 所示。

供给曲线会从 S_0 向左移动到 S_1。在原有均衡价格 P_0 的水平上，会出现供不应求的市场供求状态，必然有涨价的压力，直到形成新的均衡点 E_1 为止。新的均衡价格和均衡数量为 P_1 和 Q_1。

若需求不变，供给减少，则均衡价格上升（$P_0 \to P_1$），均衡数量减少（$Q_0 \to Q_1$）。

2. 供给增加对均衡价格的影响

由于生产要素成本降低或其他因素的影响，导致市场供给增加，如图 3-12 所示。

供给曲线会从 S_0 向右移动到 S_2。在原有均衡价格 P_0 的水平上，会出现供过于求的市场供求状态，必然有降价的趋势，直到形成新的均衡点 E_2 为止。新的均衡价格和均衡数量为 P_2 和 Q_2。

若需求不变，供给增加，则均衡价格下降（$P_0 \to P_2$），均衡数量增加（$Q_0 \to Q_2$）。

结论：供给变动引起均衡价格反方向变动，均衡数量同方向变动。

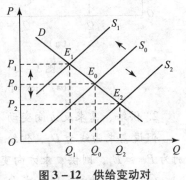

图 3-12 供给变动对均衡价格的影响

【延伸阅读】 需求与供给同时变动对均衡的影响

1. 供给、需求同方向变动

供给、需求同方向变动分两种情况：同时增加或同时减少。

(1) 供、求同时增加。假设需求曲线为 D_1，供给曲线为 S_1，均衡点为 E_1，则均衡价格和均衡数量分别为 P_1 和 E_1，如图 3-13（a）所示。

供给增加（$S_1 \to S_2$）——形成新的均衡点 E_4——均衡价格下降——均衡数量增加；

需求增加（$D_1 \to D_2$）——形成新的均衡点 E_3——均衡价格上升——均衡数量增加。

供、求同时增加，均衡数量增加，均衡价格的变动方向不能确定，它取决于两种情况下哪一个价格上升或下降的幅度大些。

(2) 供、求同时减少。假设需求曲线为 D_1，供给曲线为 S_1，均衡价格和均衡数量分别为 P_1 和 E_1，如图 3-13（b）所示。

供给减少（$S_1 \to S_2$）——形成新的均衡点 E_3——均衡价格上升——均衡数量减少；

需求减少（$D_1 \to D_2$）——形成新的均衡点 E_4——均衡价格下降——均衡数量减少。

供、求同时减少，均衡数量减少，均衡价格不定。

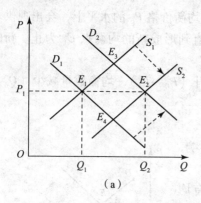 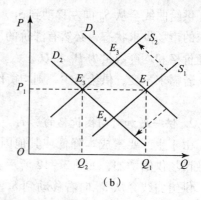

图 3-13 需求和供给曲线同时同方向变动
（a）需求与供给同时增加；（b）需求与供给同时减少

2. 供给、需求反方向变动

假设需求曲线为 D_1，供给曲线为 S_1，均衡点为 E_1，均衡价格和均衡数量分别为 P_1 和 E_1，则供、求方向变动可分为两种情况，如图 3-14 所示。

（1）需求增加，供给减少。

如图 3-14（a）所示，供给减少（$S_1 \rightarrow S_2$），需求增加（$D_1 \rightarrow D_2$），会形成新的均衡点 E_2，则 E_2 点的均衡数量和均衡价格同原来的均衡点 E_1 的均衡价格和均衡数量发生了变化，从图 3-14（a）中可看出，均衡价格上升，均衡数量不定。

（2）需求减少，供给增加。

如图 3-14（b）所示，供给增加（$S_1 \rightarrow S_2$），需求减少（$D_1 \rightarrow D_2$），会形成新的均衡点 E_2，则 E_2 点的均衡数量和均衡价格同原来的均衡点 E_1 的均衡价格和均衡数量发生了变化，从图 3-14（b）中可看出，均衡价格下降，均衡数量不定。

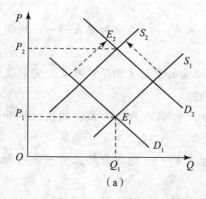 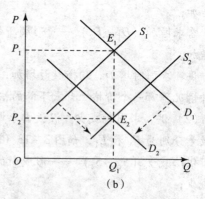

图 3-14 需求和供给曲线同时反方向变动
（a）需求增加供给减少；（b）需求减少供给增加

四、供求定理

从以上关于需求与供给变动对均衡价格的影响分析可以得出经济学中的供求定理：

（1）需求的变动与均衡价格和均衡数量按同方向变动。需求的增加会引起均衡价格上升、均衡数量增加；需求的减少会引起均衡价格下降、均衡数量减少。

（2）供给的变动与均衡价格按反方向变动，与均衡数量按同方向变动。供给增加，均衡价格降低，均衡数量增加；供给减少，均衡价格上升，均衡数量减少。

【经典案例】　　　　　纸张的供给和需求与经济周期

下面的文章描述了纸张市场的发展。阅读本篇文章时，请试着分析需求的变动和供给的变动。

在报摊或个人的购物袋中很容易发现经济好转的印证。纸张需求的迅速增加会把其价格推向较高的纪录。面巾纸、办公用纸、新闻纸——所有一切的价格都比1994年年初上升了25%~40%，而且可能还会继续上升。其结果为，超市购物者如果想用纸袋而不想用塑料袋就要提出来；办公室管理人员会尽量减少复印的次数；印刷者将采取额外办法减少浪费，以免提高价格；报纸有时会减少篇幅并提高价格，以弥补印刷成本的增加。

造纸商根据20世纪80年代高涨的经验已经建立的新造纸能力可以满足纸张需求的增长。大型纸张制造机已投入到生产线中，这些机器耗资几十亿美元，能增加9%的生产能力。为了支付新机器账单，造纸公司可能在未决定是否还用旧机器之前就开始启用新机器，结果纸张过剩又使其价格下降。美国、欧洲和拉丁美洲许多国家都经历了这样的过程：随着旧机器淘汰，需求的增加会把纸张价格推向一个新高峰。

任务四　价格对经济的调节

一、价格调节市场经济的作用

市场经济就是一种用价格机制来决定资源配置的经济体制。一般而言，市场经济中，价格对经济的调节就是我们一般说的价格机制在市场经济中的作用。因此，要了解价格如何调节经济，首先就要了解价格机制这个概念。

什么是价格机制呢？我们先来介绍"机制"这个词。"机制"是从"机器"与"制动"这两个科技术语中各取一个字构成的，原意是指机器的构造和工作原理。后来在生物学和医学中，借用机制一词来指生物体尤其是人体的结构和功能，即它们的内在运行、调节的方式和规律。20世纪40年代末，美国科学家维纳提出控制论以后，人们即把社会作为一个有机的整体，机制一词则被用来说明社会本身的运行、调节方式和规律。在经济中，价格机制又称市场机制，是指价格调节社会经济生活的方式和规律。价格机制包括价格调节经济的条件，价格在调节经济中的作用以及价格调节经济的方式。所以价格机制概述了市场经济中价格调节经济的方式及其内在规律。

美国经济学家M·弗里德曼把价格在经济中的作用归纳为三种："第一，传递情报；第二，提供一种刺激，促使人们采用最节省成本的生产方法，把可得到的资源用于最有价值的目的；第三，决定谁可以得到多少产品——即收入的分配。这三种作用是密切关联的。"

这三种作用实际上解决了资源配置所包括的三个问题：生产什么、如何生产和为谁生产。从价格调节经济，即决定"生产什么"的角度来看，价格的作用可以具体化为以下几个方面：

（1）作为指示器反映市场的供求状况。市场的供、求受各种因素的影响，每时每刻都在变化。这种变化是难以直接观察到的，但它却可以反映在价格的变动上，人们可以通过价格的变动来确切了解供、求的变动。这正如锅炉中水的温度是无法知道的，只能反映在温度计上，人们正是通过温度计上的数值来了解锅炉中水的温度一样。价格受供、求的影响而迅速变动，某种商品的价格上升，就表示这种商品的需求大于供给；反之，这种商品的价格下降，就表示它的需求小于供给。价格这种作为供、求状况指示器的作用是其他任何东西都不能代替的。

（2）价格的变动可以调节需求。消费者为了实现效用最大化，一定要按价格的变动来进行购买与消费。当某种商品的价格下降时，人们会增加对它的购买；当这种商品的价格上升时，人们会减少对它的购买。在市场竞争中，消费者享有完全的消费自由，他们的购买行为只受价格的支配。因此，提价可以减少需求，而降价则可以增加需求。价格的这种作用也是其他东西所不能代替的。

（3）价格的变动可以调节供给。企业为了实现利润最大化，一定要按价格的变动来进行生产与销售。当某种商品的价格下降时，企业会减少此种商品的产量；当这种商品的价格上升时，企业又会增加其产量。在市场经济中，企业享有完全的生产自由，它们的生产行为只受价格的支配。因此，提价可以增加供给，降价可以减少供给。价格的这种作用也是其他东西所不能代替的。

（4）价格可以使资源配置达到最优状态。通过价格对需求与供给的调节，最终会使需求与供给相等。当需求等于供给时，消费者的欲望得到了满足，生产者的资源也得到了充分利用。社会资源通过价格分配于各种用途上,这种分配使消费者的效用最大化和生产者的利润最大化得以实现,即这种配置就是最优状态。

二、价格调节市场经济的条件

价格是调节经济的"看不见的手"。当市场上某种商品的供给大于需求时,这种商品会出现供给过剩的情况,而供给过剩说明资源配置不合理。供给过剩的情况会使该商品的价格下降,这样一方面刺激了消费,增加了对该商品的需求,另一方面又抑制了生产,减少了对该商品的供给。价格的下降,最终使该商品的供、求相等,从而使资源得到了合理配置。同理,当某种商品供给小于需求时,也会通过价格的上升而使供、求相等。价格的这一调节过程在市场经济中是时刻进行着的。价格把各个独立的消费者与生产者的活动联系在一起,并协调他们的活动,从而使整个经济和谐而正常地运行。

但是,价格要能作为"看不见的手"来调节经济还需要一些其他条件。换言之,市场经济中价格的调节作用是以三个重要的假设为前提条件的:

(1) 人是理性的。作为"经济人"的每个人都自觉地追求个人利益最大化。只有这样,价格才能引导人们的经济行为。

(2) 市场是完全竞争的。市场上的任何一方都没有垄断力量,无法控制市场。每一个买者或每一个卖者都不能通过改变需求量或供给量来影响价格,即价格可以完全由市场供、求决定。

(3) 信息是完全的。市场上的任何一方都可以免费得到做出决策所需要的信息,任何一方都无法利用信息优势欺骗对方。每个人都可以在完全信息的基础上根据价格指引做出正确决策。

可见价格对市场经济的调节必须具备上述三个前提条件,只有在这些条件的情况下,价格的自发调节使市场实现供、求相等的市场经济,才可以使资源配置达到最优状态。但是在现实中,市场不能反映社会需求的长期趋势,难以自动地实现社会供给与社会需求的均衡。我们把这种情况称为市场经济的缺陷或市场失灵。市场失灵是指由于市场本身的某些缺陷和外部条件的某些限制,而导致社会资源的配置不能达到最优状态或产生某些负面效应。

为此,通过一定的经济政策来纠正这种失灵就成为必要。

什么原因会使价格对市场经济的调节条件发生变化呢?也就是市场失灵的原因。

(1) 对公共物品的享用。在马路上走路,我们可以利用路灯照亮,但也不能排除其他人利用路灯照亮,这种集体消费的物品就是公共物品。由于公共物品具有排他性和非竞争性,这就决定了人们可以不用购买就可以消费。如路灯、免费公园等,经济学把这种不用购买就能消费的经济现象叫搭便车(免费乘车)。由于不花钱购买就能享受,则公共物品就没有市场交易和市场价格,生产者就不愿生产。

(2)垄断和寡头的出现。在垄断和寡头的市场经济中,市场没有达到完全竞争,意味着企业会凭借着垄断的地位,使产品的市场价格远远高于均衡价格,垄断企业将生产过少的产品,产生市场失灵。

(3)外部性存在。在现实经济活动中,某人或某一企业的某些经济活动会导致外部其他人得益或受损,而在商品价格中没有正确计入,这样就会产生市场失灵。外部性是指某种经济活动给予这项活动无关的主体带来的影响,例如造纸厂的生产不仅影响生产者和消费者,还影响着住在造纸厂附近的居民,生产者得到了利润的最大化,消费者得到了效用的最大化,但是由于造纸厂的生产污染了空气和地下水,使得住在附近的居民不能正常的生活,在这种负外部性的情况下,其并没有达到社会效益的最大化;再比如个别人或企业对于商品或职业的安全或特性了解不够,如石油化工厂有毒气体的挥发,工人不了解其对身体的危害,只取得较低的工资报酬,从而在产品成本和价格中未能体现,产生市场失灵。

三、价格管制:限制价格与支持价格

从理论上说,通过价格调节,就可以使资源配置达到最优状态。但是在现实中,由于种种条件的限制,价格调节并不一定能达到理论上的这种完善境地,而且从经济的角度看,也许价格的调节能达到那种理论上完善的境地,但从社会或其他角度看,其并不一定是最好的。为此,通过一定的经济政策来纠正这种失灵就成为必要。

价格政策就是为了纠正市场失灵采取的政策。价格政策也包括许多种,我们这里主要介绍两种政策:支持价格和限制价格。

(一)支持价格

支持价格是政府为了扶植某种商品的生产而规定的这种商品的最低价格,又叫最低限价。如果买、卖双方以低于均衡价格的价格进行交易就为非法交易。

在政府规定了支持价格时,如果市场均衡价格高于这种价格下限,价格仍由供、求决定,支持价格实际上并不起作用。但如果供、求决定的价格低于支持价格,支持价格就对价格有制约作用,阻止了价格的下降。这时起作用的就不再是市场决定的均衡价格,而是政府规定的支持价格。

支持价格一定是高于均衡价格的。由于价格高,需求就少,而供给就多。因此,在实行支持价格时,市场上必然会出现供给大于需求的供给过剩状况。许多国家对农产品实行支持价格，目的是稳定农业生产和农民的收入。为了不使农产品的价格下跌，政府必须采取一些对策，如通过限制农民的耕地面积来限制农产品的产量，加强科学研究工作，扩大农产品的用途，以刺激需求，剩余部分则由政府收购，作为储备，供将来使用（出口或外援）。政府实行农产品支持价格，则过剩的农产品要由政府收购，这也增加了财政负担。

如图 3-15 所示，支持价格 P_1 一定在均衡价格 P_E 之上，农民才会继续进行农业生产。

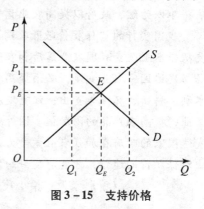

图 3-15 支持价格

【知识链接】　　　　　　农产品保护价的利与弊

许多国家出于保护农业的需要都对农产品实行保护价格或出口价格补贴。各国对农产品实行保护价格通常有两种做法：一种是缓冲库存法，即政府或代理人按照某种平价（保护价）收购农产品，在供大于求时政府按这一价格增加对农产品的收购，在供小于求时政府抛出农产品，以保护价进行买卖，从而使农产品价格由于政府的支持而维持在某一水平上；另一种是稳定基金法，也由政府或代理人按某种保护价收购全部农产品，但并不是按保护价出售，而是在供大于求时低价出售，供小于求时高价出售。这两种情况下农产品收购价格都稳定在政府确定的价格水平上。

应该说，支持价格稳定了农业生产，保证了农民的收入，促进了农业投资，也有利于调整农业结构，整体上对农业发展起到了促进作用。但支持价格也引起了一些问题，首先，使政府背上了沉重的财政包袱，政府为收购过剩农产品而支付的费用、出口补贴以及为限制产量而向农户支付的财政补贴，等等，都是政府必须为支持价格政策付出的代价，许多国家用于支持价格的财政支出都有几百亿美元左右；其次，形成农产品的长期过剩，过剩的农产品主要由政府收购，政府解决农产品过剩的重要方法之一就是扩大出口，这就会引起这些国家为争夺世界农产品市场而进行贸易战；最后，受保护的农业竞争力会受到削弱。

在世贸组织前身关贸总协定"乌拉圭回合"谈判中，欧、美各国为解决自己的农产品过剩问题，都力图保护本国的国内市场而打入别国市场，因此，农产品自由贸易问题成为争论的中心。"乌拉圭回合"通过的农业协议的总目标是实现农产品自由贸易和平等竞争，其中重要的内容有两点：一是减少各国对农产品的价格支持，包括农产品保护价、营销贷款、投入补贴，等等，要求各国支持总量减让幅度为农业总产值的 5%，同时降低对农产品的出口补贴；二是"绿箱政策"，各国政府应实行不引起贸易扭曲的政府农业支持措施，包括加强农业基础设施、实现农业结构调整和保护环境等政府支出。这表明，实行支持价格的老办法将难以为继，政府以提高农业竞争力的方式支持农业将成为趋势。

我国实行的"保护价敞开收购"也是一种支持价格。支持价格治标不治本，要从根本上改变我国农业落后和农民收入低的状况，并使我国农业能进入世界市场与发达国家农业竞争，必须提高我国农业自身的竞争力。比如，政府可增加对水利、科研、环保等支出；注重发展蔬菜、花卉、渔业、畜牧业，发展农产品加工业，提高农产品的附加值。国外农业并不仅仅是靠支持价格发展起来的，农业发达国家的政府在加强农业竞争力方面已进行了大量的投入。中国农业也只有走出对保护价的迷信，才能有良好的发展前景。

（资料来源：梁小民《微观经济学纵横谈》，三联书店，2000年。）

（二）限制价格

限制价格是政府为了限制某种商品价格上升而规定的这种商品的最高价格，又称最高限价。如果买卖双方以高于这种价格的价格进行交易就为非法交易。如规定粮食、糖、肉、奶等物品的最高价格。最高价格总是低于市场均衡价格的。

政府实行限制价格的目的往往是为了限制某些商品的价格上涨，尤其是为了应付通货膨胀。有时为了限制某些行业，特别是一些垄断性很强的公用事业的价格（如水价、电价），政府也采取限制价格的做法。在政府规定了限制价格时，如果市场均衡价格低于这种限制价格，价格仍由供、求决定，限制价格实际上并不起作用。但如果供、求决定的价格高于限制价格，限制价格就对价格有制约作用，阻止了价格的上升。这时起作用的就不再是市场决定的均衡价格，而是政府规定的限制价格，即最高价格。

限制价格一定是低于均衡价格的。由于价格低，需求就大，而供给就少。因此，在实行价格上限时，市场上必然出现供给小于需求的供给不足状况。

在实行价格上限时，价格起不到调节市场供求的作用。政府解决供给不足主要有两种方法：配给制和排队。配给制就是由政府有关部门决定谁可以得到紧缺的物品，当需求者多，供给不足时，政府有关部门只好用配给的办法，决定把物品给谁。这种配给制可以采用发放定量票证的方法，也可以按某种条件配给，这时就需要有一个专门进行配给工作的机构，但相应就会造成资源浪费。更为严重的是，主管配给的官员有了分配物品的权利，有可能出现腐败受贿现象。权利使人腐败，配给物品也是一种权利。排队就是采用先来后到的原则，产品卖完为止。这时人们为了得到紧缺的物品就要把部分资源（劳动时间）用于排队，这又是一种资源浪费。所以实行价格上限会引起资源浪费。

在实行限制时还必然会出现黑市交易，即违法的市场交易。由于价格被固定，供给无法增加，黑市价格就由需求决定，这种价格一定要高于均衡价格。如图3-16所示，当限制价格为 P_1 时，供给量为 Q_1，需求量为 Q_2，这时需求与供给相等的均衡价格为 P_0。高于 P_0 的价格就是黑市价格，它不仅高于限制价格 P_1，而且还高于市场放开时应达到的均衡价格 P_0。只要有限制价格，就会有黑市交易出现，这是一种必然的因果关系。因而政府实行限制价格的做法也会带来一些不良的影响，如排队抢购商品短缺的结果；政府采用配给制，凭票供应，抑制需求从而出现黑市交易；生产者可能粗制滥造，降低产品质量，形成变相涨价。

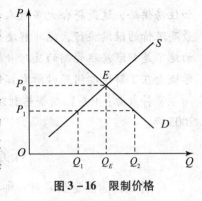

图 3-16　限制价格

【经典案例】　　　　　　纽约市的房租管制

　　1943 年起，纽约市就实行了一个规定房租最高价格的房租管制制度，其目的当然是为了使房租（即租用一套公寓一个月的价格）低于其均衡价格水平。据说主张对房租实行最高限价的一个重要理由是为了帮助穷人。在短期内，房租管制可能把收入从出租人转移给承租人。据《纽约时报》报道："在近半个世纪的时间里，房租管制曾经给数以万计的家庭提供了廉价而有效的生活保障或低于市场价格的住所。不管财力如何，这一直是纽约市的一项在政治上无人敢碰的政策。"

　　但是，随着时间的推移，房租管制可能会产生一些非常不合意的影响，最高限价导致住房短缺，也就是说，对公寓的需求量超过其供给量。据一些观察家的估计，尽管在 20 世纪 70 年代纽约人口大约减少了 100 万人，并且国家对中等收入阶层和低租金公共住房实施了规模最大的资助计划，但纽约仍短缺价值大约 30 亿美元的可供出租的新住房。据报道，在 1986 年，有些人不得不花费一年甚至更长的时间去寻求租房。

　　由于需求量超过供给量，现有的公寓不得不采用价格以外的措施来进行分配，这自然可能使房东采取微妙的歧视方式来选择房客。同样，房东也可能从那些急于寻找住所的房客手中接受额外的支付或贿赂。在很多情况下，房东将减少对房屋的维修，由于住房短缺，承租人也只能接受较差的服务，许多事都得靠自己去做。在可能的情况下，房东会把一套公寓分成几个部分出租，因为从划分后的几个部分各自在最高限价下得到的租金之和超过原来整套公寓的租金。房东就是通过这些办法来对付最高限价的限制。

　　根据兰德公司的估计，在纽约，由于受房租管制法的影响，租金的增加远远低于成本的增加。对 1943 年以前建造的单元住宅来说，房租每年的平均增长幅度大约为 2%，而房东的各种成本的平均增长幅度每年大约为 6%。这样，新住宅难以兴建，老住宅又年久失修也就不足为奇了。

　　《纽约时报》呼吁："当公寓空出来以后，就应当终止租金管制……它将增加住房供给，这是符合大多数人利益的。"大多数经济学家肯定也会认为，房租最高限价的继续施行，绝非解决住房严重短缺的一项适当措施。但我们这里的目的绝不是判断房租管制的反对者的是非曲直，而是要表明我们所讨论的微观经济学概念在了解这些问题时所发挥的重要作用。

资料来源：（美）斯蒂格利茨《经济学小品和案例》，中国人民大学出版社，2005年。

任务练习与学习思考

1. 什么因素决定买者对一种物品的需求量？
2. 消费者偏好的改变是引起需求曲线的移动还是沿着需求曲线移动？如何影响？
3. 分析下列因素的变化对自行车需求曲线的影响：
（1）居民收入的增加；
（2）助力车价格下降；
（3）有的城市禁止助力车行驶；
（4）生产自行车的成本提高；
（5）生产自行车的厂商增加；
（6）人们越来越认为骑自行车对身体健康有利。
4. 供给变动与需求的变动有何不同？
5. 均衡价格是怎样形成的？它在供给和需求发生变化的情况下将怎样变化？

第四讲
弹性价格

【基本思路】

供求定理阐明了需求量和供给量都随着价格的变动而变动,但却没有分析需求量和供给量的变动对商品自身价格变动的反应程度。本讲正是从量的角度分析说明价格变动与需求量或供给量变动之间的关系,即需求弹性与供给弹性,以及它们在经济活动中的具体应用。

【主要内容】

需求弹性的含义;需求富有弹性与缺乏弹性;决定一种商品需求弹性的因素;恩格尔定理;需求弹性与总收益之间的关系。

【任务要求】

重点掌握:1. 需求弹性和需求弹性系数的含义。

2. 影响需求弹性的因素。

3. 恩格尔系数。

4. 需求弹性与总收益之间的关系。

基本了解:1. 供给弹性的含义。

2. 理解"谷贱伤农"与"薄利多销"的意义。

一般了解:1. 影响供给弹性因素。

2. 供给弹性的分类。

商品的价格在市场经济中会经常性的变化,为什么当我们听到某些商品价格上涨时,人们会有不同的反应?前面所介绍的需求定理和供给定理只是定性地说明当价格发生变化时需求和供给的变化方向,而没有说明其变化数量。也就是它们只说明了需求和供给对价格变动的反应,而没有定量说明,弹性价格原理对此不仅要做出定量分析说明,而且还要进行分析应用。

"弹性"是一个物理学名词,指一物体对来自外部力量的反应程度。在经济学中,弹性是指在经济变量之间存在函数关系时,因变量对自变量变化的反应程度,其大小可以用两个变化的百分比的比例来表示。本讲所介绍的弹性价格原理具体包括需求弹性与供给弹性。

任务一 需求弹性

一、需求弹性和分类

（一）需求弹性

如果把价格作为自变量，需求量作为因变量，则由价格变动的比率所引起的需求量变动的比率，即需求量变动对价格变动的反应程度称为需求价格弹性，简称需求弹性。

各种商品的需求弹性是不同的，一般用弹性系数来表示弹性的大小。弹性系数是需求量变动的百分比与价格变动的百分比的比值。用公式表示为

$$需求弹性 = \frac{需求量变动的百分比}{价格变动的百分比}$$

如果以 E_d 代表需求弹性的系数，以 $\Delta Q/Q$ 代表需求量变动的比率，以 $\Delta P/P$ 代表价格变动的比率，则这两个百分率的比值称为需求弹性系数，记为 E_d，即：

$$E_d = \frac{\Delta Q/Q}{\Delta P/P} = \frac{\Delta Q}{\Delta P} \cdot \frac{P}{Q}$$

例如，某种商品的价格变动 10% 时，需求量增加 20%。这就是说，价格变动 10% 引起需求量变动 20%，所以根据公式，这种商品的需求弹性为 2。

我们在理解需求价格弹性的含义时应该注意以下几个问题：

（1）需求弹性是指需求量和价格两个经济变量，价格的变动所引起的需求量变动的程度，或者说需求量对价格变动的反应程度，其中价格是自变量，需求量是因变量。

（2）在计算需求弹性系数时，一定是价格变动的百分比与需求量变动的百分比的比率，而不是价格变动的绝对量与需求量变动的绝对量的比率，因为需求量和价格有不同的计量单位，计量单位不同是不能在一起比较的，只有计量单位相同的情况下才能在一起比较。需求价格弹性系数不随选用的计量单位而变化，而是需求量变动的百分比和价格变动的百分比的比率。

（3）弹性系数的数值可以为正值、负值、0 或 1，其主要依赖于有关两个变量是同方向变化，还是反方向变化，正、负值所表示的仅仅是有关变量变化的方向性关系。一般情况下，价格与需求量呈反方向变动，所以当价格增加，即价格的变动为正值时，需求量减少，即需求量的变动为负值；同理，当价格的变动为负值时，需求量的变动为正值。所以需求弹性的弹性系数应该为负值，但在实际运用时，为了方便起见，一般都取其绝对值。通常用绝对值的大小来表示价格变动对需求量变动的影响程度。某产品的需求弹性大，即指其绝对值大。

(4) 弹性系数的数值随商品的不同而不同。即使在同一种商品的一条既定的需求曲线上，其也随价格不同而不同。

【经典案例】 　　　　　　　　**主机与附件的不同弹性**

1987年，福建省某机械厂进口一套设备。据调查，当时有6个国家能够生产这种设备，价格在800万～1 200万美元。该厂首先找日本一家企业谈判，开价800万美元，争取1 000万美元成交。岂知，第一次谈判，日商就满口答应，并表示可以立即签订合同。厂长心里直打鼓："日本人这么好说话？其中必定有'鬼'！"但想来想去，货真价实，无可挑剔，便拍板敲定。设备到货使用一年以后，许多易损零部件需要更换，厂长便请日商按合同供货。日商表示可以，但价格提高一倍（合同并未规定日后供应零部件价格）。厂长心想这是"敲竹杠"，便设法向其他生产同类设备的国家购买，但由于不配套，最后被迫以高价向日商购买这些专用零部件。几年下来，其费用竟这比当初花1 200万美元买还贵。

最近，这位厂长有机会学到需求弹性，方才恍然大悟：由于国际市场竞争激烈，成套设备的主机极富弹性，而专用零配件几乎完全无弹性。因此，日商的销售策略是先在主机上让价，把你套住以后再在零配件上提价，这叫"堤内损失堤外补"。厂长深有感慨地说："这本是经销ABC，只能怪自己笨——无知！"因此，在购买外国产品、引进成套设备时，由于它们富有价格弹性，在谈判中应力争主动，以最有利的价格购进，对一些必需的附件等，应尽量与主机同时一次购入，并在合同中详细写明销后服务项目。在销售产品时，也可以适当降低主机和成套设备的利润率，以扩大需求，占领市场，而与这些主机有关联的附件等，则可适当提高利润，以求较好的综合经济效益。

（资料来源：黎诣远《微观经济分析》第53页。）

（二）需求弹性分类

在现实中我们观察到，各种商品的需求弹性并不一样。有的商品，如保健品，价格变动比率小而需求量变动比率大；有的商品，如盐，价格变动比率大而需求量变动比率小。前一种商品需求弹性大，而后一种商品需求弹性小，我们根据各种商品需求弹性系数的大小，可以把需求弹性分为五类：

1. 需求无弹性（即 $E_d = 0$）

需求无弹性，即 $E_d = 0$，这就说明了价格无论怎样变化，需求量都不会随价格的变动而变动。即不管 ΔP 的数值如何，ΔQ 值总是零。这种情况是罕见的。例如，糖尿病人对胰岛素这种药品的需求就是如此，胰岛素是糖尿病人维持生命所必需的，无论价格如何变，需求量也不变，胰岛素的需求弹性为零。这时的需求曲线表现为一条与横轴垂直的线，如图4-1所示。

2. 需求无限弹性（即 $E_d \to \infty$）

需求无限弹性，即 $E_d \to \infty$，这意味着在既定价格之下，需求量可以任意变动，也就是说不论需求量怎样变动，价格都是不变的。需求曲线表现为一条与横坐标平行的直线，这种情况也是罕见的。例如，银行以一固定价格收购黄金，无论有多少黄金都可以按这一价格收购，银行对黄金的需求是无限的。这时，黄金的需求弹性为无限大，需求曲线是一条与横轴平行的线，如图4-2所示。

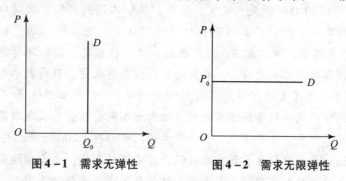

图4-1　需求无弹性　　　　图4-2　需求无限弹性

3. 单位需求弹性（即 $E_d = 1$）

单位需求弹性，即 $E_d = 1$ 时，需求量变动的比率与价格变动的比率相等。即价格每提高1%，需求量相应地降低1%；反之，价格每降低1%，则需求量提高1%。商品具有单位需求弹性时，其需求曲线的几何图形为等轴双曲线或正双曲线，如图4-3所示。

以上三种情况都是需求弹性的特例，在现实生活中是很少见的，现实中常见的是以下两种。

4. 需求缺乏弹性（即 $1 > E_d > 0$）

需求缺乏弹性，即 $1 > E_d > 0$ 时，说明需求量变动的比率小于价格变动的比率。即价格每变动1%，需求量变动的百分率将小于1%，也就是说 E_d 的值小于1。在现实生活中，如大宗农产品、粮食和蔬菜等生活必需品通常属于需求缺乏弹性商品，价格的变动对需求量的影响不是很大，这时的需求曲线是一条比较陡峭的线，如图4-4所示。

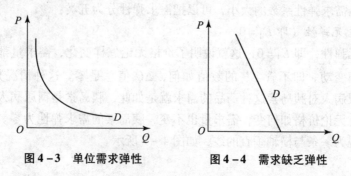

图4-3　单位需求弹性　　　　图4-4　需求缺乏弹性

【延伸阅读】 电视广告的需求弹性

电视广告是一种特殊的商品，它不是一般的产品，甚至也不是一般的服务，而是介于产品与服务之间的观众注意力。从需求弹性的角度来分析，电视广告也具有自己的特殊性。

（1）从广告投放的角度来看，电视广告的需求弹性不大。第一，广告投放是企业主和（或）广告公司的科学计划行为，一般不会因为广告价格的变化而大幅调整投放。很多企业的广告投放计划是公司在年度预算中编制的，是公司发展战略的一部分，一经制定，除非有极大的客观情况变化，一般不会大量地追加或缩减广告投放。因此，广告价格对需求的影响不大。

（2）广告的可替代性不高。广告主投放广告的目的是借助电视的观众注意力进行宣传，而观众注意力不仅是用收视率衡量的，观众的组成结构、观众对节目的喜爱程度、观众观看节目时的卷入度，等等，都是衡量观众注意力使用价值的重要标准。从这一角度来说，不同节目的使用价值各不相同，可替代性不高。因此，广告的需求弹性也不会太高。

（3）广告对企业的重要程度比较高，这决定了需求的弹性相应不高，很难仅以广告价格的变动使企业相应地调整广告投放。

（4）广告自身具有特殊的聚合现象。王府井和西单是寸土寸金的宝地，地价和租金非常昂贵，但是还有相当多的店铺梦想能够入驻这里，即使一掷千金仍然趋之若鹜，这正是因为那里聚集了旺盛的人气，从而能带来可观的销售业绩。这种现象，我们姑且称之为"聚合"效应。在广告投放中也存在着类似的现象。传媒的品牌效应和人气价值会让它聚集越来越多的广告。

（5）高价位的广告能够表明企业的实力，增加员工和分销商的信心，提升品牌知名度，从而更好地达到宣传目的。例如，能够在中央电视台投放广告本身就代表着企业实力和品牌形象。

（6）借用高价位的广告还可以顺势进行全方位的炒作，极大地提高企业的知名度和美誉度。例如，一年一度的央视招标，"标王"花落谁家是一个关注度很高的问题，每次都会有众多媒体争相报道，夺得标王的胜利者能够享受到众多的免费宣传，还可借此推进促销。

综上所述，从广告投放的角度来看，电视广告的需求弹性很小，而且具有自己独特的规律。

（资料来源：《当代传播》2008年第1期。）

5. 需求富有弹性（即$E_d > 1$）

需求富有弹性，即$E_d > 1$时，说明需求量变动的比率大于价格变动的比率。即价格每变动1%，需求量变动大于1%，也就是说需求弹性系数大于1。在经济生活中，相对于生活必需品而言，如汽车和珠宝等奢侈品属于需求富有弹性。需求曲线表现为一条比较平坦的线，如图4-5中的 D 所示。

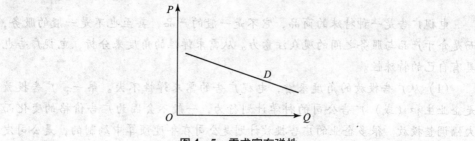

图4-5 需求富有弹性

根据上面的分析，我们可以用表4-1来概括需求弹性的分类。

表4-1 需求弹性分类

需求弹性类型	弹性系数	含义	图形	举例
需求无弹性	$E_d = 0$	无论价格如何变动，需求量不变		胰岛素
需求无限弹性	$E_d \to \infty$	价格既定，需求量无限		黄金
单位需求弹性	$E_d = 1$	价格变动百分比等于需求量变动百分比		衣服
需求缺乏弹性	$1 > E_d > 0$	价格变动百分比大于需求量变动百分比		生活必需品
需求富有弹性	$E_d > 1$	价格变动百分比小于需求量变动		高档耐用品

（三）需求弹性的政策

由于每种商品的需求弹性是不同的，所以厂商在制定价格时，必须考虑有关商品的需求弹性情况。

如果需求是富有弹性的商品，如汽车，其涨价后厂商收入反而下降。因为汽车是富有弹性商品，需求量下降的幅度要大于价格上涨的幅度，汽车如果提价1%，需求量就会减少1%以上，这样厂商的收入就会因销售量的减少而减少。

如果需求是缺乏弹性的商品，如粮食，其涨价后可提高厂商收入。因为粮食是缺乏弹性商品，需求量下降的幅度要小于价格上涨的幅度，粮食如果提价1%，人们不会因为粮食的提价而减少需求，则需求量就会减少在1%以下，这样厂商的收入会因为销售量并没有减少而增加。

若 $E_d < 1$，厂商可以采取提价政策；

若 $E_d > 1$，厂商可以采取降价政策。

需求弹性的价格和需求量变动的百分比这种简单而又重要的关系，被广泛地运用于产品定价决策和对外贸易之中。例如，对于一个谋求最大利润的企业来说，决不会选择在其需求曲线缺乏弹性的区间降价。虽因为这样做一方面可使销售量增加而增加销售收入，但另一方面却因价格降低而减少了销售收入，最终结果将因产品缺乏弹性而使销售收入减少。与此同时，销售数量的增加又会导致生产成本的上升，其结果必然是利润的急剧下降。

【经典案例】 　　　　　　**报纸发行的需求弹性**

美国学者克拉克曾以10年为期，研究价格变动对239家报纸的流通效果的影响，并认为报纸价格不具有弹性，甚至发现在订阅费和零售价均上扬的情况下，报纸发行量仍然增加。同样，在1982—1991年的近10年间，英国全国性大报采取了持续涨价的手段，但发行量依然上升了14%。

根据一个美国"短期和长期需求价格"的统计表显示，报纸杂志的长期弹性为0.52，是缺乏弹性的。这就表示，对于报刊发行来说，如果降低价格，那么不但不会"薄利多销"，反而会造成"谷贱伤农"的恶果。但事实上，不管是国内还是国外，报刊发行的价格战频发，且还有很多取得了成功。

1993年，伦敦两大严肃报纸《泰晤士报》和《每日电讯报》之间爆发了一场价格战。1993年9月，《泰晤士报》首先开始降价，把报纸价格从45便士降到30便士，销量增长了24%。1994年6月，《每日电讯报》也把报纸价格从48便士降到30便士，而《泰晤士报》继续降价到20便士。到了1995年1月，双方价格都下降到5便士，大概相当于原来报价的1/10。当时《泰晤士报》的发行量是57万份。两报的降价虽然带来了销售量的剧增，但大幅降价却减少了发行收入，给报社经营带来很大压力。《泰晤士报》凭借雄厚的资本撑了下来，并于1995年7月,成功地把报价提到25便士,到1996年年底,价格又回到了45便士,但发行量却没有受太大的影响。1997年时,《泰晤士报》的发行量达到79.2万份。

从这个案例中可以看到,在需求价格弹性小于1的情况下,《泰晤士报》的巨幅降价使它的发行量大幅增加,4年时间中,它不但从竞争对手《每日电讯报》手中争得了大批读者,而且成功地开拓了新的市场空间（1995年1月,《泰晤士报》和《每日电讯报》的总发行量达到159万份,比1993年9月开始价格战时的总和增加了10多万份）,一些不看严肃性报纸的受众也养成了看《泰晤士报》的习惯。可见,《泰晤士报》具有极强的读者忠诚度和黏着度,它作为一份历史悠久、享誉全球的严肃报纸,能够为自己的读者创造独特而无法取代的阅读价值。

（资料来源：《当代传播》2008年第1期。）

二、影响需求弹性的因素

为什么各种商品的需求弹性会不同呢？一般来说,主要有以下几种因素影响着需求弹性的大小：

（一）消费者对某种商品的需求强度,即该商品是生活必需品还是奢侈品

一般来说,消费者对生活必需品的需求强度大而稳定,价格的变动对它的需求影响不大,所以生活必需品的需求弹性小,而且越是生活必需品,其需求弹性越小。例如,粮食和蔬菜这类生活必需品的弹性一般都小,属于需求缺乏弹性的商品。相反,消费者对奢侈品的需求强度小而不稳定,价格的变动对它的需求影响很大,所以奢侈品的需求弹性大。例如,到国外旅行这类消费的需求弹性一般都大,属于需求富有弹性的商品。价格高了人们会放弃国外旅游而选择国内旅游或不去。根据一些美国经济学家在20世纪70年代的估算,在美国,土豆的弹性系数为0.31,咖啡的弹性系数为0.25,而国外旅行的弹性系数为4。

（二）商品的可替代程度

如果一种商品的可替代物品越多、性能越接近,弹性就越大。也就是说,对某种产品进行替代的难易程度决定了这种产品价格弹性的大小。如果一种产品有好几种替代品,而且这些替代品的价格不变,那么一旦这种产品涨价,消费者就会很快地把购买力从这种产品转向替代品,使这种产品的需求量迅速减少；一旦降价,消费者就会很快地把购买力从替代品转向这种产品,使需求量迅速增加,所以这一类产品的价格弹性就大。如毛织品由于可以有多种其他织品如棉织品、

丝织品或化纤织品来替代，所以弹性就大；食盐、食油等几乎没有什么别的食品可以替代，所以弹性就小。

（三）商品本身用途的广泛性

一种商品的用途越广泛，其需求弹性也就越大，而一种商品的用途越少，则其需求弹性也就越小。例如，在美国，电力的需求弹性是 1.2，这就与其用途广泛相关，而小麦的需求弹性仅为 0.08，就与其用途相关较少。

（四）商品使用时间的长短

一般来说，使用时间长的耐用消费品需求弹性大，而使用时间短的非耐用消费品需求弹性小。例如，石油涨价，从短期来看，人们也会注意节省石油，但不会省得太多，因为许多工厂使用的烧油炉短期内改装不过来，所以对石油的需求量在短期内不会减少太多。但从长期来看，许多烧油的炉子可以改装为烧煤的炉子，因此，对石油的需求量就会进一步减少。由此可见，如果时间长，消费者就可能有足够的时间来改变他们的爱好、习惯和技术条件去使用替代品，因而，其价格弹性就大。否则，其弹性就小。一般来讲，电冰箱和汽车这类耐用消费品的需求弹性为 1.2～1.6，而报纸杂志这种看完就无用的印刷品需求弹性仅为 0.1。

（五）商品在家庭支出中所占的比例

在家庭支出中占比重大的产品，其价格弹性就大，比重小的弹性就小。例如，火柴和食盐等物品原来价格就很低，即使价格上涨一倍，对需求量也不会有多大的影响，因为这笔钱的支出在人们的收入中所占比例很小，涨价不会影响个人总的经济状况。但如果是电视机、电冰箱和汽车等物品涨价一倍，需求量就会大大减少，因为购买这些产品的支出在人们的收入中占很大比重，它们的价格上涨或下降对于个人经济状况的影响是举足轻重的。例如，在美国，香烟占家庭支出的比例很小，其需求弹性为 0.3～0.4，而汽车在家庭支出中的比例较大，其需求弹性就是 1.2～1.5。

在以上五种影响需求弹性的因素中，最重要的是需求强度、替代程度和在家庭支出中所占的比例。某种商品的需求弹性到底有多大，是由上述这些因素综合决定的，不能只考虑其中的一种因素，而且某种商品的需求弹性也因时期、消费者收入水平和地区而不同。例如，在国外，第二次世界大战之前航空旅行是奢侈品，需求弹性非常大，所以航空公司通过小幅度降价就可以吸引许多乘客。第二次世界大战后，飞机成为日常交通工具，航空旅行不再是奢侈品，其需求弹性就变小了，所以航空公司难以利用降价来吸引乘客，只能用提高服务质量等方法来吸引乘客了。同样，在我国，彩电和音响等商品刚出现时，需求弹性也相当大，但随着收入水平的提高和这些商品的普及，其需求弹性就逐渐变小了。

三、恩格尔定理

(一) 恩格尔系数

1857 年,世界著名的德国统计学家恩格尔根据长期统计数据分析得出:在一个家庭或在一个国家中,食物支出在收入中所占比例随着收入的增加而减少,这就是恩格尔定理。反映这一定理的系数被称为恩格尔系数。其公式表示为:

$$恩格尔系数 = \frac{食品支出总额}{家庭或个人消费支出总额} \times 100\%$$

恩格尔定理主要表述的是食品支出占总消费支出的比例随收入变化而变化的一定趋势。揭示了居民收入和食品支出之间的相关关系,用食品支出占消费总支出的比例来说明经济发展、收入增加对生活消费的影响程度。众所周知,吃是人类生存的第一需要,在收入水平较低时,其在消费支出中必然占有重要地位。随着收入的增加,在食物需求基本满足的情况下,消费的重心才会开始向穿、用等其他方面转移。因此,一个国家或家庭生活越贫困,恩格尔系数就越大;反之,生活越富裕,恩格尔系数就越小。

国际上常常用恩格尔系数来衡量一个国家或地区人民生活水平的状况。根据联合国粮农组织提出的标准,恩格尔系数在 59% 以上为贫困,50%~59% 为温饱,40%~50% 为小康,30%~40% 为富裕,低于 30% 为最富裕。

在运用恩格尔系数来分析经济发展水平时,要注意以下几点:

(1) 恩格尔系数是一种长期趋势,时间越长趋势越明显,某一年份恩格尔系数波动是正常的;

(2) 在进行国际比较时应注意可比口径,由于各国的价格体系、福利补贴和社会经济制度等方面差异较大,因此在进行比较时应调整到相同口径;

(3) 地区间消费习惯不同,恩格尔系数略有不同。

所以要注意个人消费支出的实际构成情况,注意到运用恩格尔系数反映消费水平和生活质量会产生误差。

(二) 恩格尔曲线

恩格尔曲线描述收入变化与商品需求量变动之间的关系。它反映在商品价格和其他因素不变时收入的变化引起需求量怎样的变化。一般情况下,随着收入的增加,商品的消费量也随之增加,因而恩格尔曲线由左下朝右上倾斜。如果以 I 代表收入,以 Q 代表消费量,则恩格尔曲线为图 4-6 所示。

但是在经济生活中,并非收入的增加就是商品的消费数量增加,有些商品相反,随着收入的增加,商品的消费量下降,因而不同商品的恩格尔曲线形状不同。我们把这种商品称为低档商品。恩格尔曲线的斜率是负的，表明低档商品的需求量随收入的增加而减少，如图4-7所示。

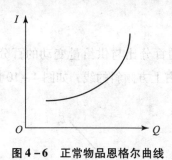

图4-6 正常物品恩格尔曲线

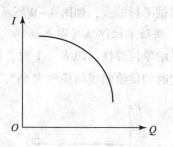

图4-7 低档商品的恩格尔曲线

任务二 供给弹性

一、供给弹性和分类

（一）供给弹性

供给弹性和需求弹性一样是指价格变动的比率与供给量变动比率之比，即供给量变动对价格变动的反应程度。以 E_s 表示供给价格弹性；ΔQ 表示商品供给的变动量；Q 表示商品供给量；ΔP 表示商品供给价格的变动量；P 表示商品的供给价格。一般来说，供给弹性的大小用供给弹性的弹性系数来表示。

$$供给弹性的弹性系数 = \frac{供给量变动的百分比}{价格变动的百分比} \times 100\%$$

$$E_s = \frac{\Delta Q_s / Q_s}{\Delta P / P} = \frac{\Delta Q_s}{\Delta P} \cdot \frac{P}{Q_s}$$

例如，某种商品价格变动为10%，供给量变动为20%，则这种商品供给弹性系数为2。因为供给量与价格一般呈同方向变动，所以供给弹性系数一般为正值。

（二）供给弹性分类

各种商品的供给弹性大小并不相同。一般可以把供给弹性分为以下五种类型：

1. 供给无弹性（即 $E_s = 0$）

供给无弹性，即 $E_s = 0$ 时，无论价格如何变动，供给量都不变。这时供给是固定不变的，例如，土地、文物和某些艺术品的供给。这时的供给曲线是一条与横轴垂直的线，如图4-8所示。

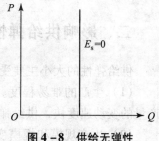

图4-8 供给无弹性

2. 供给无限弹性（即 $E_s = \infty$）

供给无限弹性，即 $E_s = \infty$ 时，价格既定而供给量无限。这时的供给曲线是一条与横轴平行的线，如图 4-9 所示。

3. 供给单位弹性（即 $E_s = 1$）

供给单位弹性，即 $E_s = 1$ 时，价格变动的百分比与供给量变动的百分比相等。这时的供给曲线与横轴成 45°，并且是向右上方倾斜的线，如图 4-10 所示。

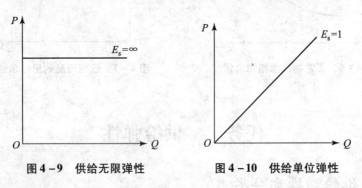

图 4-9　供给无限弹性　　　　图 4-10　供给单位弹性

4. 供给富有弹性（即 $E_s > 1$）

供给富有弹性，即 $E_s > 1$ 时，供给量变动的百分比大于价格变动的百分比。这时的供给曲线是一条向右上方倾斜且较为平坦的线。如图 4-11 所示。

5. 供给缺乏弹性（即 $E_s < 1$）

供给缺乏弹性，即 $E_s < 1$ 时，供给量变动的百分比小于价格变动的百分比。这时的供给曲线是一条向右上方倾斜且较为陡峭的线，如图 4-12 所示。

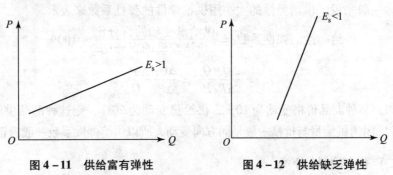

图 4-11　供给富有弹性　　　　图 4-12　供给缺乏弹性

二、影响供给弹性的因素

供给弹性的大小主要受以下几个方面的影响：

（1）生产的难易程度。在一定时期内，容易生产的产品，当价格变动时其产量的变动速度快，供给弹性大；反之，供给弹性小。

（2）生产规模和规模变化的难易程度。生产规模的资本密集型企业，因受设计能力和专业设备的制约，其生产规模难变动，调整的周期较长，因而其产品的供给弹性小；反之，其产品的供给弹性大。

（3）生产成本的变化。如果一种产品产量的增加只引起单位成本的稍稍提高，那么供给弹性就较大；反之，如果产品的增加能促使成本大幅度增加，则供给弹性就较小。

（4）时间的长短。商品价格变化后，要改变供给量需要有一段调整生产的时间，即价格变动后供给量的反应有一个"时滞"。时间越短，供给弹性越小；时间越长，供给弹性越大。

（5）对价格的预期。当产品价格上涨时，厂商是否立即增加生产及其增加幅度的大小，取决于厂商预期这种上涨的价格能否持久；同样，当产品价格下跌时，厂商对这种下跌的价格预期，也会影响厂商是否减产生产及减产多少。

【经典案例】　　　　从供给弹性看彩电的由短缺到过剩

20世纪80年代初，彩电相当紧俏，有人就是靠"倒彩电"发了财。尽管国家控制着价格，但与当时的收入水平相比，彩电价格还是相当高。买彩电凭票，据说有的彩电厂把彩电票作为奖金发给工人，每张票能卖到好几百元。20世纪90年代之后，彩电供求趋于平衡，再以后就是彩电卖不出去，爆发了降价风潮，拉开了中国价格战的序幕。

20世纪80年代，随着人们收入普遍增加，彩电成为首选的奢侈品，能买得起1 200元左右一台14英寸彩电的人相当多，于是彩电需求剧增。当时彩电价格仍受到严格控制（记得在一次价格风波中，当时有关领导曾保证彩电不涨价），所以无法用调高价格来抑制需求。彩电生产受到生产能力的制约，供给无法迅速增加，这就产生过度需求或供给不足，为"倒彩电"和彩电票变成货币创造了条件。这告诉我们，像彩电这样的产品在需求迅速增加、价格上升（或变相价格上升）时，供给是无法立即大量增加的。

彩电的短缺刺激了国内各地引进彩电生产线，建设彩电厂。彩电业在全国开花，除西藏外各省市都有了彩电厂。这就引起彩电市场走向均衡，甚至很快又走向过剩。这个过程说明在需求增加、价格（或变相的价格）上升后，供给的变动是与时间长短相关的。我们可以用供给弹性的概念来说明这一点。

某一种物品供给弹性的大小与生产所需生产要素和技术相关，所以不同行业产品的供给弹性是不同的。一般来说，所用设备先进、生产规模一旦确定就不易改变的重工、化工、电子和汽车等行业的产品往往供给缺乏弹性，需求增加时，供给难以马上增加，需求减少时，供给也难以马上减少。彩电的情况就是这样。20世纪80年代彩电需求激增时，彩电厂受生产规模限制，难以很快增加，但20世纪90年代后供大于求时，彩电产量也难以有大幅度减少。正因为如此，这些行业要确定一个最优规模。规模小会失去赚钱的机会，规模大又会形成生产能力过剩。彩电业的困境正在于当年遍地开花，生产能力过剩。这种产品缺乏供给弹性，产量减少不易，剩下的一条路只有降价"煮豆燃豆萁"了。

对同一种产品来说，供给弹性也不是一成不变的，其与时间长短相关。对许多产品来说，当需求与价格变动时，供给变动的可能性很小。例如，即使彩电涨价100%，在很短时期内，产量也难以增加，因为设备与生产能力是固定的，原料与人力也难以增加，除了把库存投入市场外，供给变动不大。这就是说在即期内，供给弹性几乎是零。在短期内，尽管设备与生产能力不能变，但可增加原料与劳动，产量还是可以增加的，这时供给缺乏弹性，但比即期要大。长期中，设备与生产能力可以根据市场需求与价格预期来调整，供给是富有弹性的。从20世纪80年代到20世纪90年代，彩电由短缺走向平衡正是供给弹性随时间而加大的过程。至于以后的过剩局面则是在调整长期生产能力时预期失误的恶果。

一般来说，企业在投资时要根据长期市场需求和行业规模经济特点确定最优规模。短期中要根据暂时的市场变动做出反应。在做出这种决策时一定要考虑到供给弹性这个因素。彩电市场就是没有考虑到这一点，以致现在彩电产量难以随价格下降而减少。恐怕除了开拓国外市场增加需求之外，难以迅速改变彩电市场过剩的局面。

（摘自：梁小民《微观经济学纵横谈》，生活·读书·新知，三联书店，2000年版）

任务三　弹性价格的运用

《五代史·冯道传》中记载这样一件事，有一次，明宗问冯道："天下虽丰，百姓得计否？"，道曰："谷贵饿农，谷贱伤农"。什么是"谷贱伤农"？为什么会出现"谷贱伤农"的现象？大家可能已经发现这样一种情况，在丰收的年份，当兴冲冲的粮农将粮食运到集贸市场出售时，发现尽管多收了三五斗，但是总收入不增反降。这就是人们常说的"谷贱伤农"现象。

我们这里着重分析需求弹性与总收益的关系，以及需求、供给与弹性的三种应用。

一、需求弹性与总收益

总收益也称为总收入，指厂商出售一定量商品所得到的全部收入，也就是销售量与价格的乘积。如果以 TR 代表总收益，Q 为销售量，P 为价格，则有：

$$TR = P \cdot Q$$

在理解总收益时要注意以下几点：

(1) 这里总收益并不是出售商品赚到的钱，即不是利润，而是所得到的钱。总收益中包括了成本与利润。只有扣除成本之后的净收益才是利润。我们这里要分析的是需求弹性对包括成本在内的总收益的影响，而不是对扣除成本之后净收益的影响。由于有成本变动的关系，总收益增加并不一定是净收益增加，总收益减少也不一定是净收益减少。

(2) 总收益不能单单取决于厂商的销售量和价格，还要取决于在这种价格下，消费者的需求量。一般来说价格上升，厂家的销售量增加，销售量与价格是正关系，然而由于需求曲线向右下方倾斜，销售量与价格成负关系：当价格下降时，需求量会增加；反之，价格上升时，需求量会减少。价格变动时，厂商的总收益到底是增加还是减少，取决于商品需求弹性的大小。

(3) 总收益也是总支出。这就是说，从企业的角度来看，总收益是出售一定量商品的总收入，从家庭来看，这也就是为购买一定量商品而付出的总支出。所以分析需求弹性对企业总收益的影响实际上也就是分析需求弹性对家庭总支出的影响。为了方便起见，我们假设需求量也就是销售量，这样价格的变动也就引起了销售量的变动。不同商品的需求弹性不同，价格变动引起的销售量的变动也不同，从而总收益的变动也就不同。

下面，我们分别分析需求富有弹性的商品与需求缺乏弹性的商品，其价格变化与总收益之间的关系。

1. 需求富有弹性的商品，需求弹性与总收益之间的关系

假定电视机的需求是富有弹性的，$E_d = 2$。当价格为500元，即 $P_1 = 500$ 元，销售量为100台，即 $Q_1 = 100$ 台时，总收益 TR_1 为：

$$TR_1 = P_1 \cdot Q_1 = 500 \times 100 = 50\ 000\ （元）$$

现在假定电视机的价格下降10%，即 $P_2 = 450$ 元，因为 $E_d = 2$，所以销售量增加20%，即 $Q_2 = 120$ 台，这时总收益 TR_2 为：

$$TR_2 = P_2 \cdot Q_2 = 450 \times 120 = 54\ 000\ （元）$$
$$TR_2 - TR_1 = 54\ 000 - 50\ 000 = 4\ 000\ （元）$$

这表明，由于电视机价格下降，总收益增加了。

需求富有弹性的商品价格下降而总收益增加，就是我们一般所说的"薄利多销"的原因所在。"薄利"就是降价，降价能"多销"，"多销"则会增加总收益，所以能够做到薄利多销的商品是需求富有弹性的商品。

如果某种商品的需求是富有弹性的，那么当该商品的价格上升时，需求量（从而销售量）减少的幅度大于价格上升的幅度会有什么样的结果呢？仍以电视机为例。假定现在电视机的价格上升了10%，即 $P_2 = 550$ 元，因为 $E_d = 2$，所以销售量减少20%，即 $Q_2 = 80$ 台，这时总收益 TR_2 为：

$$TR_2 = P_2 \cdot Q_2 = 550 \times 80 = 44\,000 \text{（元）}$$
$$TR_2 - TR_1 = 44\,000 - 50\,000 = -6\,000 \text{（元）}$$

这表明，由于电视机价格上升，总收益减少了。

根据需求富有弹性的商品涨价与降价所引起的总收益的变化可以得出：如果某种商品是富有弹性的，则价格与总收益呈反方向变动。即价格上升，总收益减少；价格下降，总收益增加。

这一原理还可用图 4-13 来说明。

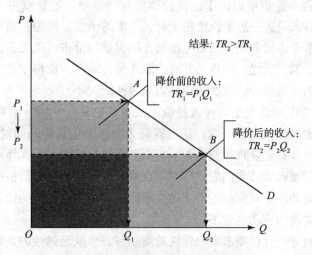

图 4-13 需求富有弹性和总收益

在图 4-13 中，D 是某种需求富有弹性商品的需求曲线。当价格为 OP_1 时，销售量为 OQ_1，总收益为 OP_1AQ_1；当价格为 OP_2 时，销售量为 OQ_2，总收益为 OP_2BQ_2。由图 4-13 可以看出：

当价格由 OP_1 下降到 OP_2 时，$OP_2BQ_2 - OP_1AQ_1 > 0$，总收益增加；

当价格由 OP_2 上升至 OP_1 时，$OP_1AQ_1 - OP_2BQ_2 < 0$，总收益减少。

2. 需求缺乏弹性的商品，需求弹性与总收益的关系

假定面粉是需求缺乏弹性的，$E_d = 0.5$。当价格为 0.2 元，即 $P_1 = 0.2$ 元，销售量为 100 千克，即 $Q_1 = 100$ 千克时，总收益 TR_1 为：

$$TR_1 = P_1 \cdot Q_1 = 0.2 \times 100 = 20 \text{（元）}$$

现在假定面粉的价格下降 10%，即 $P_2 = 0.18$ 元，因为 $E_d = 0.5$，所以销售量增加 5%，即 $Q_2 = 105$ 千克，这时总收益 TR_2 为：

$$TR_2 = P_2 \cdot Q_2 = 0.18 \times 105 = 18.9 \text{（元）}$$
$$TR_2 - TR_1 = 18.9 - 20 = -1.1 \text{（元）}$$

这表明，由于面粉价格下降，总收益减少了。

中国有句古语叫"谷贱伤农"，意思是指丰收了，由于粮价下跌，农民的收入减少了。其原因就在于粮食是生活必需品,需求缺乏弹性。由于丰收而造成的粮价下跌,并不会使需求量同比例增加,从而总收益减少,农民受损失。此外,在西方国家经济危机时期,出现过把农产品毁掉的做法,究其根源也在于这些农产品的需求缺乏弹性,降价不会引起需求量的大幅度增加,只会减少总收益,所以将这些农产品毁掉反而会减少损失。

如果某种商品的需求是缺乏弹性的,那么当该商品的价格上升时,需求量(从而销售量)减少的幅度小于价格上升的幅度,所以总收益增加。

仍以面粉为例。假定现在面粉的价格上升了10%,即 $P_2 = 0.22$ 元,因为 $E_d = 0.5$,所以销售量减少5%,即 $Q_2 = 95$ 千克,这时总收益 TR_2 为:

$$TR_2 = P_2 \cdot Q_2 = 0.22 \times 95 = 20.90(元)$$
$$TR_2 - TR_1 = 20.90 - 20 = 0.9(元)$$

这表明,由于面粉价格上升总收益增加了。

根据需求缺乏弹性的商品涨价与降价所引起的总收益的变化可以得出:如果某种商品是缺乏弹性的,则价格与总收益呈同方向变动,即价格上升,总收益增加;价格下降,总收益减少。

这一原理还可用图4-14来说明。

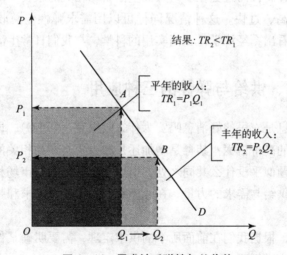

图4-14 需求缺乏弹性与总收益

在图4-14中,D是某种需求缺乏弹性商品的需求曲线。当价格为 OP_1 时,销售量为 OQ_1,总收益为 OP_1AQ_1;当价格为 OP_2 时,销售量为 OQ_2,总收益为 OP_2BQ_2,由图4-14可以看出:

当价格由 OP_1 下降到 OP_2 时,$OP_2BQ_2 - OP_1AQ_1 < 0$,总收益减少;
当价格由 OP_2 上升至 OP_1 时,$OP_1AQ_1 - OP_2BQ_2 > 0$,总收益增加。
通过上面的分析,可以总结出以下规律,见表4-2。

表 4-2　需求弹性与总收益关系

需求弹性	价格变动	需求变动	总收益变动
$E_d > 1$	上升	下降更多	下降
	下降	上升更多	上升
$E_d < 1$	上升	下降较少	上升
	下降	上升较少	下降
$E_d = 1$	上升	同比例下降	不变
	下降	同比例上升	不变

可见，需求弹性与总收益之间的关系对我们理解许多经济现象和做出经济决策具有指导意义。例如，在商业竞争中，降价是一种重要的竞争手段。但是，从需求弹性与总收益的关系中可以看出，降价竞争只适用于需求弹性大的商品，对于需求弹性小的商品，降价竞争是无利的。再如，前些年控制通货膨胀是我国经济宏观调控最重要，也是最困难的任务之一。但人们对通货膨胀的不满，不仅在于总体物价水平过高，而且更在于与人民生活密切相关的粮食、蔬菜和副食品等价格上升幅度过高、过快。这种情况同样可以用需求弹性与总收益的关系来解释。由此也可以看出，经济学是一门实用的科学，与我们日常生活密切相关。

二、需求、供给与弹性的三种应用

农业的好消息是农民的好消息吗？为什么欧佩克（OPEC），即石油输出国组织不能保持石油的高价格呢？禁毒是增加还是减少了与毒品相关的犯罪呢？乍一看起来，这些问题似乎没什么共同之处，但这三个问题都与市场相关，而且所有市场都要服从于供给与需求的力量。在这里我们用供给、需求和弹性来回答这些看似复杂的问题。

在分析之前，根据我们在前面所学的供求定理，需要明确某件事情的发生如何影响市场时，应遵循下面三个步骤进行分析。

（1）要确定该事件的发生是影响供给曲线还是需求曲线（或者共同影响）；

（2）受影响的该曲线是左移还是右移；

（3）曲线移动后如何改变原有的均衡价格与均衡数量。

（一）农业的好消息能是农民的好消息吗？

当大学的农业科学家培育出比现有品种更高产的小麦新杂交品种时，种小麦的农民会发生什么变动？小麦市场又会发生什么变动？现按照我们上面提供的三

个步骤来回答这类问题:
(1) 确定是供给曲线还是需求曲线移动;
(2) 曲线向哪个方向移动;
(3) 用供求图说明市场的均衡如何变动。

在这个例子中,新杂交品种的培育影响供给曲线。由于杂交品种提高了每亩土地上所能生产的小麦量,所以现在农民愿意在任何一种既定的价格时供给更多小麦。换句话说,供给曲线发生了向右移动,但需求曲线仍然不变,因为消费者在任何一个既定价格时购买小麦产品的愿望并不受新杂交品种引进的影响。图4-15表示这种变化的例子。当供给曲线从 S_1 移动到 S_2 时,小麦销售量从 100 千克增加到 110 千克,而小麦的价格从 3 美元下降为 2 美元。

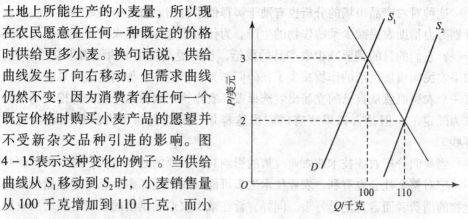

图 4-15 小麦市场上供给增加

但是,新品种的培育使农民的状况变好了吗?要简单明了地回答这个问题,就要考虑农民得到的总收益发生的变动。农民的总收益是 $P \times Q$,即小麦价格乘以销售量。新品种的培育以两种矛盾的方式影响农民。杂交品种使农民生产更多小麦(Q 增加),但现在每千克小麦的售价下降了(P 下降)。

总收益增加还是减少取决于需求弹性。在现实中,像小麦这种基本食品的需求一般是缺乏弹性的,因为这些东西是较为便宜的,而且很少有好的替代品。当需求曲线缺乏弹性时,如图 4-15 所示,价格下降会引起总收益减少。在图 4-15 中我们可以看到:小麦价格大幅度下降,而小麦销售量增加却很少。总收益从 300 美元减少为 220 美元。因此,新杂交品种的培育减少了农民从销售农作物中所得到的总收益。

如果这种新杂交品种的培育使农民的状况变坏了,为什么他们要采用这种新品种呢?由于每个农民都是小麦市场上微不足道的一部分,它把小麦价格作为既定的。对任何一个既定的价格来说,使用新品种以便生产并销售更多小麦会更好一些。但当所有农民都这样做时,小麦的供给增加了,价格下降了,而且农民的状况变坏了。

尽管这个例子乍看起来只是假设的,但实际上它有助于解释过去一个世纪以来美国经济的巨大变化。一百多年前,大部分美国人住在农村,他们对农业生产方法的了解是相当原始的,以至于大多数人不得不当农民,以生产足够的食物。但随着时间推移,农业技术进步增加了每个农民所能生产的食物量。这种食物供给的增加与食物需求缺乏弹性相结合就引起了农业收益减少,这又鼓励人们离开农业。

一些数字表明了这种历史变革的程度。到 1948 年为止,美国有 2 400 万人从事农业生产,占总人口的 17%。在 1993 年,住在农村的人不到 500 万,占总人口的 2%。这种变化与农业生产率的巨大进步是一致的;尽管农民人数减少了 80%,但美国农业 1993 年生产的作物与牲畜仍然是 1948 年的 2 倍多。

这种对农产品市场的分析也有助于解释似乎自相矛盾的公共政策:某些农业计划努力帮助农民减少某些作物的生产。为什么用这些计划来减少某些作物的生产呢?它们的目的是要减少农产品的供给,从而提高价格。由于需求缺乏弹性,如果农民向市场供给的作物减少了,他们作为一个整体会得到更多的总收益。没有一个农民愿意从自己的立场出发选择毁坏农作物,因为每个农民都把市场价格作为既定的。但是,如果所有的农民这样做,则他们每个人的状况就会变得好些。

当我们分析农业技术或农业政策的影响时,重要的是要记住,对农民有利并不一定对整个社会也有利。农业技术进步可能对农民是坏事,但对能以低价买到食物的消费者而言肯定是好事。同样,旨在减少农产品供给的政策可以增加农民的收入,但这样做的代价是损害消费者的利益。

(二)为什么石油输出国组织不能保持石油的高价格?

在过去几十年对世界经济最具破坏性的大多数事件都源于世界石油市场。在 20 世纪 70 年代,石油输出国组织(OPEC)的成员决定提高世界石油价格,以增加他们的收入。这些国家通过共同减少它们提供的石油产量而实现了这个目标。1973—1974 年,石油价格(根据总体通货膨胀进行了调整)上升了 50% 以上。几年之后欧佩克又一次故伎重演。1979 年石油价格上升了 14%,随后,1980 年上升了 34%,1981 年上升了 34%。

但欧佩克发现要维持高价格是困难的。从 1982 年到 1985 年,石油价格每年下降了 10% 左右。不满与混乱很快蔓延到欧佩克各国,1986 年,欧佩克成员国之间的合作完全破裂了,石油价格猛跌了 45%。1990 年,石油价格(根据总体通货膨胀进行了调整)又回到 1970 年开始时的水平,而且在 20 世纪 90 年代的大部分年份中一直保持在这种低水平上。

这个事件表明,供给与需求在短期与长期中的状况是不同的。在短期中,石油的供给和需求都是较为缺乏弹性的。供给缺乏弹性是因为已知的石油储藏量和石油开采能力不能迅速改变。需求缺乏弹性是因为购买习惯不会立即对价格变动作出反应,例如,许多老式耗油车的驾驶员只能支付高价格的油钱。因此,正如图 4-16 (a) 所示,短期供给和需求曲线是陡峭的。当石油供给从 S_1 移动到 S_2 时,则价格从 P_1 到 P_2 的上升幅度是很大的。

长期中的情况非常不同。在长期中,欧佩克以外的石油生产者对高价格的反应是增加石油勘探并建立新的开采能力。而消费者的反应则是更为节俭，例如用新型节油车代替老式耗油的汽车。因此，正如图 4-16（b）所示，长期供给和需求曲线都更富有弹性。在长期中，供给曲线从 S_1 移动到 S_2 所示引起价格的变动要小得多。

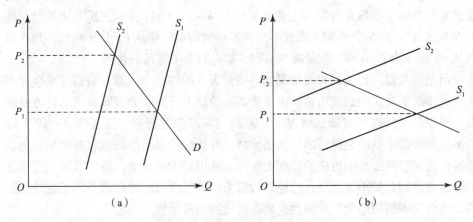

图 4-16 世界石油市场供给减少
（a）短期石油市场；（b）长期石油市场

这种分析解释了欧佩克只在短期中成功地保持了石油高价格的原因。当欧佩克各国一致同意减少石油生产时，则使得供给曲线向左移动。尽管每个欧佩克成员国销售的石油少了，但短期内价格上升较高，以至于欧佩克的收入增加了。与此相比，在长期中，当供给和需求较为富有弹性时，用供给曲线水平移动来衡量同样的供给减少则只引起价格小幅度上升。因此，这证明了欧佩克各国共同减少供给在长期中并无利可图。

现在欧佩克仍然存在。你偶尔会听到有关欧佩克国家官员开会的新闻。但是，欧佩克国家之间的合作现在已经很少了，这是由于该组织过去在保持高价格上的失败。

（三）禁毒是增加还是减少了与毒品相关的犯罪？

我们的社会面临的一个长期问题是非法毒品的使用，比如海洛因、可卡因和大麻。这些非法毒品的使用有许多不利影响：毒品依赖会毁坏吸毒者及其家庭的生活；吸毒上瘾的人往往会进行抢劫或其他暴力犯罪，以得到吸毒所需要的金钱。为了限制非法毒品的使用，美国政府每年花费几十亿美元采取相应措施来减少流入美国的毒品。现在我们用供给和需求工具来考察这种禁毒政策。

假设政府增加了打击毒品的联邦工作人员数量，非法毒品市场会发生什么样的变动呢？与通常的做法一样，我们分三个步骤回答这个问题。

（1）考虑是供给曲线移动，还是需求曲线移动。
（2）考虑移动的方向。

(3) 说明这种移动如何影响均衡价格和数量。

虽然禁毒的目的是减少毒品使用，但它直接影响的是毒品的卖者而不是买者。当政府制止某些毒品进入国内并逮捕更多走私者时，就增加了出售毒品的成本，从而减少了任何一种既定价格时的毒品供给量。毒品的需求者在任何一种既定价格时想购买的数量并没有变化。正如图 4-17（a）所示，禁毒使供给曲线向左从 S_1 移动到 S_2，而需求曲线不变。毒品的均衡价格从 P_1 上升为 P_2，均衡数量从 Q_1 减少为 Q_2。均衡数量减少表明，禁毒减少了毒品的使用。

但是，与毒品相关的犯罪情况如何呢？为了回答这个问题，则需考虑吸毒者为购买毒品所支付的总货币量。由于受毒品价格上升影响而根除自己不良习惯的瘾君子很少，所以很可能的情况是，毒品的需求缺乏弹性，正如图 4-17（a）所示。如果需求是缺乏弹性的，那么价格上升就会使毒品市场总收益增加。也就是说，由于禁毒提高的价格的比例大于毒品使用减少的比例，所以增加了吸毒者为毒品支出的总货币量。那么已经以行窃来维持吸毒习惯的瘾君子为了更快地得到金钱会变本加厉地犯罪。因此，禁毒会增加与毒品相关的犯罪。

由于禁毒的这种不利影响，一些分析家提出了另外一些解决毒品问题的方法。决策者不是要减少毒品供给，而应该通过毒品教育的劝说政策努力减少需求。成功毒品教育的效应如图 4-17（b）所示。需求曲线向左由 D_1 移动到 D_2。结果，均衡数量从 Q_1 减少到 Q_2，而均衡价格从 P_2 下降到 P_1。总收益，即价格乘以数量，也减少了。因此，与禁毒相对比，毒品教育可以减少吸毒和与毒品相关的犯罪。

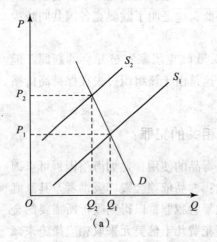 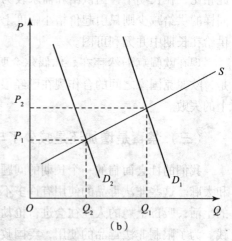

图 4-17　减少非法毒品使用的政策
(a) 禁毒；(b) 禁毒教育

禁毒的支持者会争辩说，这项政策在长期与短期中的效应是不同的，因为需求弹性可能取决于时间的长短。在短期中，毒品需求也许是缺乏弹性的，因为高价格对已有的瘾君子吸毒没有实质性影响。但在长期中需求也许是较富有弹性的，因为高价格限制了年轻人中尝试吸毒的人数，而且随着时间的推移，这也会减少瘾君子的数量。在这种情况下，禁毒在短期中增加了与毒品相关的犯罪，而在长期中会减少这种犯罪。

任务练习与学习思考

1. 什么是需求弹性？影响需求弹性的因素是什么？
2. 请用现实生活中的商品说明"薄利多销"现象。
3. 请用现实生活中的商品说明"谷贱伤农"现象。
4. 请查阅有关资料说明中国的恩格尔系数的变化。
5. 讨论：如果你是一个大型艺术博物馆的馆长，你的财务经理告诉你，博物馆缺乏资金，并建议你考虑改变门票价格以增加总收益，你将怎么办？你是决定提高门票价格还是降低门票价格。如果是普通电影院的院长又会怎么办？

第五讲
消费者行为

【基本思路】

从经济学意义上讲，人们追求的幸福是由效用和欲望两个条件决定的。消费者在消费中如何实现幸福即效用最大化，是通过基数效用论和序数效用论进行分析的。

【主要内容】

效用概念，边际效用递减规律，无差异曲线，消费者均衡条件。

【任务要求】

重点掌握：1. 效用与边际效用。
　　　　　2. 边际效用递减规律。
　　　　　3. 无差异曲线的含义与特征。

基本了解：1. 消费可能线。
　　　　　2. 效用的评价。

一般了解：1. 欲望与偏好。
　　　　　2. 消费者剩余。

我们每天都要决定我们的需求，也就是说决定买什么，买多少。在生活中我们不断作出这些决定，并没有什么困难。但是，需求由什么决定呢？需求产生于消费，是由消费者的行为决定的。因此，要进一步了解需求，就必须了解消费者是如何决策的。

任务一　效　用

一、幸福方程式

消费是人类社会中最基本的经济活动之一。全世界每年私人消费支出要占到新创造财富总额的 60% 以上。这样巨大的消费支出，花在数不清的产品和服务上，反映了数十亿消费者的选择。为什么消费者购买这些商品而不购买其他商品呢？收入、偏好、价格是如何影响他们的选择的？选择就是追求幸福，不同的人对幸福有不同的理解，不同的学者对幸福有不同的解释。经济学家把人们对幸福的理解用方程式来表示：

$$幸福 = \frac{效用}{欲望}$$

可见要使消费者达到幸福最大化，必须满足两个条件：欲望和效用。这两者的结合才能使消费者感受到幸福程度。

【延伸阅读】 "幸福方程式"与"阿Q"精神

我们消费的目的是为了获得幸福。对于什么是幸福，美国的经济学家萨谬尔森用"幸福方程式"来概括。这个"幸福方程式"就是：幸福＝效用/欲望，从这个方程式中我们看到欲望与幸福成反比，也就是说人的欲望越大越不幸福。但我们知道人的欲望是无限的，那么多大的效用不也等于零吗？因此我们在分析消费者行为的时候是假定人的欲望是一定的。

在社会生活中对于幸福，不同的人有不同的理解，政治家把实现自己的理想和抱负作为最大的幸福；企业家把赚到更多的钱当作最大的幸福；老师把学生喜欢听自己的课作为最大的幸福；老百姓往往觉得平平淡淡衣食无忧是最大的幸福。幸福是一种感觉，自己认为幸福就是幸福。但无论是什么人一般都把拥有财富的多少看作是衡量幸福的标准，一个人的欲望水平与实际水平之间的差距越大，他就越痛苦。反之，就越幸福。"幸福方程式"使我想起了"阿Q精神"。

鲁迅笔下的阿Q形象，是用来唤醒中国老百姓的那种逆来顺受的劣根性。而我要说的是人生如果一点"阿Q精神"都没有，会感到不幸福，因此，"阿Q精神"在一定条件下是人生获取幸福的手段。市场经济发展到今天，贫富差距越来越大，如果穷人欲望过高，那只会给自己增加痛苦。倒不如用"知足常乐"，用"阿Q精神"来降低自己的欲望，使自己虽穷却也获得幸福自在。富人比穷人更看重财富，如果得不到他也会感到不幸福。

"知足常乐""适可而止""随遇而安""退一步海阔天空""该阿Q时得阿Q"，这些说法有着深刻的经济含义，我们要为自己最大化的幸福作出理性的选择。

资料来源：梁小民《微观经济学纵横谈》。

二、欲望

某种商品的欲望是一种缺乏的感觉与求得满足的愿望。这也就是说欲望是不足之感与求足之愿的统一，两者缺一都不能称为欲望。

从这个定义中可以看出，欲望是一种心理感觉。欲望的特点是其无限性。一种欲望满足之后又会产生其他欲望，永远也没有完全满足的时候，中国俗话所说的"人心不足蛇吞象"正是这个意思。欲望的无限性正是推动社会前进的动力，人类正是为了满足自己不断产生、永无止境的欲望而不断奋斗前进的。

【知识链接】　　　　　　　马斯洛的《动机与人格》

人的欲望尽管是无限的，但又有轻重缓急之分，有不同的欲望层次。美国著名的心理学家 A·马斯洛在《动机与人格》一书中把人的欲望分为五个层次，如图 5-1 所示。

第一个层次是人的基本生理需要，包括对衣、食、住、行等基本生存条件的需要。这是人类的最基本的欲望。

第二个层次是安全需要，主要是指对现在与未来生活安全感的需要。这种欲望实际上是生理需要的延伸。

第三个层次是归属和爱的需要，这是一种人作为社会的人的需要，主要指在自己的团体里求得一席之地，以及与别人建立友情。这种欲望产生于人的社会性。

第四个层次是尊重的需要，包括自尊与来自别人的尊重。自尊包括对获得信心、能力、本领、成就、独立和自由等的愿望。来自他人的尊重包括威望、承认、接受、关心、地位、名誉和赏识。这是人更高层次的社会需要。

第五个层次是自我实现的需要，即成长、发展和利用自己潜在能力的需要。这种需要包括对真、善、美的追求，对完善自己的追求，以及实现自己理想与抱负的欲望。这是人类最高层次的欲望。

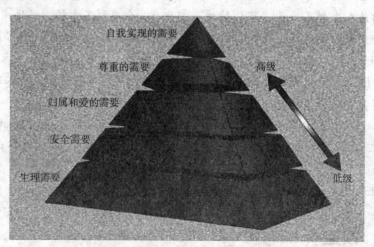

图 5-1　人的欲望的五个层次

欲望是消费者进行消费的出发点，满足欲望是消费的目标。但是，在幸福方程式中，欲望是分母，但欲望又是无限的。如果按这种假设进行研究，这个幸福方程式就无意义了。因为相对于无限的欲望，再大的满足，也只能得出近于零的幸福。这样，在研究消费者行为时，我们假定，欲望是既定的。

【经典案例】　　　　　美国富人为什么捐款？

据统计，美国的富人达 85% 左右普遍愿意捐款。比尔·盖茨计划捐出上千亿美元，只留给每个孩子 1 000 万美元。在东南亚货币危机中名声大噪的索罗斯，在捐款方面也十分的慷慨。

首先，这些富人有捐款的实力，捐款必须具备这种经济基础。其次，当人的生理需要得到基本满足之后，其欲望就会升级，希望得到别人的尊重。为得到尊重，他们大体有两种选择：一是把公司做大，增加就业和税收。二是捐款，无偿为社会做贡献。从这个角度看，捐款并未从根本上损害个人利益。第三，美国和其他发达国家实行累进所得税制和高额遗产税，且执法很严，社会也将偷、漏税者视为小偷之类的犯罪。富人的收入若不捐出，到期临终时大部分会以税收形式被征去。此外，美国的价值观使得父母更关心子女的教育，而且对子女坐享其成持批判态度。

三、效用

效用是消费者从消费某种物品中所得到的满足程度。消费者消费某种物品获得的满足程度高就是效用大，反之，满足程度低就是效用小。如果消费者从消费某种物品中感受到痛苦，则是负效用。

效用具有如下特点：

(1) 对不同的人而言，同样的物品所带来的效用是不同的。如张某认为面包的效用大，唱片的效用小，而王某则认为面包的效用小，唱片的效用大。

(2) 对同一个人而言，同一种物品的效用在不同时间与地点可能是不同的。例如，同一件棉衣，在冬天和寒冷地区给人带来的效用很大，但在夏天或热带地区也许只能带来负效用。

(3) 效用具有递减性和再生性。例如，连续消费面包，第一块感觉较好，效用大，第二块感觉一般，效用一般，表现为效用递减。但是，我们也可以发现，如果一段时间没有消费面包，则对面包的感觉又会恢复到第一块那样较好的感觉。

上述说明效用的大小与有无完全是一种主观标准。因人、因时、因地而不同。

在理解效用概念时要注意以下几点：

(1) 效用的主观性。效用是对欲望的满足。效用和欲望一样是一种心理感觉。某种物品效用的大小没有客观标准，完全取决于消费者在消费某种物品时的主观感受。例如，一支香烟对吸烟者来说可以有很大的效用，而对不吸烟者来说，则可能是毫无效用，甚至是有负效用。因此，效用本身既没有客观标准，又没有伦理学含义。对不同的人而言，同样的物品所带来的效用是不同的。

这里我们要注意效用与使用价值的区别。使用价值是物品本身所具有的属性，它由物品本身的物理或化学性质所决定。使用价值是客观存在的，不以人的感受为转移。例如，粉笔的使用价值是能在黑板上写字，这是它的客观属性，无论消费者是否需要在黑板上写字，粉笔的使用价值都是客观存在的。但效用强调了消费者对某种物品带来满足程度的主观感受，所以粉笔对需要在黑板上写字的老师来讲是有效用的，但对于不在黑板上写字的同学来说基本是没有效用的。效用来源于使用价值，但在研究消费者行为时，我们强调的是效用的主观性。

（2）效用不含伦理学判断。只要能满足人们某种欲望的物品就有效用，而这种欲望本身是否符合社会道德规范则不在效用评价范围之内。例如，毒品能满足吸毒者吸毒的欲望，它就有效用，而不能因为毒品对吸毒者身体的损害以及对社会的危害就否定其效用的客观存在。

（3）效用计量可大可小，可正可负。人们通过消费活动获得了欲望的满足，则为正效用；若感到痛苦或不适，则为负效用。例如，在亲朋喜庆相聚的宴会上，适当喝点白酒既可增强热闹气氛，又可满足喝酒者的欲望，具有正效用；可是，一旦饮酒过量，既破坏了喜庆气氛，也会伤及身体，带来身心痛苦，则为负效用。

【经典案例】　　　　　　什么东西最好吃？

一次，动物们觉得无聊，决定开个研讨会，来讨论一下什么东西最好吃。鸡、鸭、羊争论得特别起劲，互相不服坚持己见，大家都是一副很认真的样子。鸡一边刨地一边自信地说道："我觉得米是最好吃的东西，那可是我的点心，而且从营养的角度来说也算上品。所以米无疑是最好吃的东西了。"鸭子迈着方步，慢吞吞地说："小鱼的滋味可真令我神魂颠倒，吃一条太少了，如果能放开肚量大吃上一顿最称心，论营养属上品，我对鱼的感情最深。"小猫喵喵叫着，捋着胡须提出自己的理论"经过这么多年实践的检验，我觉得老鼠的肉味最鲜美，超过八珍，我每夜吃这点心，特别兴奋。"山羊翘着胡子，摇摇头，不愿再沉默："吃荤杀生，青草多好吃啊，又鲜又嫩。"狗是这次研讨会的主持人，它有条不紊地说："你们的观点都没有推陈出新。你们可知道带肉的骨头多好吃吗？那味道别处难寻……"大家不赞同地摇着头，议论纷纷，各说各的理由，都不承认别人说的正确。最后，主持人也有点头脑发昏，整个研讨会不了了之。那么，世界上到底什么东西最好吃？

四、偏好

同样是一杯水，对于长途跋涉、口干舌燥的人来说，他感到的满足程度肯定会大于一个随处都可以喝到水的人；又同样是一包香烟，对于烟民来说，其具有很大的效用，而相对于不吸烟的人来说，其根本就没有任何效用可谈。可见，在某种程度上效用还取决于消费者的偏好。根据上述案例，我们在动物们的讨论中发现，其偏好不同，对效用的评价也不一样，自己喜欢的东西肯定多吃多拿，自己不喜欢的则避而远之，这就是偏好。偏好也是决定消费者行为的重要因素，消费者的偏好表示为对一种物品或几种物品组合的排序。这种排序表现了消费者对不同物品或物品组合的喜好程度或者说欲望的强烈程度，例如，消费者对苹果和面包的排序是面包先于苹果，这就表示消费者对面包的偏好大于苹果。假设有两种物品组合，A组合包括一个面包和一个苹果，B组合包括一块巧克力和一支烟，那么A和B两组商品怎样达到效用最大化？怎样选择？这在很大程度上取决于消费者的偏好。

【经典案例】　　　　　　　黑玫瑰的命运

张涛响应国家号召，回家创业。他和家人细心地经营着一个很大的玫瑰园，倾注了他所有的精力，科学地按时浇水、定期施肥。当然，玫瑰园的玫瑰长势也很好，而且玫瑰的品种齐全，五颜六色，有红、黄、绿、紫和白玫瑰，煞是好看。张涛定期到集市上去卖玫瑰，喜欢玫瑰的人都喜欢在这里买，因为张涛种植的玫瑰是最漂亮的。而且张涛从不漫天要价，价格相对要合理得多，每株玫瑰的价格在1~2元。

令人惊诧的是，不知什么时候，张涛的玫瑰园里竟然长出了一些黑玫瑰，张涛发现了这些黑玫瑰，差点慌了神，这下肯定没人买它，谁会要黑玫瑰呢！但是张涛舍不得毁掉，在玫瑰园里点缀一下，也是一个特色。后来，一位植物学家听说了，惊喜地叫起来："黑玫瑰！这是旷世稀有的品种啊！"植物学家为了研究黑玫瑰，保存和繁衍这个珍贵品种，便想购买这些黑玫瑰。他问张涛："你把黑玫瑰卖给我吧，每株我出10元，怎么样？"张涛连忙说："太好了，我在集市上，1元也很少有人买，你给我这个价格，我很乐意接受。"张涛没想到，黑玫瑰竟然给他带来了意想不到的财富，远远超过了他的预期收入。

后来，当人们知道了黑玫瑰是旷世稀品后，争相购买，张涛供不应求，种的黑玫瑰占了玫瑰园的一半。

最初张涛的黑玫瑰由于颜色不合人们的偏好，并没有得到大家的接受，价格十分低廉，所以张涛把黑玫瑰的价格定得很低，一株只卖1元。但是，他没有想到黑玫瑰对于植物学家有如此大的研究价值，卖到了意想不到的价格。后来随着人们对黑玫瑰偏好的改变,张涛反而扩大了黑玫瑰的生产规模。

这个故事说明了人们的偏好对于市场、对于商品的决定程度。反过来,企业和商人应该主动去开发、发现消费者的一些偏好。

五、消费者剩余

消费者购买物品时,必定会将自己的货币与物品相比较,即1元货币的边际效用和1元货币所购买到的物品的边际效用相等时,消费者才会购买,否则消费者不会购买或者生产者不会提供。简而言之,就是一分钱一分货,花1元钱所得到的东西就应当值1元钱,否则从纯经济学的角度讲,交换行为不可能发生。

例如,有一辆轿车要被卖出,采取拍卖的形式进行出售,现在有四个可能的买主A、B、C和D,他们均想购买该辆轿车,但他们每人愿意支付的价格都有限且不同,分别为100万元、80万元、70万元和60万元。开始叫价(从低向高叫价)时,当A买主叫出80万元(或略高一点)时,叫价停止。于是,A买主支付80万元(或略高一点)得到该辆轿车。而A买主愿意为此支付100万元,实际上支付了80万元,于是A买主得到了20万元的消费者剩余。

由此可以看出,消费者在消费时存在着支付意愿与消费者剩余问题。支付意愿就是消费者愿意为某种物品或劳务支付的最高价格。消费者剩余是指消费者从商品中得到的满足程度超过了他实际付出的价格部分,或者说消费者剩余是消费者愿意为一种物品支付的数量减去消费者为此实际支付的数量。

消费者剩余并不是实际收入的增加,只是一种心理感觉。因为消费者行为理论是一种心理分析,所以这一概念是有意义的,并在分析其他问题时得到了运用。

【案例分析】　　　　　　买的东西值不值

消费者剩余是指消费者从商品的消费中得到的满足程度超过他实际付出的价格部分。假设在拍卖会上,有一张崭新的猫王首张专辑进行拍卖,你和三个猫王迷(张三、李四和王五)出现在拍卖会上。你们每一个人都想拥有这张专辑,但每个人为此付出的价格都有限,表示你们四个人的支付意愿。你愿意支付1 000元,张三愿意支付750元,李四愿意支付700元,王五愿意支付500元。

卖者为了卖出这张专辑,从100元开始叫价。由于你们四个买者愿意支付的价格要多得多,价格很快上升。当卖者报出800元时,你得到了这张专辑。要注意的是,这张专辑将归对该专辑出价最高的买者。你用800元买到这张专辑,得到什么收益呢?你本来愿意为这张专辑出1 000元,但实际只付出800元,你得到了200元的消费者剩余。而其余的三个人在参与拍卖中没有得到消费者剩余,因为他们没有得到专辑，也没有花一分钱。因此我们也可以简单地把消费者剩余定义为：我们每一个人都是消费者，在买东西时对所购买的物品有一种主观评价，由此我们可以得出消费者剩余就是消费者愿意付出的价格减去消费者实际付出的价格。

再比如你在商场里看中了一件上衣，100元的价格，你在购买时肯定要向卖衣服的人砍价，问80元卖不卖，卖衣服的理解消费者的这种心理，往往会同意让些利，促使消费者尽快决断，否则消费者就会有到其他柜台看看的念头。讨价还价可能在90元成交。在这个过程中消费者追求的是效用最大化吗？显然不是，这实际是消费者对这件衣服的主观评价而已，就是为所购买的物品支付的最高价格。如果市场价格高于你愿意支付的价格，你就会放弃购买，觉得不值，这时你的消费者剩余是负数，你就不会购买了；相反，如果市场价格低于你愿意支付的价格，你就会购买，觉得很值，这时就有了消费者剩余。消费者剩余是主观的，并不是消费者实际货币收入的增加，仅仅是一种心理上满足的感觉。买了消费者剩余为负的感觉也不是金钱的实际损失，无非就是心理上挨宰的感觉而已。就是我们对所购买的东西说值不值的含义。

然而，在现实生活中消费者并不总是能够得到消费者剩余的。在竞争不充分的情形下，厂商可以对某些消费者提价，使这种利益归厂商所有。更有甚者，有些商家所卖商品并不明码标价，消费者去购买商品时就漫天要价，然后再与消费者讨价还价。消费者要想在讨价还价中获得消费者剩余，在平时就必须注意浏览和观察各种商品的价格和供求情况，在购买重要商品时至少要货比三家并与其卖主讨价还价，最终恰到好处地拍板成交，获得消费者剩余。

六、效用的评价

消费者行为的目的是追求幸福最大化，在假定欲望为既定的前提下，也就是要研究效用最大化问题。那么，如何来研究效用呢？一些经济学家认为效用可以用具体数字来表示；另一些经济学家则认为效用作为一种心理现象，是不能用具体数字来表示的。由此就产生了两种不同的消费者行为的评价理论：基数效用论与序数效用论。

（一）基数效用论

其基本观点是：效用是可以计量并加总求和的，因此，效用的大小可以用基数（1，2，3，…）来表示，正如长度单位可以用米来表示一样。所谓效用可以计量，就是指消费者消费某一物品所得到的满足程度可以用效用单位来进行衡量。例如，可以说某消费者吃一块巧克力所得到的满足程度是5个效用单位，等等。所谓效用可以加总求和是指消费者消费几种物品所得到的满足程度可以加总而得出总效用。例如，某消费者吃一块巧克力所得到的满足程度是 5 个效用单位，听一张贝多芬的音乐唱片所得到的满足程度是 6 个效用单位，这样，消费者消费这两种物品所得到的总满足程度就是 11 个效用单位。根据这种理论，可以用具体的数字来研究消费者效用最大化问题，通常采用的是边际效用分析法。

（二）序数效用论

序数效用论是指为了弥补基数效用论的缺点而提出来的另一种研究消费者行为的理论。其基本观点是：效用作为一种心理现象无法计量，也不能加总求和，只能表示出满足程度的高低与顺序，因此，效用只能用序数（第一，第二，第三，……）来表示。例如，消费者消费巧克力与唱片，他从中得到的效用是无法衡量、也无法加总求和的，更不能用基数来表示，但他可以比较从消费这两种物品中所得到的效用，如果他认为消费巧克力所带来的效用大于消费唱片所带来的效用，那么就可以说，巧克力的效用是第一，唱片的效用是第二。根据这种理论，可以用序数来研究消费者效用最大化问题，通常采用的是无差异曲线分析法。

下面，我们将分别介绍这两种理论对消费者行为所进行的分析。应该指出的是，这两种理论所用的分析方法尽管不同，但所得出的结论是相同的。

【经典案例】 "子非鱼，安知鱼之乐"新解

中国古代哲学家庄子与惠子在一个桥上游玩，庄子看见鱼在水中自由地游来游去，感叹说："儵（tiao）鱼出游从容，是鱼之乐也。"惠子反驳说："子非鱼，安知鱼之乐？"这段对话讲庄子善辩。但从现代经济学的角度看，我们可以把这段话作为对鱼儿快乐与否的判断。如果鱼有感觉，它也要追求效用最大化。它在水中自由地游来游去是不得已而为之，还是在享受，只有鱼自己才能判断。效用或满足是一种心理感觉，只有自己能作出判断。所以应该说惠子说得对，你又不是鱼，怎么能知道鱼快乐还是不快乐呢。

消费者行为理论强调的是从个人出发来判断效用，正如要鱼儿自己判断自由地游来游去是否快乐一样。个人的感觉是研究消费者行为的出发点。当然，由于人的行为有共同之处，人对满足程度的判断表现为他的消费行为，所以这种心理感觉仍是可以研究的，有共同的规律可探寻。这正是消费者行为理论的意义。

任务二　边际效用分析法与消费者均衡

在运用边际效用分析法来分析消费者行为时，首先要了解总效用与边际效用

这两个重要的概念，进而掌握边际效用递减规律和效用最大化。

一、总效用与边际效用

总效用，即消费者在一定时间内，消费一定量某物品和劳务所获得的总满足程度。总效用的大小取决于所消费的商品量的多少。用 TU 表示总效用，Q 表示消费商品或劳务的数量，f 表示对应关系。假定消费者对一种商品的消费数量为 Q，则总效用函数为：

$$TU = f(Q)$$

边际效用。边际概念是经济学中一个比较重要的概念，边际本身的含义就是增量。边际效用是商品的消费量变化一个单位所引起的总效用的变量，也就是说消费者在一定时间内每增加一个单位商品或劳务的消费所得到的新增加的效用。边际效用等于总效用的变动量与商品消费量的变动量之比，用 MU 表示边际效用，ΔTU 表示总效用的增加量，ΔQ 表示商品消费的增加量，则边际效用公式为：

$$MU = \frac{\Delta TU}{\Delta Q}$$

总效用与边际效用关系。如果一个消费者在连续一杯一杯地喝水，下面用表 5-1 来表示他喝水过程中获得的一系列总效用和边际效用。

表 5-1 总效用和边际效用关系

喝水的消费量/杯	总效用	边际效用
0	0	0
1	8	8
2	14	6
3	18	4
4	18	0
5	16	-2
6	12	-4

在表 5-1 中可以看出，消费者因缺水而生命垂危，第 1 杯水的边际效用是挽救生命，其效用最大，消费者的效用评价是 8 个效用单位。第 2 杯水的边际效用是使消费者基本上恢复精力和体力，其边际效用与第 1 杯水相比，消费者的效用评价减少到 6 个效用单位。第 3 杯水的边际效用只是帮助消费者解渴，其效用递减，边际效用只有 4 个效用单位。第 4 杯水对消费者已经完全没有用，其边际效用为 0。第 5 杯水给消费者带来了不适，其边际效用为负值。由此可见，随着

水的消费量不断增加，边际效用是递减的。

根据表5-1的数据，横轴表示某种的消费数量，纵轴表示消费商品所带来效用量，TU曲线和MU曲线分别为总效用曲线和边际效用曲线，如图5-2所示。

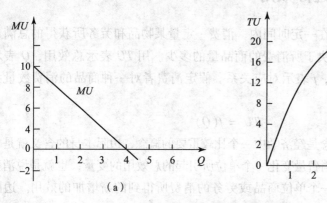
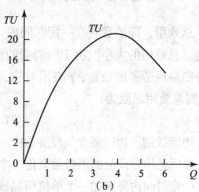

图5-2　总效用、边际效用曲线
(a)总效用曲线；(b)边际效用曲线

在图5-2(a)中，MU曲线是向右下方倾斜的曲线，相应地，图5-2(b)中TU曲线则呈现先上升后下降的一条曲线。如果将两个图结合分析，MU与TU的关系为：

当$MU>0$时，每喝一杯水得到的MU都是正值，因而TU上升；

当$MU<0$时，每喝一杯水得到的MU都是负值，因而TU下降；

当$MU=0$时，则喝第4杯水时，MU为0，因而TU达极大值。

即，总效用与边际效用的关系可以表述为：当边际效用为正数时，总效用是增加的；当边际效用为零时，总效用达到最大；当边际效用为负数时，总效用减少。

【经典案例】　　　　　　　吃三个面包的感觉

美国总统罗斯福连任三届后，曾有记者问他有何感想，总统一言不发，只是拿出一块三明治面包让记者吃，这位记者不明白总统的用意，又不便问，只好吃了。接着总统拿出第二块，记者还是勉强吃了。紧接着总统拿出第三块，记者为了不撑破肚皮，赶紧婉言谢绝。这时罗斯福总统微微一笑："现在你知道我连任三届总统的滋味了吧"。这个故事揭示了经济学中的一个重要的原理：边际效用递减规律。

二、边际效用递减规律

(一) 边际效率递减规律基本内容

在一定时间内，在其他商品的消费数量保持不变的条件下，随着消费者对某种商品消费量的增加，消费者从该商品连续增加的每一消费单位中所得到的效用增量即边际效用是递减的，这就是边际效用递减规律。边际效用递减的情形是普遍存在的。

（二）边际效用递减规律存在的原因

1. 由于生理或心理的原因

消费者消费某一物品的数量越多，他的满足或对重复刺激的反应能力就会减弱。这就是说，人们的欲望虽然多种多样、无穷无尽，但由于生理、心理因素的限制，就每个具体的欲望来说却是有限的。最初欲望最大，因而增加一单位某物品的消费时满足程度也最大，随着消费的增加，欲望也随之减少，从而感觉上的满足程度也降低，以致当欲望消失的时候还增加消费的话，反而会引起讨厌和损害，这就是所谓的"负效用"。

2. 由物品本身的多样性引起的

每种物品都有多种用途，这些用途的重要性各不相同。消费者总是首先将物品用于最重要的用途，然后再用于次要的用途。当他把某物品第一单位用于最重要的用途时，其边际效用最大，当他把第二单位用于次要的用途时，其边际效用相对小了，按顺序继续用下去其用途量，如对于沙漠行者来说，在只有一单位水时，他必然会用它作为饮料，以维持生命，这时水的边际效用极大，总效用也大；如果再增加一单位水时，饮用已不成问题，就可以用于洗脸、漱口，但其重要性已经降低。由于水的增加而获得的总效用是增加的，但边际效用却在减少。

（三）边际效用递减规律与需求定理

需求定理表明，消费者愿意买进的任何一种商品的数量与该商品价格呈反方向变化关系。即商品价格提高，则对该商品需求量减少；反之，则增加。之所以出现这种关系，根源在于边际效用递减规律。

我们知道，消费者购买各种物品是为了从消费这些物品中获得效用，他所愿意支付的价格取决于他用这种价格所购买商品的效用大小。也就是说，消费者所愿意付出的货币表示了他用货币所购买的商品的效用。例如，某消费者愿意用3元钱购买一本书或一瓶饮料，是因为这一本书或一瓶饮料给消费者所带来的效用是相同的。

消费者为购买一定量某种物品所愿意支付的货币的价格取决于他从这一定量商品中所获得的效用大小。如果消费者获得的效用大，他愿支付的价格就高；相反，如果消费者获得的效用小，他愿支付的价格就低。根据边际效用递减规律，随着消费者消费某种商品数量的增加，他从该商品的消费中所获得的边际效用是递减的，而货币的边际效用是不变的。这样，随着消费者购买商品数量的增加，他所愿意支付的价格也在下降。因此，需求量与价格呈反方向变动，见表5-2。

表5-2 边际效用与需求定理

购买量（Q）	边际效用（MU）	需求价格（P）/元	货币的边际效用（MU_M）
1	100	10	10
2	90	9	10
3	70	5	10
4	20	2	10
5	5	1	10

从表5-2中可以看出，消费者在既定的货币收入下，单位货币所获得的边际效用均为10个效用单位。当消费者购买第一单位商品时，消费欲望最高，所获得的边际效用为100，他愿意支付的价格为10元；随着消费者消费欲望的降低，他从商品中所获得的边际效用也逐渐降低，分别依次为90、70、20、5，相应地，他所愿意支付的价格也依次降为9元、5元、2元、1元。由此可见，消费者对某商品的需求量与价格之间的反方向关系是由于边际效用递减规律造成的。

三、消费者均衡

（一）效用最大化原理

消费者在消费中所面临的基本问题是，消费者追求效用最大化的欲望是无限的，但满足欲望的手段即消费者收入是有限的，同时消费者也不能无偿获得商品。从主观上讲，每个人都希望获得最大的满足；但客观上有时是不允许的，它受到许多限制，最主要是价格水平和收入水平的限制。如果把主观愿望和客观限制结合起来，将有限的货币与可买到的商品作合理的分配，以求得最大效用，这个问题被称为消费者均衡。

消费者按效用最大化的原则进行消费也就是要把自己有限的收入分配于各种物品的购买，使自己从这些物品的消费中所获得的满足程度或效用达到最大。消费者的这种行为也称为效用最大化选择。

假设一个消费者把全部收入用于两种物品面包与唱片的消费，在收入与价格既定时，他对面包和唱片的消费可以有以下的不同组合，见表5-3。

表 5-3 消费者均衡

唱片		面包与唱片的总效用	面包	
数量	总效用		总效用	数量
0	0	291	291	10
1	50	310	260	8
2	88	313	225	6
3	121	302	181	4
4	150	267	117	2
5	175	175	0	0

当消费者消费 2 张唱片和 6 个面包时，其总效用最大为 313。改变这种组合，增加面包减少唱片或减少面包增加唱片都会使总效用减少。此时就实现了消费者均衡。

（二）消费者均衡的条件

消费者均衡主要研究单个消费者如何把有限的货币收入分配在各种商品的购买中以获得最大的效用，即实现效用最大化的均衡条件。

均衡：指消费者实现最大化效用时既不想再增加也不想再减少任何商品购买数量的一种相对静止的状态。

消费者实现均衡条件是：在消费者的货币收入水平即定、市场上各种商品的价格已知的条件下，消费者应使自己所购买的各种商品的边际效用与价格之比相等。即消费者在每一种物品上花费的最后一元钱的支出，都给消费者带来相同的边际效用，这时消费者才能从他的购买中得到最大的满足或效用。或者说，消费者要实现均衡必须使自己花费在各种商品购买上的最后一元钱所带来的边际效用相等。

假定，消费者用既定的收入 I 购买 n 种商品，$P_1, P_2, \cdots, P_n$ 分别为 n 种商品的既定价格。$Q_1, Q_2, \cdots, Q_n$ 分别为 n 种商品的既定的数量，$MU_1, MU_2, \cdots, MU_n$ 分别为 n 种商品的既定的边际效用，则上述消费者效用最大化的均衡条件可以用公式表示为：

$$P_1 \cdot Q_1 + P_2 \cdot Q_2 + P_3 \cdot Q_3 + \cdots + P_n Q_n = I \quad \text{（约束条件）}$$

$$\frac{MU_1}{P_1} = \frac{MU_2}{P_2} = \frac{MU_3}{P_3} = \cdots = \frac{MU_n}{P_n} \quad \text{（均衡条件）}$$

上述公式表示消费者应选择最优的商品组合，使得自己花费在各种商品上的最后一元钱所带来的边际效用相等。

为便于解释，我们以消费者购买两种商品为例，购买两种商品时消费者效用最大化的均衡条件可写成：

$$\frac{MU_1}{P_1} = \frac{MU_2}{P_2}$$

【经典案例】　　　　　把每一分钱都用在刀刃上

消费者均衡就是消费者购买商品的边际效用与货币的边际效用相等。也就是说消费者的每一元钱的边际效用和用一元钱买到的商品边际效用相等。假定一元钱的边际效用是5个效用单位，一件上衣的边际效用是50个效用单位，消费者愿意用10元钱购买这件上衣，因为这时的一元钱的边际效用与用在一件上衣上的一元钱边际效用相等。此时消费者实现了消费者均衡，也可以说实现了消费（满足）的最大化。低于或大于10元钱，则都没有实现消费者均衡。我们可以简单地说在你收入既定、商品价格既定的情况下，花钱最少得到的满足程度最大就实现了消费者均衡。

我们前面讲到商品的连续消费边际效用递减，其实货币的边际效用也是递减的。在收入既定的情况下，你储存的货币越多，购买物品就越少，这时货币的边际效用下降，而物品的边际效用在增加，明智的消费者就应该把一部分货币用于购物，增加它的总效用；反过来，消费者卖出商品，增加货币的持有，也能提高它的总效用。通俗地说，假定你有稳定的职业收入，你银行存款有50万，但你非常节俭，吃、穿和住都处于温饱水平。实际上这50万足以使你实现小康生活。要想实现消费者均衡，你应该用这50万的一部分去购房、一部分去买一些档次高的服装，银行也要有一些积蓄；相反如果你没有积蓄，购物欲望非常强，见到新的服装款式，甚至借钱去买，买的服装很多，而效用降低，如遇到一些家庭风险，没有一点积蓄，则会使生活陷入困境。

经济学家的消费者均衡的理论看似难懂，其实一个理性的消费者，他的消费行为已经遵循了消费者均衡的理论。比如你在现有的收入和储蓄下是买房还是买车，你会做出合理的选择。你走进超市，见到如此之多的物品，你会选择你最需要的。你去买服装肯定不会买回你已有的服装。所以说经济学是选择的经济学，而选择就是在你资源（货币）有限的情况下，实现消费满足的最大化，使每一分钱都用在刀刃上，这样就实现了消费者均衡。

任务三　无差异曲线分析法与消费者均衡

序数效用论是用无差异曲线分析方法来说明消费者效用最大化的理论，即消费者均衡是如何实现的。

一、无差异曲线及其特征

(一) 无差异曲线

无差异曲线是用来表示两种商品的不同数量的组合给消费者带来的效用完全相同的一条曲线。

假设某消费者面临 X 与 Y 两种商品，它们可以有 A，B，C，D，E 和 F 六种不同的消费组合方式，这六种组合方式都能给消费者带来同样的效用。这样可作出表 5-4。

表 5-4　某消费者的无差异组合表

组合方式	X 商品	Y 商品
A	5	30
B	10	18
C	15	13
D	20	10
E	25	8
F	30	7

根据表 5-4 可以作出图 5-3。

在图 5-3 中，横轴 Q_X 代表 X 商品的数量，纵轴 Q_Y 代表 Y 商品的数量，I 为无差异曲线，该线上任何一点 X 商品与 Y 商品的不同数量的组合给消费者所带来的效用都是相同的。

这里要注意的是，序数效用论认为效用是不能计量的，因而是不能用基数来表示的，所以无差异曲线就是指 X 与 Y 商品的这些组合方式中的任何一种给消费者带来的满足程度都是相同的，而不要管这种组合能给消费者带来的具体效用是多少。我们也可以用下面这个例子来进一步说明无差异的含义。

例如，啤酒与面包有 A、B 两种不同的组合：A 组合为 3 单位啤酒与 5 单位面包；B 组合为 2 单位啤酒与 7 单位面包。如果消费者在进行选择时认为对 B 组合的偏好大于 A 组合，即他认为 B 组合给他所带

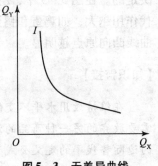

图 5-3　无差异曲线

来的效用程度大于 A 组合,那么,A 组合与 B 组合就不是无差异的,而是有差异的,即满足的程度与顺序不同。如果啤酒与面包的组合是 C、D 两种组合:C 组合为 5 单位啤酒与 30 单位面包;D 组合为 10 单位啤酒与 18 单位面包。如果消费者认为选择 C 组合或 D 组合所带来的满足程度是相同的,对 C 组合与 D 组合的偏好相同,选择 C 组合或 D 组合都无所谓,那么,C 组合与 D 组合就是无差异的,满足的程度与顺序是相同的。

(二) 无差异曲线的特征

通过上述图表分析,无差异曲线有以下四个特征:

(1) 无差异曲线是一条向右下方倾斜的曲线,其斜率为负值。这就表明,在收入与价格既定的条件下,消费者为了得到相同的总效用,在增加一种商品的消费时,必须减少另一种商品的消费,两种商品不能同时增加或减少。如图 5-3 所示,I 是一条向右下方倾斜的曲线,两种商品的购买必然是反比例的。

(2) 在同一平面图上可以有无数条无差异曲线。同一条无差异曲线上的不同点所代表的不同消费组合给消费者带来相同的效用,不同的无差异曲线上的不同消费组合给消费者带来不同的效用。离原点越远的无差异曲线,所代表的效用越大;离原点越近的无差异曲线,所代表的效用越小。在图 5-4 中,I_1、I_2、I_3 是三条不同的无差异曲线,它们分别代表不同的效用水平,其效用比较是 $I_1 < I_2 < I_3$。

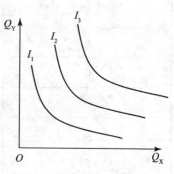

图 5-4 无差异曲线组

(3) 在同一平面图上,任意两条无差异曲线不能相交。在消费者偏好既定的条件下,同一种消费组合只能给消费者带来同一种效用水平。如果两条无差异曲线有交点,则说明在交点上两条无差异曲线具有了相同的效用。这显然与无差异曲线的第二个特征相矛盾。

(4) 无差异曲线是一条凸向原点的曲线。这是由商品的边际替代率递减所决定的。在图 5-3 中,I 是一条凸向原点的曲线,它表明 A 和 B 两种商品的替代作用越大,如鸡蛋和鸭蛋,边际替代率小,曲线越直;反之,边际替代率大,曲线凸向原点越明显。

【知识链接】　　　　　　商品的边际替代率

在维持效用水平不变的前提下,消费者增加一单位某种商品的消费数量时所需要放弃的另一种商品的消费数量,被称为商品的边际替代率。商品 X 对商品 Y 的边际替代率的定义公式为:

$$MRS_{XY} = -\frac{\Delta Y}{\Delta X}$$

式中，ΔX 和 ΔY 分别为商品 X 和商品 Y 的变化量。由于 ΔX 是增加量，ΔY 是减少量，当一个消费者沿着一条既定的无差异曲线上下滑动时，两种商品的数量组合会不断地发生变化，而效用水平却保持不变。

为表示两种商品消费量变化方向相反，边际替代率公式中加了一个负号，这样可使 MRS_{XY} 的计算结果取正值。

显然无差异曲线上某一点的边际替代率就是无差异曲线在该点的斜率的绝对值。经济学家们认为，边际替代率递减是人们的偏好普遍具有的一个特征。这是因为，当人们对某一种商品的拥有量增加后，人们就越来越不愿意减少其他商品来进一步增加这种商品，正如俗话所说，"物以稀为贵"。

商品的边际替代率是递减的，是指在维持效用水平不变的前提下，随着一种商品的消费数量的连续增加，消费者为得到每一单位的这种商品所需要放弃的另一种商品的消费数量是递减的。这意味着无差异曲线的斜率的绝对值越来越小，因此该曲线必定凸向原点。

【延伸阅读】　　　　　　　　**无差异曲线的特例情况**

如上所述，在一般情况下，无差异曲线是一条向右下方倾斜，且凸向原点的曲线。向右下方倾斜是因为边际替代率为负值，凸向原点则是因为边际替代率递减。边际替代率就是无差异曲线的斜率，边际替代率递减也就是无差异曲线的斜率在减小。这样，无差异曲线的左上段斜率较大，从而比较陡峭，而其右下段斜率较小，从而比较平坦，这样两部分曲线结合在一起，曲线自然就凸向原点。下面考虑两种极端的情况。

（1）两种商品是完全替代品则 MRS_{12} 为一常数，无差异曲线为一条斜率不变的直线。假如吃一块蛋糕或吃一块面包之间是毫无差异的，则这两种商品就是完全替代品，边际替代率为 1。相应的无差异曲线如图 5-5 所示。

（2）两种商品是完全互补品，则相应的无差异曲线呈直角形状，与横轴平行的无差异曲线部分的 $MRS=0$，与纵轴平行的无差异曲线部分的 $MRS=\infty$。眼镜片和眼镜架就是完全互补品。因为单单拥有眼镜片并不会提高消费者的满足程度，除非能拥有一只相配的眼镜架，消费者不会放弃任何眼镜片来换取一副额外的眼镜架，所以只要眼镜片比眼镜架多，眼镜架对眼镜片的边际替代率就是零。相应地，因为消费者会放弃所有超量的眼镜架而只留一个以获得一副额外的眼镜片，所以只要眼镜架比眼镜片多，边际替代率就是无穷大。相应的无差异曲线如图 5-6 所示。

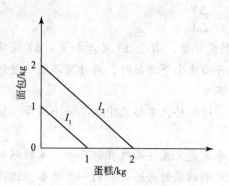
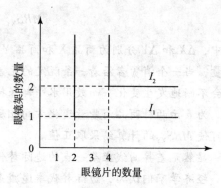

图 5-5　完全替代品的无差异曲线　　图 5-6　完全互补品的无差异曲线

二、消费者均衡

用序数效用理论研究消费者均衡，还要建立消费可能线。

消费可能线又叫家庭预算线，它是一条表明在消费者收入与商品价格既定的条件下，消费者用全部收入所能购买到的两种商品数量最大组合的线。

消费可能线表明了消费者消费行为的限制条件。这种限制就是购买物品所花的钱不能大于收入，也不能小于收入。大于收入是在收入既定条件下无法实现的，小于收入则无法实现效用最大化。这种限制条件可以写为：

$$M = P_X \cdot Q_X + P_Y \cdot Q_Y \tag{5}$$

公式（5）也可写为：

$$Q_Y = M/P_Y - P_X/P_Y \cdot Q_X \tag{6}$$

这是一个直线方程式，其斜率为 $-P_X/P_Y$。

因为 M、P_X、P_Y 为既定常数，所以给出 Q_X 的值就可以解出 Q_Y。当然，给出 Q_Y 的值也可以解出 Q_X。

如果 $Q_X = 0$，则 $Q_Y = M/P_Y$；

如果 $Q_Y = 0$，则 $Q_X = M/P_X$。

假设某消费者收入 $M = 60$ 元，它面临着两种商品 X 与 Y，它们的价格分别为：$P_X = 20$ 元，$P_Y = 10$ 元。则有 $Q_X = 0$，$Q_Y = 6$；$Q_Y = 0$，$Q_X = 3$。这样就可以作图 5-7。

在图 5-7 中，连接 AB 两点的直线就是消费可能线。该线上的任何一点都是在收入与价格既定的条件下，消费者所能购买到的 X 商品与 Y 商品的最大数量的组合。例如，在 C 点，购买 4 单位 Y 商品和 1 单位 X 商品，正好用完 60 元（10元×4 + 20元×1 = 60元）。该线内的任何一点，

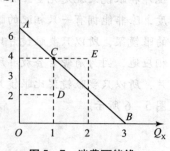

图 5-7　消费可能线

所购买的 X 商品与 Y 商品的组合是可以实现的，但并不是最大数量的组合，即没有用完收入。例如，在 D 点，购买 2 单位 Y 商品和 1 单位 X 商品，只用了 40 元（10 元 ×2 + 20 元 ×1 = 40 元）。在该线外的任何一点，所购买的 X 商品与 Y 商品的组合大于 C 点，但无法实现，因为所需花的钱超过了既定的收入。例如，在 E 点，购买 4 单位 Y 商品和 2 单位 X 商品，大于 C 点的 4 单位 Y 商品和 1 单位 x 商品，这时要支出 80 元（10 元 ×4 + 20 元 ×2 = 80 元），超过了既定的收入 60 元，消费需求无法实现。

图 5-7 所示的消费可能线是在消费者的收入和商品价格既定条件下作出的，如果消费者的收入和商品的价格改变了，则消费可能线就会变动。如果商品价格不变而消费者的收入变动，则消费可能线会平行移动。收入增加，消费可能线向右上方平行移动；收入减少，消费可能线向左下方平行移动，如图 5-8 所示。如果收入不变而两种商品的价格变动，则消费可能线也要移动，但并不是平行移动，如图 5-9 所示。

如图 5-8 所示，AB 是原来的消费可能线。消费者所要购买的两种商品为汽水和面包。当收入增加时，消费可能线移动到 A_1B_1 的位置，意味着消费者可以购买更多的汽水与面包的数量组合；当收入减少时，消费可能线移动到 A_2B_2 的位置，意味着消费者可以购买较少的汽水与面包的数量组合。如果消费者收入不变，而汽水与面包两种商品的价格以同比例上升或下降，则其结果与收入变动相同。

如图 5-9 所示，消费者的收入与汽水的价格不变，而面包的价格下降，则消费可能线由 AB 移动到 AB_1 的位置，意味着消费者在汽水购买量不变的情况下，可以购买更多的面包。如果汽水的价格上升，而面包的价格不变，则会引起消费可能线发生什么样的变动，请同学们自己进行分析。

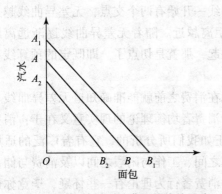

图 5-8 收入变动对消费可能线的影响

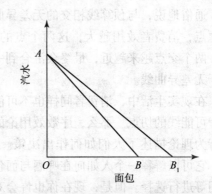

图 5-9 面包的价格下降与汽水价格不变时的消费可能线

序数效用论是将无差异曲线与消费可能线结合在一起来分析消费者均衡的实现这一问题的。如果我们把无差异曲线与消费可能线合放在一个坐标图上就会发现，消费可能线必定与无数条无差异曲线中的一条相切于一点，在这个切点上，就实现了消费者均衡。可以用图5-10来说明。

在图5-10中，I_1，I_2，I_3分别代表三条无差异曲线，它们的效用大小顺序为$I_1 < I_2 < I_3$。AB为消费可能线。AB线与I_2相切于E点，这时实现了消费者均衡。也就是说，在收入与价格既定的条件下，消费者购

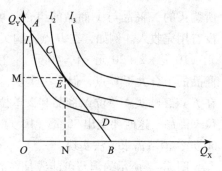

图5-10　消费者均衡图

买ON的X商品和OM的Y商品，就能获得最大的效用。

为什么只有在E点时才能实现消费者均衡呢？从图5-10可以看出，I_3所代表的效用大于I_2，但I_3与AB线既不相交又不相切，说明达到I_3效用水平的X商品与Y商品的数量组合在收入与价格既定的条件下是无法实现的。AB线与I_1相交于C、D两点，在C、D两点上所购买的X商品与Y商品的数量也是收入与价格既定条件下最大的组合，但由于$I_1 < I_2$，说明C、D两点上X商品与Y商品的组合并不能达到最大效用，它们所实现的效用水平仍然是I_1所表示的效用水平。AB线与I_2线相切于E点，说明按E点进行消费组合也是现有收入水平所许可的，其实现的是I_2所代表的效用水平。由于I_2的效用水平大于I_1，所以按E点进行消费组合的效用水平就必然大于C、D两点的效用水平。此外，由于无数条无差异曲线相互平行，因而能与既定的预算线AB相切的无差异曲线只有一条，而且是距离原点最远的一条，也就是图5-10中的I_2线。由此看来，E点就成为在收入与价格既定条件下的消费者效用最大化的消费组合点，即只有E点才意味着消费者均衡的实现。

通俗地说，与预算线相交的无差异曲线一开始有两个交点，无差异曲线越远离原点，消费者效用越大，这两个点的距离越近。随着无差异曲线逐渐远离原点，两个交点越来越近，最终会汇合到一起，那就是切点了。即既定的预算线相切于无差异曲线。

在现实生活中，消费者同样也不可能在消费之前就能准确知道无差异曲线与消费可能线的切点。那么，序数效用论的消费者均衡理论的现实意义在于：消费者行为理论描述了人们如何作出决策。正如我们所分析的，它有着广泛的适用性。它可以解释一个人如何在啤酒与面包之间、工作与闲暇之间以及消费与储蓄之间等进行选择。但是，现在你也许会对消费者行为理论有一些怀疑，毕竟你也是一个消费者。当你每次走入超市时都要决定买什么。而且你也知道，你并不是画出消费可能线和无差异曲线来作出决定。你对自己作出决策的了解是否证明了与这种理论不一样？回答是否定的。消费者行为理论并不想对人们如何作出决策提供一种忠实的描述，它是一个模型，而且，模型并不完全是现实的。

评论消费者行为理论的最好方法就是把它作为消费者如何作出决策的一个比喻。没有一个消费者（除非一位职业经济学家）是明确地借助这种理论中包含的最大化来作出决策的，但消费者知道他们的选择要受到自己财力的限制，而且在这些收入约束为既定时，他们所能做的最好的就是达到最高满足程度。

任务练习与学习思考

1. 如何理解幸福方程式？
2. 简述总效用与边际效用的关系。
3. 你有一双鞋，似乎第二只鞋的边际效用大于第一只鞋，这是否违背了边际效用递减规律？
4. 钻石用处极小而价格昂贵，生命中必不可少的水却非常便宜。请用边际效用的概念加以理解。
5. 试比较基数效用论与序数效用论的异同。

第六讲
生产者行为

【基本思路】

通过对生产者——企业基本情况的了解，具体分析其生产投入、成本大小与收益的关系，从而达到了解它如何实现利润最大化这一目的。

【主要内容】

企业及其组织形式，企业生产与一种要素的合理投入，生产成本与收益的分类，利润最大化原则。

【任务要求】

重点掌握：1. 边际产量递减规律。
    2. 机会成本。
    3. 一种生产要素的最优投入。
    4. 总收益与边际收益。

一般掌握：1. 技术效率与经济效率的含义与关系。
    2. 总产量、平均产量和边际产量的关系。
    3. 利润最大化原则。

一般了解：1. 企业的含义和组织形式。
    2. 短期成本之间的关系。

在经济学中，企业就是生产者，也称为厂商。它是能够独立作出生产决策的经济单位。在分析企业行为时，我们假定生产者是具有完全理性的经济人，其生产的目的是实现利润最大化。要想了解企业是怎样生产的，就必须了解企业如何通过合理使用生产要素、理性进行成本分析，以实现其生产目的，即利润最大化。

任务一 企 业

一、企业及其组织形式

(一) 企业

企业是指从事商品生产、经营或服务等经济活动,以盈利为目的,实行独立核算、自主经营并具有一定法律资格的社会经济组织。在市场经济中,生产都在一定的组织里进行。

(二) 企业的组织形式

按照所有者的多少和所负有的责任大小,可以将企业分为以下几种组织形式:

(1) 个人业主制。由一个人独自出资、独资经营、独自负责,是一种最简单厂商组织,它的特点在于所有者和经营者是同一个人。这种企业形式产权明确,责权利统一在一个人身上,具有灵活性,且资本不大,风险性小,激励和制约都显而易见。但这种企业有两个缺点:一是以一个人的财力和能力难以做大,这就无法实现规模经济和专业化分工等好处。二是这些企业在数量上很多,但总销售额却很小,在市场竞争中这种企业寿命短,出现的快,消失的也快。

(2) 合伙制企业。有两个或两个以上的人共同出资、共同经营、共同负责。它们比个人业主制资金多、规模大,并且合伙人分工合作。其在现代经济活动中仅占相当小的一部分,但致命的缺点是实行法律上的无限责任制,这种无限责任制使每一个合伙人都面临巨大风险,企业越大,每个合伙人面临的风险越大。此外,合伙制企业内部产权并不明确,责权利不清楚,合伙者易于在利益分配和决策方面产生分歧,从而影响企业的发展。

(3) 公司制。公司是指按照公司法组织起来并具有法人资格的经济单位,也是现代社会最普遍、最重要的企业组织。现代市场经济中最重要的企业形式是有限责任公司和股份有限公司(简称股份公司)。股份公司是由投资者(股东)共同所有,并由职业经理人经营的企业,股东是公司的共同所有者。公司的优点是:第一,公司是法人,不同于自然人。第二,公司实行有限责任制,这样就减少了投资风险,可以使企业无限做大。第三,实行所有权与经营权分离,由职业经理人实行专业化、科学化管理,提高了公司的管理效率。公司的一个缺点是双重纳税,公司最重要的问题在于所有权与经营权分离后,所有者、经营者和职工之间的关系复杂,且由此可能会引起管理效率下降。

【延伸阅读】　　　　　　科斯的产权理论

1991年诺贝尔经济学奖得主科斯是现代产权理论的奠基者和主要代表，被西方经济学家认为是产权理论的创始人，他一生所致力考察的不是经济运行过程本身（这是正统微观经济学所研究的核心问题），而是经济运行背后的财产权利结构，即运行的制度基础。他的产权理论发端于对制度含义的界定，通过对产权的定义，对由此产生的成本及收益的论述，从法律和经济的双重角度阐明了产权理论的基本内涵，以马克思对产权的定义为指导，全面深刻地从正反两个方面分析研究科斯产权理论（主要是"科斯第二定理"）的实质和特点。

没有产权的社会是一个效率绝对低下、资源配置绝对无效的社会。能够保证经济高效率的产权应该具有以下的特征：

（1）明确性，即它是一个包括财产所有者的各种权利及对限制和破坏这些权利时的处罚的完整体系；

（2）专有性，它使因一种行为而产生的所有报酬和损失都可以直接与有权采取这一行动的人相联系；

（3）可转让性，这些权利可以被引到最有价值的用途上去；

（4）可操作性。

清晰的产权同样可以很好地解决外部不经济情形（指某项活动使得社会成本高于个体成本的情形，即某项事务或活动对周围环境造成不良影响，而行为人并未因此而付出任何补偿）。美国芝加哥大学教授科斯提出的"确定产权法"认为在协议成本较小的情况下，无论最初的权利如何界定，都可以通过市场交易达到资源的最佳配置，因而在解决外部侵害问题时可以采用市场交易形式。科斯产权理论的核心是：一切经济交往活动的前提是制度安排，这种制度实质上是一种人们之间行使一定行为的权力。因此，经济分析的首要任务是界定产权，明确规定当事人可以做什么，然后通过权利的交易达到社会总产品的最大化。

因此完善产权制度，对人口、资源、环境和经济的协调与持续发展具有极其重要的意义，对水资源开发利用和保护具有重大的作用。市场经济需要完善水资源产权，在保证国家对水资源宏观调控、统筹规划的前提下，应尽可能扩大产权的流转范围，因此建立产权交易市场是产权制度的客观要求，产权交易的结果最终将引导水资源流向最有效率的地区或部门，流向能为社会创造更多财富的用户。

对正统微观经济学和标准福利经济学的这种基本观点，西方部分学者很早就开始了批判性考察，现代产权理论就是在这种批判性考察中形成的。从20世纪30年代以来的半个多世纪，现代西方产权理论的全部思考和研究是沿着下述思路展开的：即指出资本主义市场机制并非如标准福利经济学和传统微观经济学所描述的那样完美，实际的市场运行是有缺陷的，这一缺陷集中表现在外在性上。

而外在性产生的根源在于企业产权界限含混,由此建成交易过程存在摩擦和障碍,这种摩擦和障碍又会严重影响企业行为和企业资源配置的结果。因此,考察市场行为者的利润最大化行为时,必须把产权列入考察范围,而不能简单地作为既定前提排除在分析视野之外。对由于产权不清晰导致的市场缺陷的研究主要归功于科斯等人。

二、生产与生产要素

(一) 生产

生产是对各种生产要素进行组合以制成产品的行为。在生产中要投入各种生产要素并生产出产品,所以生产也就是把投入变为产出的过程。

生产活动不仅包括物质资料的生产,也包括劳务如理发、看病、政府、警察和音乐演奏,等等。而生产过程就是各种生产要素进行组合、共同协作并且生产出产品的过程。从物质技术的角度来分析,生产过程可以分解为两个方面:一是投入,即生产过程所使用的各种生产要素如劳动、土地、资本和企业家才能等;二是产出,即生产出来的各种物质产品的数量。

(二) 生产要素

生产要素是指生产中所使用的各种资源。投入不同的生产要素或者在生产中生产要素的不同组合会给生产者带来不同的效率,企业生产的决策都是以最少的投入获取最大的利润,以尽可能低的成本获取尽可能多的收益。企业的利益在很大程度上取决于生产要素的配置。这些资源可以分为劳动、资本、土地与企业家才能。

(1) 劳动是指劳动者所提供的服务,可以分为脑力劳动和体力劳动。劳动力是劳动者的能力。在经济学中,劳动和劳动力一般不作严格的区分。

(2) 资本是指生产中所使用的资金。资本有两种形式,其一是指物质资本,如厂房、设备、原材料和流动资金等;其二是指人力资本,它指的是体现在劳动者身上的体力、文化和技术状态等。在生产理论中所使用的资本概念主要是指物质资本。

(3) 土地是指生产中所使用的、以土地为主要代表的各种自然资源,它是自然界中本来就存在的。例如,土地、水、原始森林和各类矿藏等。

(4) 企业家才能是指企业家对整个生产过程的组织与管理工作。经济学家特别强调企业家才能对生产的作用,认为把劳动、资本、土地等生产要素合理配置起来,生产出最多、最好的产品的关键因素就是企业家才能。

【经典案例】　　　　　扬子江国际贸易公司的经营决策

1990年秋，海湾地区局势紧张，世界石油市场的前景呈现极大的不确定性。一时间，商人们拼命抢购石油，原油价格飞涨，石油化工产品的价格也暴涨。那时候，原来每吨800美元的聚乙烯塑料，猛涨到上千美元。面对这样的市场形势，我国扬子石化国际贸易公司赶紧抛售库存的塑料，在不到一个月的时间内，就向南亚地区销出了4 000吨塑料。新加坡一家公司闻讯，急忙找上门来，以每吨1 090美元的最高价，买去了2 000吨，这是一笔218万美元的生意。

不久，战争爆发。出人意料的是，原油和石化产品的价格非但没有因为战争爆发而上涨，反而大幅度下跌。扬子石化国际贸易公司的上述经营决策，就是面对高度的不确定性而成功决策的出色例子。当时，美国的一些著名的经济学家也未能预见油价的下跌。这就是企业家的决策本事。

三、生产函数及其分类

（一）生产函数

生产函数描述的是产量和生产要素投入之间的关系，即在既定的技术水平条件下，各种可行的生产要素组合和所能达到的最大产量之间的技术联系。如果用 Q 表示所能生产的最大产量，投入的生产要素分别是劳动（L）、资本（K）、土地（N）和企业家才能（T）等，那么，生产函数可用公式表示为：

$$Q = f(L, K, N, T, \cdots)$$

在实际分析要素与产量之间的关系时，一般认为土地总量是固定的，而企业家才能又难以估算，这里只考虑的是两种生产要素，即劳动和资本。因此生产函数可表示为：

$$Q = f(L, K)$$

要说明的是，由于生产函数表示的是投入要素与最大产出之间的相互关系，表明投入要素的使用是有效率的。在对生产者行为进行分析时，我们假定所有厂商都知道相应产品的生产函数，因此他们总能达到技术上高效率的产量。这是因为，一方面以盈利为目的的厂商总在寻求达到最大产量的途径；另一方面，做不到这点的厂商难免在竞争中被淘汰。

（二）生产函数分类

根据企业能否调整生产要素的投入，可以将生产函数分为短期生产函数与长期生产函数。

（1）短期生产函数，短期是指企业不能全部调整所有生产要素的时期。就是说，在短期内，企业的生产要素分为可变投入与固定投入（可以变动的那部分要素投入叫可变投入，无法变动的那部分要素投入，叫固定投入）。由于 K 不变，所以短期生产函数为：

$$Q = F(L)$$

（2）长期生产函数，长期是指一个足够长的时期，企业能够调整所有的生产要素投入，包括技术水平和资本投资，因而只有可变投入，没有固定投入，其长期生产函数为：

$$Q = F(L, K)$$

应该注意的是，并没有一个具体的时间标准来划分短期与长期，不同行业中的短期与长期也不同，这取决于生产要素投入变动所需要的时间。

四、技术效率与经济效率

技术效率和经济效率都是生产效率的问题，技术效率是投入的生产要素与产量的关系，即如何在生产要素既定时使产量最大，或者换句话来说，在产量既定时使投入的生产要素为最少。经济效率是成本与收益的关系，要使利润最大化，就要使扣除成本后的收益达到最大化。前者是从纯粹生产技术的角度来说明如何使用各种生产要素，而后者则要考虑到生产要素的价格，如何使用生产要素才能使生产成本最低，以实现利润最大化。

生产不同的产品时，各种生产要素的配合比例是不同的。为生产一定量某种产品所需要的各种生产要素的配合比例称为技术系数。技术系数可分为固定技术系数和可变技术系数两种类型。如果生产某种产品所需要的各种生产要素的配合比例是不能改变的，则这种技术系数称为固定技术系数，如药品的生产中，要素之间的比例是不能改变的，如果改变就改变了药品的性质；反之，如果产品生产中的要素配合比例可以改变，则这种技术系数称为可变技术系数。生产理论中研究的主要是技术系数可变的情况。

利润最大化就是要在技术效率的基础上实现经济效率，所以企业实现资源有效配置的标准就是技术效率和经济效率，两者缺一不可。

【经典案例】　　　　引进自动分拣机是好事还是坏事

近年来我国邮政行业实行信件分拣自动化，引进自动分拣机代替工人分拣信件，也就是多用资本而少用劳动。假设某邮局引进一台自动分拣机，只需一人管理，每日可以处理 10 万封信件。如果用人工分拣，处理 10 万封信件需要 50 个工人。在这两种情况下都实现了技术效率，但是否实现了经济效率还涉及价格因素。处理 10 万封信件，无论用什么方法，收益是相同的，但成本如何则取决于机器与人工的价格。假设一台分拣机为 400 万元，使用寿命为 10 年，每年折旧为40万元，再假设利率为每年10%，每年利息为40万元，再加分拣机每年维修费与人工费用为5万元。这样使用分拣机的成本为85万元。假设每个工人工资为1.4万元，50个工人共70万元，使用人工分拣成本为70万元。在这种情况下，使用自动分拣机实现了技术效率，但没有实现经济效率，而使用人工分拣既实现了技术效率，又实现了经济效率。

从上面的例子中可以看出，在实现了技术效率时，是否实现了经济效率就取决于生产要素的价格。如果仅仅从企业利润最大化的角度看，可以只考虑技术效率和经济效率。这两种效率的同时实现也就是实现了资源配置效率。当然，如果从社会角度看问题，使用哪种方法还要考虑每种方法对技术进步或就业等问题的影响。

任务二 一种可变生产要素的投入

按照经济学理论，生产厂家在进行生产时所投入的生产要素可以分为固定投入和可变投入。固定投入如机器、厂房等；可变投入如原料、劳动等。在分析生产要素和产量的关系时，我们先从最简单的一种生产要素的投入开始，即在其他生产要素投入不变的情况下，只有一种生产要素的投入量是可以变化的，这种可变的生产要素的不同投入水平会有不同的产量水平。那么这种可变要素的最佳合理投入水平应该如何确定？

一、总产量、平均产量和边际产量

总产量（TP）是指与投入一定量的可变生产要素相对应的最大产量。如在一块麦田中雇佣2个农民，生产出400公斤小麦，则400公斤小麦就是雇佣2个农民的总产量。用公式表示为：

$$TP = f(L)$$

平均产量（AP）是指每单位生产要素的平均产出量。如上例中，每个农民的平均产量就是200公斤。如果用 L 表示生产要素的投入量，那么平均产量可用公式表示为：

$$AP = \frac{TP}{L}$$

边际产量（MP）是指每增加一单位生产要素投入量所带来的总产量的增加量。如上例中，如果小麦田里再增加1个农民，小麦产量便又增加了20公斤，则20公斤小麦是第3个农民的边际产量。如果用 ΔTP 表示总产量的变化量，ΔL 表示生产要素的变化量，那么边际产量可用公式表示为：

$$MP = \frac{\Delta TP}{\Delta L}$$

二、总产量、平均产量和边际产量的相互关系

假定在某产品生产过程中所使用的生产要素是资本和劳动,其中资本的投入量是固定不变的,劳动的投入量是可变的。根据上述关系作表 6 – 1。

表 6 – 1 劳动投入与总产量、平均产量以及边际产量之间的关系

资本量 (K)	劳动投入量 (L)	总产量 (TP)	平均产量 (AP)	边际产量 (MP)
20	0	0	0	0
20	1	3	3	3
20	2	8	4	5
20	3	12	4	4
20	4	15	3.8	3
20	5	17	3.4	2
20	6	17	2.8	0
20	7	16	2.3	-1
20	8	13	1.6	-3

根据表 6 – 1,可以作出图 6 – 1。

在图 6 – 1 中,横轴代表劳动投入量,纵轴代表产量。TP 为总产量曲线,AP 为平均产量曲线,MP 为边际产量曲线。三条产量曲线分别表示随着劳动投入量的不断增加,各种产量的变动趋势。N 为总产量曲线的拐点,对应于边际产量递增与递减的转折点。S 为总产量曲线的切点,对应于边际产量与平均产量相交的点。R 为总产量曲线的最大点,对应于边际产量为零的点。

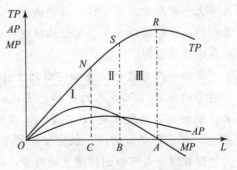

图 6 – 1 总产量、平均产量和边际产量之间的关系

根据图6-1，可以看出总产量、平均产量和边际产量之间的关系有如下特点：

(1) 总产量与平均产量的关系。从图6-1可以看出，总产量曲线先以递增的速度增加，到拐点 N 以后，以递减的速度增加，过最大点 R 后变为递减。在 O 到 B 之间，随着劳动投入的增加，总产量随之不断增加，与之相适应的平均产量也不断增大，在 B 点，平均产量达到极大值，在 B 点以后，随着劳动投入的继续增加，总产量先以递减速度增加而后减少，与之相适应的平均产量则减少。

(2) 总产量与边际产量的关系。从图6-1可以看到，总产量与边际产量之间有对应关系。在 O 到 C 之间，随着劳动投入的增加，总产量以递增速度增加，与之相适应的边际产量也不断增大，到了 C 对应点，边际产量最大。在 C 到 A 之间，随着劳动投入的继续增加，总产量以递减速度增加，与之相适应的边际产量减少，到了 A 对应点，总产量最大。过了 A 对应点以后，随着劳动投入的继续增加，总产量递减，与之相适应的边际产量负值。

(3) 平均产量与边际产量的关系。从图6-1可以看出，边际产量曲线通过平均产量曲线的最高点。在 B 点左边，边际产量大于平均产量，平均产量递增。在 B 点右边，边际产量小于平均产量，平均产量递减。在 B 点，边际产量等于平均产量，平均产量最大。

【知识链接】　　经济学十大原理之——理性人考虑边际量

生活中的许多决策涉及对现有行动计划进行微小的增量调整，经济学家把这些调整称为边际变动。在许多情况下，人们可通过考虑边际量来作出最优决策。

例如，假设一位朋友请教你，他应该在学校上多少年学。如果你给他用一个拥有博士学位的人的生活方式与一个没有上完小学的人进行比较，他会抱怨这种比较无助于他的决策。你的朋友很可能已经受过某种程度的教育，并要决定是否再多上一两年学，为了作出这种决策，他需要知道，多上一年学所带来的额外收益和所花费的额外成本。通过比较这种边际收益与边际成本，他就可以评价多上一年学是否值得。

再举一个考虑边际量如何有助于作出决策的例子，考虑一个航空公司决定对退票的乘客收取多高的价格。假设一架200个座位的飞机横越国内飞行一次，航空公司的成本是10万美元。在这种情况下，每个座位的平均成本是500美元，有人会得出结论：航空公司的票价决不应该低于500美元。

但航空公司可以通过考虑边际量而增加利润。假设一架飞机即将起飞时仍有10个空位。在登机口等退票的乘客愿意支付300美元买一张票。航空公司应该卖给他票吗？当然应该。如果飞机有空位，多增加一位乘客的成本是微乎其微的。虽然一位乘客飞行的平均成本是500美元，但边际成本仅仅是这位额外的乘客将消费的一包花生米和一罐汽水的成本而已。只要等退票的乘客所支付的钱大于边际成本，卖给他机票就是有利可图的。

正如这些例子说明的，个人和企业通过考虑边际量将会作出更好的决策。只有一种行动的边际收益大于边际成本，一个理性决策者才会采取这项行动。

三、生产三阶段与一种可变生产要素的合理投入

根据总产量、平均产量和边际产量的关系，我们可以把图 6-1 划分成三个区域，表示可变生产要素的三个投入阶段。

第一个阶段（Ⅰ）是劳动投入量从零增加到 B 点的阶段。在这一阶段，随着劳动投入的不断增加，总产量在不断增加，平均产量也在不断增加。说明在这一阶段，相对于不变的资本量而言劳动投入量不足，所以劳动投入量的增加可以使资本利用效率越来越高，不但总产量可以增加，而且劳动生产率，也就是劳动的平均产量也是递增的。由此看来，劳动投入量不应该停止在第一个阶段，而至少要增加到 B 点为止。否则，资本的利用效率就不充分。

第二个阶段（Ⅱ）是劳动投入量从 B 点到 A 点的阶段。在这一阶段，随着劳动投入的不断增加，不变的资本越来越接近被充分利用。然而，由于劳动生产率在这一阶段开始下降，平均产量则开始递减。在这一阶段，虽然边际产量继续下降，但还是正值，因而总产量还是在不断增加，只是增加的幅度越来越小。在劳动量增加到 A 点时，总产量可以达到最高。

第三个阶段（Ⅲ）是劳动投入量超过 A 点以后的阶段。在这一阶段，随着劳动投入的继续增加，不变的资本已经被完全充分利用，已经不再有增加产量的潜力。在这一阶段，不但平均产量在继续下降，而且边际产量已成为负值，也就是总产量开始绝对减少。很显然，劳动投入量超过 A 点之后是不利的。

综合上述分析，合理的劳动投入水平既不应该在生产的第一阶段，也不应该在生产的第三阶段，而只应该在生产的第二阶段，即 B 点和 A 点之间。但劳动投入量应该在第二阶段的哪一点上，则要结合厂商的生产目标来具体分析。

例如，如果企业将生产目标定为平均产量最大，这时应将可变的生产要素投入量增加到 B 点；如果企业将生产目标定为总产量最大，这时应将可变的生产要素量增加到 A 点。一般而言，在市场经济条件下，厂商生产的目标既不是平均产量最大，也不是总产量最大，而是追求利润最大化。那么，在此情况下就要考虑成本、产品价格等因素。因为平均产量最大时，并不一定是利润最大；总产量最大时，利润也不一定最大。

四、边际产量递减规律

边际产量递减规律又称边际收益递减规律或者边际报酬递减规律。它的基本内容是：在技术水平和其他生产条件不变的前提下，当把一种可变的生产要素投入到一种或几种不变的生产要素中时，最初这种生产要素的增加会使产量增加，但当它的增加超过一定限度时，增加的产量将会递减，最终还会使产量绝对减少。例如，一个面包房有两个面包烤炉为其固定投入，当可变投入劳动从一个工人增加到两个时，面包烤炉得到充分利用，工人的边际产量递增，但如果工人的数量增加到3个、4个甚至更多时，几个工人共用一个面包烤炉，每个工人的边际产量自然会出现递减，甚至成为负数。

在理解边际产量递减规律时，要注意以下几点：

（1）这一规律发生作用的前提是技术水平不变。技术水平不变是指生产中所使用的技术没有发生重大变革。现在，技术进步的速度很快，但并不是每时每刻都有重大的技术突破，技术进步总是间歇式进行的，只有经过一定时期的准备之后才会有重大的突破。短期内无论是农业还是工业，一种技术水平一旦形成，总会有一个相对稳定的时期，这一时期就可以称为技术水平不变时期。

（2）这一规律所指的是生产中使用的生产要素分为可变的与不变的两类。边际产量递减规律研究的是把不断增加的一种可变生产要素，增加到其他不变的生产要素上时对产量所发生的影响。这种情况也是普遍存在的，例如，在农业中，当土地等生产要素不变时，增加施肥量；或者在工业中，当厂房、设备等生产要素不变时，增加劳动力都属于这种情况。

（3）在其他生产要素不变时，一种生产要素增加所引起的产量或收益的变动可以分为三个阶段：第一阶段表现为产量递增，即这种可变生产要素的增加使产量或收益增加。第二阶段表现为边际产量递减，即这种可变生产要素的增加仍可使总产量增加，但增加的比率，即增加的每一单位生产要素的边际产量是递减的。第三阶段表现为产量绝对减少，即这种可变生产要素的增加会使总产量减少。

边际产量递减规律是从科学实验和生产实践中得出来的，在农业中的作用最明显。早在1771年，英国农学家A·杨格就用在若干相同的地块上施以不同量肥料的实验，证明了肥料施用量与产量增加之间存在着这种边际产量递减的关系。以后，国内外学者又以大量事实证明了这一规律。这一规律同样存在于其他部门。工业部门中劳动力增加过多，会使生产率下降；行政部门中机构过多，人员过多也会降低行政办事效率，造成官僚主义。我国俗话所说的"一个和尚挑水吃，两个和尚抬水吃，三个和尚没水吃"，正是对边际产量递减规律的形象表述。

【经典案例】　　　　　　　　三季稻不如两季稻

　　1958年"大跃进"是一个不讲理性的年代，时髦的口号是"人有多大胆，地有多高产"。于是一些地方把传统的两季稻改为三季稻，结果总产量反而减少了。从经济学的角度看，这是因为违背了一个最基本的经济规律：边际产量递减规律。

　　两季稻是农民长期生产经验的总结，它行之有效，说明在传统农业技术下，固定生产要素已经得到了充分利用。改为三季稻之后，土地过度利用引起肥力下降，设备、肥料、水利资源等由两次使用改为三次使用，每次使用的数量不足。这样，三季稻的总产量就低于两季稻了。

【延伸阅读】　　　　　　马尔萨斯观察与边际产量递减规律

　　马尔萨斯极为关注农业边际产量递减规律的后果。根据他的分析，在土地供给数量和人口增加的条件下，每个额外生产者耕作的土地数量不断减少，他们所能提供的额外产出会下降；这样虽然食物总产出会不断增加，但是新增农民的边际产量会下降，因而社会范围内人均产量也会下降。在马尔萨斯看来，世界人口增加比例会大于食物供给增加比例。因此，除非能够说服人们少要孩子——马尔萨斯并不相信人口可以由此得到控制——否则饥荒将在所难免。

　　在马尔萨斯生活的时代，工业化进步尚未提供成熟的可以替代耕地的农业技术，能够大幅度提高单位耕地面积亩产，克服人多地少的经济内部农业和食物生产边际收益递减带来的困难。从实证分析角度看，马尔萨斯的理论建立在边际产量递减规律基础之上，对于观察工业化特定阶段的经济运行矛盾具有历史认识价值。换而言之，如果没有现代替代耕地的农业技术出现和推广，如果没有外部输入食物或向外部输出人口的可能性，英国和欧洲一些国家工业化确实会面临马尔萨斯陷阱所描述的困难。马尔萨斯观察暗含了农业技术不变与人均占有耕地面积下降这两点假设条件。如果实际历史和社会经济状况满足或接近这两个条件，马尔萨斯陷阱作为一个条件预测是有效的。例如，这一点对于认识中国经济史上某些现象具有分析意义。在我国几千年传统农业历史时期，农业技术不断改进，但没有突破性进步；在没有战乱和大范围饥荒的正常时期，人口长期增长率远远高于耕地面积增加速度。由于越来越多人口不得不在越来越小的人均耕地面积上劳作，劳动生产率和人均粮食产量难免下降。这一基本经济面的边际产量递减规律作用，加上其他一些因素（如制度因素导致的分配不平、外族入侵，等等）影响，可能是我国几千年传统农业社会周期振荡的重要原因。

　　然而，马尔萨斯结论作为一个无条件预言是错误的。近现代世界经济史告诉我们，过去200多年间，农业科学技术不断取得革命性突破，与马尔萨斯生活时代情况发生了根本性变化，与他的推托暗含的假设条件完全不同。化肥、机械、电力和其他能源、生物技术等现代技术和要素投入，极大地提高了农业劳动生产率，使农业和食品的增长率显著超过人口增长。从历史事实看，马尔萨斯理论是对边际收益规律的不适当运用。如果说马尔萨斯当年分析还有某种历史认识价值，那么形形色色的现代马尔萨斯预言则是完全错误的。

（资料来源：卢锋，《经济学原理》，北京大学出版社，2002年版，第79—80页。）

任务三　短期成本分析

在分析了短期产量之后，必须分析各种短期成本以及短期成本的意义和它们之间的相互关系。

一、成本性质

企业进行生产与经营的各种支出称之为成本。我们知道，当企业把这些资源用于生产某种产品时，就放弃了这些资源的其他用途。因此，我们可以从两个不同的角度来考察成本：企业生产的实际支出以及为了这种生产所放弃的东西。前者我们称之为会计成本，后者称之为机会成本。这两种成本在企业决策中是十分重要的。

（一）显性成本与隐性成本

1. 显性成本

企业生产的显性成本是指厂商在生产要素市场上购买或租用所需要的生产要素的实际支出。例如，某厂商雇佣了一定数量的工人、从银行取得了一定数量的贷款并租用了一定数量的土地，为此，这个厂商就需要向工人支付工资、向银行支付利息和向土地出租者支付地租，这些支出便构成了该厂商的生产的显性成本。

显性成本具有两个特征：生产要素来自外部；涉及直接的货币支付。

2. 隐性成本

企业生产的隐性成本是指厂商本身自己所拥有的且被用于该企业生产过程的那些生产要素的总价格。例如，为了进行生产，一个厂商除了雇佣一定数量的工人、从银行取得一定数量的贷款和租用一定数量的土地之外（这些均属显性成本支出），还动用了自己的资金和土地，并亲自管理企业。西方经济学家指出，既然借用了他人的资本需付利息、租用了他人的土地需付地租、聘用他人来管理企业需付薪金，那么，同样道理，在这个例子中，当厂商使用了自有生产要素时，也应该得到报酬。所不同的是，现在厂商是自己向自己支付利息、地租和薪金。所以这笔价值就应该记入成本之中。由于这笔成本支出不如显性成本那么明显，故被称为隐性成本。隐性成本也必须从机会成本的角度按照企业自有生产要素在其他最佳用途中所能得到的收入来支付，否则，厂商会把自有生产要素转移出本企业，以获得更高的报酬。

隐性成本具有两个特征：厂商自有生产要素；不涉及直接的货币支付，代表厂商放弃的收益。

（二）经济成本和会计成本

会计成本是指在购买生产要素时实际发生的、且高度可见的成本。它包括：使用他人劳动力所支付的工资和奖金，从其他企业购买的原材料和半成品价值、租用他人拥有的厂房的租金和支付他人资本的利息，等等，这些成本被概括为显性成本。

经济成本不仅仅包括了显性成本，它还包括了隐性成本。后者是指在生产过程中使用的，但又未被支持报酬的那一部分费用。从以上可知：

$$会计成本 = 显性成本$$

$$经济成本 = 显性成本 + 隐性成本 = 会计成本 + 隐性成本$$

如果有隐性成本的话，则经济成本大于会计成本。

【经典案例】 门面房是出租还是自己经营

假如你们家有一个门面房，你用它开了一家杂货店。一年下来你算账的结果是挣了5万元。你觉得很高兴，用经济成本分析你恐怕就高兴不起来了，因为，你没有把隐性成本算进去。假定门面房出租按市场价一年是2万元；假定你原来有工作年收入也是2万元；这4万元就是你自己经营的隐性成本，从经济学分析来看，应该是成本，是你提供了自有生产要素房子和劳务所理应得到的正常报酬，而在会计账目上没有作为成本项目记入账上。这样算的结果你一年没有挣5万元，只是1万元。如果再加上自己经营需要1万元的资金进货，这1万元的银行存款利息也是隐性成本。这样一算你自己经营就非常不合适了，而应该出租；但是如果你下岗，也找不到高于年薪3万元的工作，则还是自己经营为上策。

显性成本和隐性成本之间的区别说明了经济学家与会计师分析经营活动之间的重要不同。经济学家关心研究企业如何做出生产和定价决策，因此，当他们衡量成本时就包括了隐性成本。而会计师的工作是记录流入和流出企业的货币，结果，他们只衡量显性成本，但忽略了隐性成本。

（三）机会成本

机会成本是做出一项决策时所放弃的其他可供选择的最好用途。例如，某人有100万元资金，可供选择的用途及各种用途可能获得的收入是：开商店获利20万元，开饭店获利30万元，炒股票获利30万元，进行期货投机获利40万元。如果某人选择把100万元用于期货投机，则放弃的其他可供选择的用途是开商店、开饭店和炒股票。在所放弃的用途中，最好的用途是炒股票（可获利30万元），所以在选择进行期货投机时，机会成本就是炒股票的获利。或者说，选择进行期货投机获利40万元的机会成本是所放弃的炒股票时可能获得的30万元。

在理解机会成本时应该注意这样几个问题：

（1）机会成本不同于实际成本，它不是做出某项选择时实际支付的费用或损失，而是一种观念上的成本或损失。因为资源是有限的，你选择了一个，就必须放弃另一个。在这种情况下，你做出一项选择时，机会成本并不是实际支出或损失，而仅仅是观念上的损失，或放弃的另一种可能性。

（2）机会成本是做出一种选择时所放弃的其他若干种可能的选择中最好的一种。例如，在上例运用100万元资金的选择中，当选择了期货投机时，所放弃的用途有开商店、开饭店和炒股票三种，其中最好的一种用途是炒股票（在这三种可能选择的用途中获利最多），所以运用100万元进行期货投机的机会成本是放弃炒股票，而不是其他。

（3）机会成本并不全是由个人选择所引起的，其他人的选择会给你带来机会成本，你的选择也会给其他人带来机会成本。例如，当你夜晚享受家庭舞会时，你所放弃的宁静就是这种享受的机会成本。同时，你还会使邻居得不到宁静，邻居所放弃的宁静就是你这种选择给他人带来的机会成本。当然，我们一般从个人的角度做出某项投资或其他决策时，所考虑的主要是自己的机会成本。一般所说的机会成本也是这个意义上的。

在我们做出任何决策时都要使收益大于或至少等于机会成本。如果机会成本大于收益，则这项决策从经济的观点看就是不合理的。也就是说，在做出某项决策时，不能只考虑获利的情况，还要考虑机会成本，这样才能使投资最优化。例如，在决定修建一座特大型水电站时，不仅应该考虑这座电站可以发多少电、带来多少其他收益，还应该考虑用同样的资金可以建多少座中、小型水电站，这些中、小型水电站能发多少电、带来多少其他收益。后者是前者的机会成本，只有前者的收益大于后者，即修建特大型水电站的机会成本小于收益，这项投资才有利。否则，如果后者的收益大于前者，即修建特大型水电站的机会成本大于收益，那么这项投资的收益无论多大，从经济的角度看就是不合理的。

机会成本在企业决策中具有十分重要的作用。当考虑到会计成本和机会成本时，利润就分为会计利润和经济利润。我们知道，企业的总收益减去总成本就是利润。但成本包括会计成本和机会成本，成本的含义不同，利润也就不同。总收益减去会计成本就是会计利润，总收益减去会计成本再减去机会成本就是经济利润。会计成本与机会成本之和称为经济成本，所以总收益减去经济成本就是经济利润。用公式表示就是：

$$会计利润 = 总收益 - 会计成本$$
$$经济利润 = 总收益 - 会计成本 - 机会成本$$

从以上公式可以看出，会计利润与经济利润并不相同。在正常情况下，机会成本大于零，所以会计利润大于经济利润。企业的利润最大化目标并不是会计利润最大化，而是经济利润最大化。

【知识链接】　　　　　　经济学十大原理之
　　　　　　　　——某种东西的成本是为了得到它而放弃的东西

由于人们面临着交替关系，所以做出决策就要比较可供选择的行动方案的成本与收益。但是，在许多情况下，某种行动的成本并不像乍看时那么明显。

例如，考虑是否上大学的决策。收益是使知识丰富和一生拥有更好的工作机会。但成本是什么呢？要回答这个问题，你会想到把你用于学费、书籍、住房和伙食的钱加总起来。但这种总和并不真正地代表你上一年大学所放弃的东西。

这个答案的第一个问题是，它包括的某些东西并不是上大学的真正成本。即使你离开了学校，你也需要有睡觉的地方，要吃东西。只有在大学的住宿和伙食比其他地方贵时，贵的这一部分才是上大学的成本。实际上，大学的住宿与伙食费可能还低于你自己生活时所支付的房租与食物费用。在这种情况下，住宿与伙食费的节省是上大学的收益。

这种成本计算的第二个问题是，它忽略了上大学最大的成本——你的时间。当你把一年的时间用于听课、读书和写文章时，你就不能把这段时间用于工作。对大多数学生而言，为上学而放弃的工资是他们受教育的最大单项成本。

一种东西的机会成本是为了得到这种东西所放弃的东西。当做出任何一项决策，例如决策是否上大学时，决策者应该认识到伴随每一种可能的行动而带来的机会成本。实际上，决策者通常是知道这一点的。那些上大学年龄的运动员如果退学而从事职业运动就能赚几百万美元，他们深深认识到，他们上大学的机会成本极高。他们往往如此决定：不值得花费这种成本来获得上大学的收益。这一点儿也不奇怪。

【经典案例】　　　　　机会成本与不一样的盈亏分析

假设一个企业每年收益是 100 万元，用于生产的实际支出分别为：设备折旧 3 万元；厂房租金 3 万元；原材料支出 60 万元；电力等支出 3 万元；工人工资 10 万元；贷款利息 15 万元。由此可以得出企业的会计成本为 94 万元，用总收益 100 万元减去会计成本 94 万元，该企业的会计利润为 6 万元。这个企业与任何一家企业一样也有机会成本。如果这个企业是私营企业，所有者兼经营者并不向自己支付工资，会计账目上也没有这一项。但经营者在企业的工作也是有机会成本的，这就是所放弃的在其他地方工作能得到的工资。如果他不经营这家企业而去找一份工作，他可以得到每年2万元的工资，那么他经营这家企业的机会成本就是2万元。再如，这家企业经营所需资金有两个来源，一是银行贷款，二是自有资金。银行贷款要支付利息，是企业的实际支出，属于会计成本，为15万元。自有资金并不实际支付利息，不计入会计成本，但把这笔资金用于企业经营就等于放弃了这笔资金所能带来的其他收入，简单的理解就是放弃了存入银行可以得到的利息收益，所以他放弃的自有资金的利息也是机会成本。假定该企业的自有资金年利息为5万元，这两项机会成本合计就是7万元。会计成本为94万元，机会成本为7万元，经济成本为101万元，总收益减去经济成本101万元，经济利润为负的1万元，即亏损1万元。可见在不考虑机会成本时，这个企业是盈利的，但在考虑到机会成本时，这个企业实际是亏损的。企业经营的目的是实现经济利润的最大化。如果经济利润为负，尽管他的会计利润为正，这个企业也不值得经营下去。

二、总成本、平均成本和边际成本

短期成本对企业的决策至关重要。这里的总成本、平均成本和边际成本就是短期总成本、短期平均成本和短期边际成本。

（一）短期总成本

短期总成本是短期内生产一定量产品所需要的成本总和。短期总成本分为固定成本与可变成本。

固定成本是指企业在短期内必须支付的不能调整的生产要素的费用。这种成本不随产量的变动而变动，是固定不变的。其中主要包括厂房和设备折旧以及管理人员的工资。其成本曲线如图6-2中的 FC 所示。

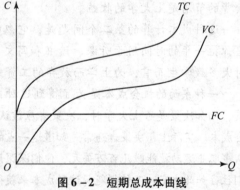

图6-2 短期总成本曲线

可变成本是指企业在短期内必须支付的可以调整的生产要素的费用。这种成本随产量的变动而变动，是可变的。其中主要包括原材料、燃料的支出以及生产工人的工资。其成本曲线如图6-2中的 VC 所示。

如果以 TC 代表短期总成本，以 FC 代表固定成本，以 VC 代表可变成本，则有：

$$TC = FC + VC$$

用图形表示短期总成本，其形状和短期变动成本曲线一样，只是平行上移了一个相当于短期固定成本的距离。其成本曲线如图6-2中的 TC 所示。

（二）短期平均成本

短期平均成本是短期内生产每一单位产品平均所需要的成本。短期平均成本分为平均固定成本与平均可变成本。

平均固定成本是平均每单位产品所消耗的固定成本；

平均可变成本是平均每单位产品所消耗的可变成本。

如果以 Q 代表产量，则有：

$$\frac{TC}{Q} = \frac{FC}{Q} + \frac{VC}{Q}$$

如果以 AC 代表短期平均成本，以 AFC 代表平均固定成本，以 AVC 代表平均可变成本，则可把上式改写为：

$$AC = AFC + AVC$$

（三）短期边际成本

短期边际成本是企业在短期内每增加一单位产量所增加的总成本量。如果以 MC 代表短期边际成本，以 ΔQ 代表增加的产量，则有：

$$MC = \Delta TC / \Delta Q$$

这里需要注意的是，短期中固定成本并不随产量的变动而变动，所以短期边际成本实际是指可变成本而言的。

三、总成本、平均成本和边际成本的相互关系

为了分析上述各类短期成本的变动规律及其关系，我们先列出表 6-2。

表 6-2 各类短期成本表

产量 (Q)	固定成本 (FC)	可变成本 (VC)	总成本 (TC)	边际成本 (MC)	平均固定成本 (AFC)	平均可变成本 (AVC)	平均成本 (AC)
0	100	0	100	—	∞	0	∞
1	100	34	134	34	100	34	134
2	100	63	163	29	50	31.5	81.5
3	100	90	190	27	33.3	30	63.3
4	100	116	216	26	25	29	54
5	100	145	245	29	20	29	49
6	100	180	280	35	16.7	30	46.7
7	100	230	330	50	14.3	32.9	47.2
8	100	304	404	74	12.5	38	50.5
9	100	420	520	116	11.1	46.7	57.8

表6-2说明了各种成本的计算及其相互关系。例如，当产量由1个单位增加到2个单位时，固定成本不随产量的变动而变动，仍为100，可变成本则随产量的变动而变动，由34增加到63，总成本为固定成本与可变成本之和，为163。边际成本为产量的增加量除以总成本的增加量，为29。平均固定成本为产量除以固定成本，为50。平均可变成本为产量除以可变成本，为31.5。平均成本为平均固定成本与平均可变成本之和，或产量除以总成本，均为81.5。依此类推，可以计算出其他数据。

从表6-2中我们可以看出各种成本的变动规律，作图如图6-3所示。

总成本、平均成本和边际成本的相互关系如下：

（1）短期总成本、固定成本、可变成本的关系。固定成本在短期中是固定不变的，不随产量的变动而变动，即使产量为零时，也仍然存在固定成本。可变成本要随产量的变动而变动。它的变动规律是：最初在产量开始增加时，由于固定生产要素与可变生产要素的效率未能得到充分发挥，因此，可变成本的增加率要大于产量的增加率。以后随着

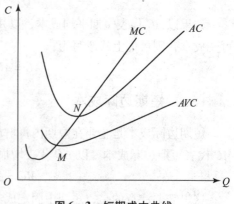

图6-3 短期成本曲线

产量的增加，固定生产要素与可变生产要素的效率得到充分发挥，可变成本的增加率小于产量的增加率。最后，由于边际产量递减规律，可变成本的增加率又大于产量增加率。总成本是固定成本与可变成本之和。固定成本不会等于零，因此，总成本必然大于零。而且，因为总成本中包括可变成本，所以总成本的变动规律与可变成本相同。总成本、固定成本、可变成本三者的关系是：总成本与可变成本平行，且高一个固定成本的值。这是因为在图6-2中，$TC = VC + FC$，TC与VC的变化规律相同，FC是一个不变数，加上VC则等于TC。

（2）短期边际成本、短期平均成本、短期平均可变成本的关系。短期边际成本的变动取决于可变成本，因为所增加的成本只是可变成本。它的变动规律是：开始时，边际成本随产量的增加而减少，当产量增加到一定程度时，就随产量增加而增加。如图6-3所示，短期边际成本、短期平均成本与短期平均变动成本之间的关系是：短期边际成本曲线MC与短期平均成本曲线AC相交于AC的最低点N点。在N点上，$MC = AC$，即短期边际成本等于平均成本。在N点左边，AC在MC之上，AC一直在递减，$AC > MC$，即短期边际成本小于平均成本。在N点右边，AC在MC之下，AC一直递增，$AC < MC$，即短期边际成本大于平均成本。MC与AC相交的N点称为收支相抵点，这时价格为平均成本，平均成本等于边际成本，即$P = MC = AC$，生产者的成本与收益相等。

短期边际成本与平均可变成本的关系和平均成本的关系相同。这就是说，MC 与 AVC 相交于 AVC 的最低点 M。在 M 点上，$MC = AVC$，即短期边际成本等于平均可变成本。在 M 点左边，AVC 在 MC 之上，AVC 一直递减，$AVC > MC$，即短期边际成本小于平均可变成本。在 M 点右边，AVC 在 MC 之下，AVC 一直递增，$AVC < MC$，即短期边际成本大于平均可变成本。M 点被称为停止营业点。在这一点上，价格只能弥补平均可变成本，这时所损失的是不生产也要支付的平均固定成本。如低于这一点，不能弥补可变成本，则生产者无论如何也不能生产了。

【经典案例】　　　　生意清淡的游乐场为什么不歇业

在现实中，我们经常会看到一些游乐场所在有的时期生意清淡，门可罗雀，但仍然在苦苦经营，尽管这时游乐场的价格已经相当低，甚至低于成本，但为什么他们还要这样做呢？通过对企业短期成本的分析有助于我们理解这一现象，同时也说明短期成本对企业短期经营决策的意义。

在短期中，游乐场经营的成本包括固定成本与可变成本。游乐场的场地、设备、管理人员是短期中无法改变的固定投入，用于场地租金、设备、折旧和管理人员工资的支出是固定成本。固定成本已经支出无法收回。游乐场营业所支出的各种费用是可变成本，如电费、服务员的工资等。如果不营业，这些成本就不存在；营业量增加时，这些成本就增加。由于固定成本已经支出，无法收回，所以游乐场在决定短期是否营业时，考虑的是可变成本。

假设旅客进入游乐场玩乐一次的平均成本为 200 元，其中固定成本为 150 元，可变成本为 50 元。当玩一次的价格为 200 元以上时，收益大于平均成本，经营显然有利。当价格为 200 元时，收益等于成本，这时称为收支相抵点，仍然可以经营。当价格低于 200 元时，收益低于成本。乍一看游乐场应该停止营业。但当我们知道短期中的成本有不可收回的固定成本和可变成本时，决策就不同了。

如果游乐场每场价格现在定为 100 元，是否应该经营呢？他的可变成本为 50 元，当价格为 100 元时，在弥补可变成本 50 元之后，仍可剩下 50 元，这 50 元可用于弥补固定成本。固定成本 150 元是无论经营与否都要支出的，能弥补 50 元，当然比一点也不弥补要好。因此，这时仍然要坚持营业。这时企业考虑的不是利润最大化，而是损失最小化——能弥补多少固定成本就弥补多少。

当价格下降到与可变成本相等的 50 元时，游乐场经营与不经营都是一样的。经营正好可以弥补可变成本，不经营则这笔可变成本不用支出。因此，价格等于平均可变成本之点就是停止营业点，在这一点上，经营与不经营是一样的。但在这一点以上，因为价格高于平均可变成本，可以继续经营；在这一点以下，由于价格低于平均可变成本，游乐场无论如何都不能经营。

生意清淡的游乐场仍在继续营业，说明这时价格仍高于平均可变成本。这就是它不能停业的原因。

有许多行业是固定成本高而可变成本低，例如，旅游、饭店、保龄球场等。所以在现实中这些行业的价格可以降得相当低。但这种低价格实际上仍然高于平均可变成本，因此，经营仍然比不经营有利——至少可以弥补部分固定成本，实现损失最小化。

任务四　收益和利润最大化

一、收益与利润含义

（一）收益

收益是指企业出卖商品的货币收入，它与企业成本相比较可确定企业的利润。收益可分为总收益、平均收益和边际收益三类。

总收益（用 TR 表示）是指企业出售商品后所得到的总销售收入，即出售商品的总卖价。如价格为 5 元，销售量为 50 件，则总收益为 5 元 × 50 = 250 元。用公式表示为：

$$TR = P \cdot Q$$

平均收益（用 AR 表示）是指企业出售一定数量商品，每单位商品所得到的平均收入。它等于商品总收益与销售量之比。如总收益为 250 元，销售量为 50 件，则平均收益为 250 元 ÷ 50 = 5 元。用公式表示为：

$$AR = TR/Q$$

边际收益（用 MR 表示）是指企业每多销售一单位商品，从而增加总收益的增加值。它等于总收益的增量与销售量增量之比。如销售量从 50 件增加到 51 件，总收益从 250 元增加到 255 元，则边际收益为(255元 − 250元) ÷ (51 − 50) = 5 元。用公式表示为：

$$MR = \Delta TR/\Delta Q$$

（二）利润

利润（用 Π 表示）是指收益减成本的余额。它是企业生产行为的目标、经营活动的成果、经营好坏的标准。企业利润受到两个因素的影响，一是总收益，总收益越多，利润越大，反之，利润越小；二是总成本，总成本越少，利润就越大，反之，利润就越小。

一个企业的销售收入，即总收益，如果只减去会计成本，得到的是会计利润。如果减去经济成本，得到的是经济利润。经济利润是我们分析的企业利润的基本要求。

企业在经营活动过程中，往往会出现三种经济利润情况：

（1）企业获得的经济利润大于零，或称为正的利润。这表明，企业获得的总收益在扣除总成本，即会计成本和机会成本后还有剩余。这个利润还被称为超额利润，即超过会计成本和机会成本以上的利润。

（2）企业获得的经济利润为零，或称为利润为零。这表明，企业获得的总收益等于总成本，即会计成本和机会成本之和。企业在扣除会计成本之后还有数量相当于机会成本的剩余。这个剩余就是企业经营获得的正常利润。

（3）企业获得负的经济利润，或称为负的利润。这表明，企业所获得的总收益小于总成本，即小于会计成本和机会成本之和。企业的总收益扣除会计成本后的剩余小于机会成本，说明企业经营没有达到预期的目的，需要改进其经营。

如果设 Π 为经济利润，则：

$$\Pi = TR - TC$$

当：

$TR - TC > 0$　（获得正的利润，即超额利润）；

$TR - TC = 0$　（获得利润为零，即正常利润）；

$TR - TC < 0$　（获得负的利润，即亏损）。

在上述分析中还应该注意，正的利润与正常利润的区别：

（1）正的利润是总收益减总成本大于零的利润，而正常利润是总收益减总成本等于零的利润；

（2）正的利润是超额利润，即超过正常利润的利润。正常利润则是等于机会成本的利润，亦是资本不再转移时企业获得的稳定的利润；

（3）正的利润是短期存在的利润，随着部门内各企业竞争，超额利润在企业之间依据技术条件和市场条件的优劣而移动。正常利润是长期存在的利润，随着行业内各企业之间的竞争，利润趋于平均化，各企业都只能得到等于机会成本的正常利润。

【经典案例】　　利润在经济学家与会计师眼中是不同的

假设王先生用自己的银行存款30万元收购了一个小企业，如果不支取这30万元钱，在市场利息5%的情况下他每年可以赚到1.5万元的利息。王先生为了拥有自己的工厂，每年放弃了1.5万元的利息收入。这1.5元就是王先生开办企业的机会成本之一。经济学家和会计师以不同的方法来看待成本。经济学家把王先生放弃的1.5万元也作为他企业的成本，尽管这是一种隐性成本，但是会计师并不把这1.5万元作为成本表示，因为在会计的账面上并没有货币流出企业去进行支付。

为了进一步说明经济学家和会计师之间的差别，我们换一个角度，王先生没有买工厂的 30 万元，而是用自己的储蓄 10 万元，并以 5% 的利息从银行借了 20 万元。王先生的会计师只衡量显性成本，将把每年为银行贷款支付的 1 万元利息作为成本，因为这是从企业流出的货币量。与此相比，根据经济学家的看法，拥有的机会成本仍然是 1.5 万元。

现在我们再回到企业的目标——利润。由于经济学家和会计师用不同方法衡量企业的成本，他们也会用不同的方法衡量利润。经济学家衡量企业的经济利润，即企业总收益减生产所销售物品与劳务的所有机会成本。会计师衡量企业的会计利润，即企业的总收益只减企业的显性成本。

二、利润最大化原则

在经济分析中，利润最大化的原则是边际收益等于边际成本，即 $MR = MC$。为什么在边际收益等于边际成本时才能实现利润最大化呢？

如果边际收益大于边际成本，表明企业每多生产以单位产品所增加的收益大于生产这一单位产品所增加的成本。这时，对该企业来说，还有潜在的利润没有得到，企业增加生产是有利的，也就是说没有达到利润最大化。

如果边际收益小于边际成本，表明企业每多生产以单位产品所增加的收益小于生产这一单位产品所增加的成本。这时，对该企业来说，就会造成亏损，更谈不上利润最大化了，因此企业必然要减少产量。

无论是边际收益大于还是小于边际成本，企业都要调整自己的产量，说明这两种情况下都没有实现利润最大化。只有在边际收益等于边际成本时，企业才能不会调整产量，表明已把该赚的利润都赚到了，即实现了利润最大化。企业对于利润的追求要受到市场条件的限制，不可能实现无限大的利润。这样，利润最大化的条件是边际收益等于边际成本，企业要根据这一原则来确定自己的产量。

【知识链接】　　　经济学十大原理之——人们会对激励作出反应

由于人们通过比较成本与收益作出决策，所以，当成本或收益变动时，人们的行为也会改变。这就是说，人们会对激励作出反应。例如，当苹果的价格上涨时，人们就决定多吃梨少吃苹果，因为购买苹果的成本高了。同时，苹果园主决定雇佣更多工人来摘更多苹果，因为出售苹果的收益也高了。

对设计公共政策的人来说，激励在决定行为中的中心作用是重要的。公共政策往往改变了私人行动的成本或收益。当决策者未能考虑到行为如何由于政策的原因而变化时，他们的政策就会产生他们意想不到的效果。

举个例子来说明这种不想要的效果，考虑一下有关安全带和汽车安全的公共政策。在 20 世纪 50 年代有安全带的汽车很少，现在所有的汽车都有安全带，这种变化的原因是公共政策。20世纪60年代后期，拉尔夫·纳德尔的著作《任何速度都不安全》引起公众对汽车安全的关注。国会的反应是通过立法要求汽车公司生产包括安全带在内的各种安全设备，安全带成为所有新汽车的标准设备。

安全带来的法律如何影响汽车安全呢？直接的影响是显而易见的。由于所有汽车都有安全带，更多的人系安全带，重大车祸发生时存活的概率提高了。从这种意义上说，安全带拯救了一些人的生命。安全带对安全的这种直接影响正是国会要求有安全带时的动机。

但是，要完全了解这个法律的影响就必须认识到，人们由于他们所面临的激励而改变了自己的行为。在这种情况下，相关的行为是驾驶员开车时的速度和谨慎程度。缓慢而谨慎地开车是有代价的，因为这要耗费驾驶员的时间和精力。当决定谨慎开车的程度时，理性人要比较谨慎开车的边际收益和边际成本。当安全程度的收益提高时，他们就会更慢、更谨慎地开车。这就可以解释为什么人们在道路有冰时会比道路干净时更缓慢而谨慎地开车。

现在来考虑安全带法律如何改变了一个理性驾驶员的成本——收益计算。安全带降低了驾驶员的车祸代价，因为它们减少了伤亡的概率。因此，安全带法律减少了缓慢而谨慎地开车的收益。人们对安全带的反应和对道路状况改善的反应一样——更快更放肆开车。这样，安全带法律最终的结果是更多的车祸次数。

这个法律如何影响开车死亡的人数呢？系安全带的驾驶员在任何一次车祸中存活的可能性更大，但他们更可能发现他们的车祸更多了。净效应是不确定的。此外，安全开车程度的下降对行人（以及没有系安全带的驾驶员）虽然有不利的影响。他们会由于这一法律而有危险，因为他们很可能发现自己遇上了车祸而又没有安全带的保护。因此，安全带的法律倾向于增加行人死亡的数量。

乍一看，这种关于激励与安全带的讨论似乎是毫无根据的猜测。但是，经济学家萨姆·佩兹曼在1975年发表的一篇文章中说明了，实际上汽车安全法有许多这类意想不到的影响。根据佩兹曼的证据，这些法律减少了每次车祸的死亡人数而增加了车祸的次数。净结果是驾驶员死亡人数变动很小，而行人死亡人数增加了。

佩兹曼对汽车安全的分析仅仅举出了人们对激励作出反应的一般原理的一个例子。经济学家研究的许多激励要比汽车安全法的激励更为直接。例如，没有一个人对向苹果征税会引起人们少买苹果感到惊讶。然而，正如安全带的例子所说明的，政策有时也会有事先并不明显的影响。在分析任何一种政策时，不仅应该考虑直接影响，而且还应该考虑激励发生作用的间接影响。如果政策改变了激励，它就将使人们改变自己的行为。

任务练习与学习思考

1. 为什么资源稀缺会导致机会成本？举例说明。

2. 1958 年"大跃进"中曾提倡密植，结果粮食减产，用边际产量递减原理解释这种现象。

3. 总产量与边际产量、平均产量与边际产量之间存在什么关系？如何根据这种关系确定一种生产要素的合理通入区间？

4. 某公司的生产经营状况：

每年总收益 = 500 000 美元，支付工资 = 400 000 美元，购买原材料 = 50 000 美元，支付利息 = 10 000 美元，其他支出 = 10 000 美元，企业放弃作为其他公司管理者可得薪金 50 000 美元，企业放弃将自己的厂房出租的租金为 10 000 美元，企业放弃将自有资金存入银行的利息所得为 5 000 美元。

求会计利润和经济利润。

第三篇

宏观经济学

第七讲
国民收入

【基本思路】

通过国民收入账户的建立引出国内生产总值的概念；国内生产总值的核算方法以及与国民生产总值等宏观经济指标的关系；国民收入核算所涉及的三种经济模型。如此，通过对宏观经济相关基本概念的分析，可以基本了解宏观经济的运行情况。

【主要内容】

国民收入账户；国内生产总值及其核算方法；国内生产总值与国民生产总值等其他宏观经济指标的关系；总需求与总供给的构成；国民收入核算所涉及的三种经济模型。

【任务要求】

重点掌握：1. 国内生产总值及其内涵。
2. 国内生产总值与国民生产总值。
3. 总需求与总供给的构成。

基本了解：1. 国内生产总值核算的三种方法。
2. 两部门经济恒等关系。
3. 三部门经济恒等关系。

一般了解：1. 四部门经济恒等关系。
2. 物价指数。

从本讲开始，我们要介绍宏观经济学的基本原理。宏观经济学主要研究整个社会经济活动，而整个社会经济活动主要靠国民收入这一概念来衡量和表现，因此，什么是国民收入？国民收入如何核算？就成为宏观经济学首先要回答的问题。

任务一 国民收入账户

宏观经济学是研究国民经济的总量行为及其规律的学科。宏观经济学研究的宏观经济总量可能是个量相加得到的总和，如总消费是每个消费者消费量的总和，总投资是每个厂商投资的总和；也可能是个量的平均量，如价格水平是各种商品价格的平均数。

宏观经济变量主要包括国内生产总值、国民生产总值、消费量、投资量、储蓄率、政府预算、失业率、通货膨胀率、利率和汇率，等等。利用这些表示经济活动特点方面的概况性指标，宏观经济学家能够对宏观经济变动的大致轮廓给以描述和分析。

20世纪30年代西方经济大危机，对经济运行整体情况的信息需求比任何时候都更为迫切，国民经济账户和GDP度量体系应运而生。国民收入账户是一国经济活力的晴雨表。人们可用两种完全独立但是殊途同归的方法计算国民生产总值，即衡量某年度内消费总额的支出法和衡量某年度内收入总额的收入法。

第二次世界大战期间，政府控制经济需要上升，推动了有关统计体系进一步发展；后来由于政府、专家、企业界与公众的合作和不断努力，国民收入账户统计不断改进和丰富。

如果把一国经济比喻为一辆汽车，国民收入账户就是汽车发动机的机械示意图，虽然它没有解释发动机如何进行工作，但是却标示了汽车关键部件的名称，并且显示了这些部件如何相互联系。因而，如同想要安装发动机必须首先读懂发动机机械示意图一样，要想理解宏观经济运行，首先需要了解国民收入账户知识。

国民收入账户的发明和运用被称为"世纪性杰作"。美国商业部长威廉·戴利认为："当我们要寻找商务部的先驱们创造的对美国影响最伟大的成就的时候，国民经济账户——今天称之为国内生产总值或GDP——的发明则当之无愧"。他的评价得到美联储主席艾伦·格林斯潘、经济学诺贝尔奖得主保罗·萨缪尔森和詹姆斯·托宾等政要和学者的赞同。

【延伸阅读】 从国民生产总值（GNP）到国内生产总值（GDP）

20世纪90年代以前，世界各国主要侧重采用国民生产总值和人均国民生产总值。进入20世纪90年代后，96%的国家纷纷放弃国民生产总值和人均国民生产总值，而开始重点采用国内生产总值和人均国内生产总值来衡量经济增长快慢以及经济实力的强弱。1994年，联合国、世界银行、国际货币基金组织、经济合作和发展组织及欧洲共同体委员会共同颁布了"1993年国民经济核算体系"。

2001年，为了保持与"1993年国民经济核算体系"的一致性，世界银行变更了术语。为了适应社会主义市场经济发展，以及中国加入世贸组织和国际货币基金组织数据通用公布系统的要求，中国在2003年开始采用"1993年国民经济核算体系"的标准称谓。

在1993年以前，各国用的是国民生产总值，1993年以后改用国内生产总值。这种变化反映了全球经济一体化的加速。

任务二　国内生产总值及其核算方法

一、国内生产总值

国内生产总值（GDP），是指一年内某国在本国领土上所生产的最终产品和劳务的市场价值总和。

在理解这一概念时应该注意：

（1）国内生产总值是指一年内生产出来产品价值的总值。也就是说，在计算时不应包括以前所生产的产品价值和当年正在生产的产品价值。

例如，某家服装厂，今年1月月末进行清点。仓库中有去年生产的西装600套，尚未拿到市场出售；1月份生产的1 000套西装已经销售900套；车间继续在生产300套新款西装。这里，作为国内生产总值进行统计的应该是1 000套西装的产品价值。去年生产的600套不能计算为今年的价值，正在生产的300套也不能计算为今年的价值，今年生产的未销售的100套则应该计算为今年的价值。

（2）国内生产总值是指最终产品价值的总值。因此，在计算时不应包括中间产品的价值，以避免重复计算。最终产品是指最后供人们使用的产品。中间产品是指在以后的生产中作为投入的产品。由于实际生活中区分最终产品和中间产品十分困难，为解决这一问题，在具体计算时采用了增值法，即只计算在生产各阶段上所增加的价值，其计算公式为：增加值＝总产值－中间投入。

在上例中，服装厂生产西装需要织布厂提供布料，对于服装厂来说，布料是中间投入；织布厂织布需要纺纱厂提供棉纱，棉纱是中间投入；纺纱厂纺纱需要农民提供棉花，棉花是中间投入；农民种棉花又依靠自然界的光合作用。如此循环，其增值法计算见表7-1。

表7-1　增值法计算

生产阶段	产品价值	中间投入	增加值
棉花	8	0	8
棉纱	11	8	3
棉布	20	11	9
服装	30	20	10
合计	69	39	30

本例中，在计算国内生产总值时，应在产品价值 69 的基础上，扣除 39 的中间投入，实为 30。如不区分最终产品和中间产品，则会有重复计算的 39。可见只要用增值法就不会造成重复计算。

（3）国内生产总值中的最终产品包括有形产品和无形产品。因此，应把旅游、服务、卫生、教育等行业提供的劳务价值计入国内生产总值中。

在上例中，服装厂生产西装，还需要包装和广告，需要专卖店销售；生产西装的工人为更好的工作，需要休闲和教育。这些范围广阔的服务部门，在国民经济中起到越来越重要的作用，所创造的服务价值在国民经济中所占的比重日益增大。近年来，经济发达的国家提供服务价值的部门在国内生产总值中达到 80%，从业人员占比达到 76%。可见，服务部门的发展程度已成为衡量国民经济发展水平的重要指标。

（4）国内生产总值按市场价格计算。国内生产总值的计算不仅受最终产品数量的影响，还要受到市场价格水平变动的影响。计算国内生产总值的最终产品是按当年的市场价格计算，充分体现市场价格水平变动的情况。

在上例中，服装厂生产的西装，去年平均每套卖 400 元，今年由于市场价格水平上涨，平均每套卖 500 元，去年 1 000 套按 1 000 × 400 = 400 000（元）计算国内生产总值，今年 1 000 套则应按 1 000 × 500 = 500 000（元）计算国内生产总值，从而体现了物价水平上涨 20% 的现状。

（5）国内生产总值按国土原则计算。国土原则是指生产总值的计算按国土范围内本国居民和外国居民生产的物质和劳务的价值进行计算。

例如，某跨国公司，去年在本国内生产基地生产石油制品，获 5 亿美元收入，在国外生产基地获得收入折合美元为 1 亿元，该公司的国内生产总值应为 5 亿美元。

【知识链接】　2012 年世界各主要国家 GDP 比较（见图 7-1）

图 7-1　2012 年世界各主要国家 GDP 比较

二、国内生产总值的计算方法

国内生产总值的计算方法有收入法、支出法和生产法三种。

（一）用收入法计算的国内生产总值

收入法是指从收入的角度出发，把某国一年内所有生产要素提供者的收入所得加总计算出该年的国内生产总值的方法。这种方法建立于另一种看法，即把当年总产出的生产费用以各种收入的形式加以汇总得到当年的市场价值总和。经济学家认为，在扣除生产资料的中间投入之后，生产费用主要是用来支付各种生产要素的收入，因而表现为劳动者的工资、企业家的利润、股东的利息和厂房等出租者的租金收入，还包括政府的税收收入和暂时留在企业的折旧收入等。因此，只要把一年社会生产要素的各项收入加总起来，就可以得到当年所生产的全部最终产品和服务的市场价值，即当年的国内生产总值。

在用收入法计算国内生产总值时，各个国家的具体统计项目是有差异的。以我国为例，主要包括以下四大项：

(1) 固定资产折旧；
(2) 劳动者报酬；
(3) 生产税净额；
(4) 营业盈余。

这里固定资产折旧是指一定时期内为在生产中已耗费的固定资产而提取的补偿价值，它是生产经营活动中的转移价值。劳动者报酬是指在一定时期内以各种形式支付给劳动者的报酬，包括货币工资、实物工资和社会保险费等三部分。生产税净额是指在一定时期内生产单位向政府缴纳的各项生产税与政府向生产单位支付的补贴相抵之后的差额。营业盈余是指在一定时期内生产要素在生产过程中创造的增加值（是在扣除了劳动者报酬、生产税净额和固定资产折旧之后的余额），是企业经营效益的体现。

我国收入法计算的国内生产总值统计见表 7-2。

表 7-2　我国用收入法计算的国内生产总值　　　　　　亿元

年份	1998	1999	2000	2001	2002	2003
收入法国内生产总值	82 780.25	87 671.13	97 209.31	106 766.26	118 020.19	129 822.21
1. 固定资产折旧	11 981.24	13 209.04	14 972.41	16 779.28	18 493.77	20 511.9
2. 劳动者报酬	43 988.95	45 926.43	49 948.07	54 934.65	60 099.14	65 560.21

续表

年份	1998	1999	2000	2001	2002	2003
3. 生产税净值	11 092.35	11 870.17	13 760.27	15 027.36	16 573.13	17 915.46
4. 营业盈余	15 717.71	16 665.49	18 528.61	20 024.97	22 854.64	25 834.61

即用收入法计算的国内生产总值的公式为：

国内生产总值 = 固定资产折旧 + 劳动者报酬 + 生产税净额 + 营业盈余

= 工资 + 利润 + 利息 + 租金

= 总收入

总收入是指一定时期内某个国家各种生产要素相应取得的收入总和。

国内生产总值常被公认为衡量一国经济状况的最佳指标，它不但可以反映一个国家的经济表现，更可以反映一国的国力与财富。

（二）用支出法计算的国内生产总值

支出法是指从最终产品和劳务的购买出发，把一年中所有社会成员用于最终产品和劳务市场价格的总和加总计算的方法。这种方法建立于这样一种看法，即把国内生产总值看作是花费在购买当年全部总产出的支出之和。所以只要把一年的社会购买最终产品和服务的各项支出加总起来，就可以得到当年所生产的全部最终产品和服务的市场价值，即当年的国内生产总值。

在用支出法计算国内生产总值时，各个国家的具体统计项目是有差异的。美国在采用产品支出法计算 GDP 时，统计对象主要包含以下项目：

(1) 个人消费支出（C）：即居民支出，一般占到 GDP 一半以上。分为耐用品、非耐用品、住房租金和其他劳务。

(2) 私人国内投资（I）：包括厂房、设备和居民住房，另有企业存货投资（年终存货—年初存货）（它不代表产品和劳务实际支出，而是企业持有存货数量变化，即产量超过实际销售量的存货积累）。

(3) 政府购买（G）：政府购买的产品与劳务总和。

(4) 净出口（NX）：出口减去进口得到的差额，表示本国最终产品有多少通过外国人支出而实现其市场价值。

1996 年美国用支出法计算的国内生产总值见表 7-3。

表 7-3 1996 年美国用支出法计算的国内生产总值

项目	总量/10 亿美元	人均量/10 亿美元	总量中的百分比/%
国内生产总值（GDP）	7 576	28 589	100
消费（C）	5 152	19 441	68
投资（I）	1 116	4 211	15
政府购买（G）	1 407	5 309	19
净出口（NX）	-99	-373	-1

即用支出法计算的国内生产总值的公式为：

国内生产总值 = 居民消费 + 投资支出 + 政府消费 + 净出口
$$= C + I + G + NX$$
$$= 总支出$$

总支出是指在一定时期内某个国家购买商品和劳务的支出总和。

（三）用生产法计算的国内生产总值

生产法是指从生产的角度出发，将各部门增加值所得加总。这里所指的部门是指产业部门，即国民经济基层单位同质性分类形成国民经济产业部门。国民经济产业部门可以分为三大产业，第一产业包括农业、林业、牧业、副业和渔业；第二产业包括制造业、采掘业、建筑业和公共工程等；第三产业包括商业、金融、保险、不动产业、运输业、通信业、服务业及其他非物质生产部门。

在用生产法计算国内生产总值时，应注意三个概念：

（1）总产出：物质和劳务的全部商品产出价值，包括总增加值和中间投入；

（2）中间投入：全部物质和劳务的投入；

（3）增加值：全部物质和劳务的最终产品价值。

我国用生产法计算的国内生产总值见表7-4。

表7-4 我国用生产法计算的国内生产总值　　　　　亿元

年份	1998	2000	2001	2003	2012
国内生产总值	78 345.2	89 468.1	97 314.8	116 898.4	519 322
1. 第一产业	14 552.4	14 628.2	15 411.8	17 092.1	52 377
2. 第二产业	38 619.3	44 935.3	48 750.0	61 131.3	235 319
3. 第三产业	25 173.5	29 904.6	33 153.0	38 675.0	231 626

即用生产法计算的国内生产总值的公式为：

国内生产总值 = 第一产业产值 + 第二产业产值 + 第三产业产值
$$= 总产值$$

总产值是指在一定时期内某个国家生产的最终产品价值的总和。

【知识链接】　　　　　　经济学原理之
———一国的生活水平取决于它们生产物品与劳务的能力

世界各国生活水平的差别是惊人的。1993年，美国人的个人年平均收入为2.5万美元，同一年，墨西哥人的个人年平均收入为7 000美元，而尼日利亚人的个人年平均收入为1 500美元。毫不奇怪，这种平均收入的巨大差别反映在生活质量的各种衡量指标上。高收入国家的公民比低收入国家的公民拥有更多电视机、更多汽车、更好的营养、更好的医疗保健以及更长的预期寿命。

随着时间推移，生活水平的变化也很大。在美国，从历史上看，收入的增长每年为2%左右（根据生活费用变动进行调整之后），按这个比率，其平均收入每35年翻一番，而韩国在近10年间平均收入翻一番。

用什么来解释各国和不同时期中生活水平的巨大差别呢？答案之简单出人意料之外。几乎所有生活水平的变动都可以归因于各国生产率的差别——这就是一个工人一小时所生产的物品与劳务量的差别。在那些每单位时间工人能生产大量物品与劳务的国家，大多数人享有高生活水平；在那些工人生产率低的国家，大多数人必须忍受贫困的生活。即一国的生产率决定了平均收入增长率。

生产率和生活水平之间的基本关系是简单的，但它的意义是深远的。如果生产率是生活水平的首要决定因素，那么其他解释的重要性就应该是次要的。例如，有人想把20世纪美国工人生活水平的提高归功于工会或最低工资法。但美国工人的真正英雄行为是他们提高了生产率。另一个例子是，一些评论家声称，美国近年来收入增长放慢是由于日本和其他国家日益激烈的竞争。但真正的敌人不是来自国外的竞争，而是美国生产率增长的放慢。

生产率与生活水平之间的关系对公共政策也有深远的含义。在考虑任何一项政策如何影响生活水平时，关键问题是政策如何影响我们生产物品与劳务的能力。为了提高生活水平，决策者需要通过使工人受到良好的教育、拥有生产物品与劳务需要的工具以及得到获取最好技术的机会来实现。

例如，过去10年间美国许多争论集中在政府的预算赤字上——政府的支出超过了政府的收入。正如我们将要说明的，对预算赤字的关注主要根据它对生产率的不利影响。当政府需要为预算赤字筹资时，它就要在金融市场上借钱，这就像学生要借钱为上大学筹资或者企业要借钱为新工厂筹资一样。因此，当政府借钱为赤字筹资时，就减少了其他借款者所能得到的资金量，即预算赤字减少了人力资本（学生的教育）和物质资本（企业的工厂）的投资。由于现在的低投资意味着未来的低生产率，因此，一般认为预算赤字抑制了生活水平的增长。

【经典案例】   **GDP的国际差异与生活质量**

确定GDP有用性的一个方法是将GDP作为衡量经济福利指标中的一个数据。富国与穷国的人均GDP水平差异巨大。如果高的GDP导致了高生活水平，那么我们应该看出GDP在一定程度上与生活质量的衡量是密切相关的，而且事实上也正是这样。

在美国、日本和德国这样一些富国，人们预期寿命较长，而且几乎所有的人都识字。在尼日利亚、孟加拉国和印度这样一些穷国，人们一般只能活到50多岁。尽管生活质量其他方面的数据还不完全，但这些数字也说明了同样情况。人均 GDP 低的国家，往往婴儿出生时体重轻、婴儿死亡率高，儿童营养不良的比率高，而且一些人均 GDP 很低的国家，学龄儿童实际在校上学的人少，而且上学也只有很少老师的来教育。这些国家往往拥有的收音机少、电视机少、铺设的道路少，而且有电器的家庭也少。国际数据无疑表明 GDP 与其公民的生活水平密切相关。

三、实际国内生产总值与名义国内生产总值

国内生产总值要受到价格水平的影响，同样的最终产品实物量按不同的价格计算会得出不同的国内生产总值；按当年价格计算的国内生产总值称为名义国内生产总值；按不变价格计算的某一年国内生产总值称为实际国内生产总值。

名义国内生产总值与实际国内生产总值之比，称为国内生产总值折算数：

$$国内生产总值折算数 = \frac{某年名义国内生产总值}{某年实际国内生产总值} \times 100\%$$

国内生产总值折算数是重要的物价指数指标，反映一国某年的通货膨胀情况。

四、国内生产总值与国民生产总值

国民生产总值（GNP）是指一国一年内在本国领土上所生产的最终产品和劳务的市场价值的总和。

国民生产总值与国内生产总值相比：

国民生产总值与国内生产总值在核算的时期、价值构成等方面相同。也就是说，它们都是指一年内生产出来的价值总和；都是指最终产品的价值总和；最终产品都包括有形产品和无形产品；都是按市场价格计算。

国民生产总值与国内生产总值在核算范围上不同。国民生产总值依据国民原则进行核算，国内生产总值依据国土原则进行核算。国土原则，是指本国领土范围内生产的物质和劳务的价值，都要计入生产总值的原则。国民原则，是指本国国民生产的物质和劳务的价值，都要计入生产总值的原则。这里的本国国民即包括本国国内公民，又包括旅居外国的本国公民和取得居住权的外国公民。也就是说，国民生产总值应包括该国公民在本国和外国所生产的最终产品的价值总和。

国民生产总值与国内生产总值相互联系用公式表示如下：

国民生产总值 = 国内生产总值 + 国外要素净收入

= 国内生产总值 + 本国公民投在国外的资本和劳务的收入 −

外国公民投在本国的资本和劳务的收入

上面提到的国外要素净收入是指本国公民投在国外的资本和劳务的收入与外国公民投在本国的资本和劳务收入的差额。如果国外要素净收入大于零，本国公民投在国外的资本和劳务的收入大于外国公民投在本国的资本和劳务的收入，则国民生产总值大于国内生产总值；反之，如果国外要素净收入小于零，本国公民投在国外的资本和劳务的收入小于外国公民投在本国的资本和劳务的收入，则国民生产总值小于国内生产总值。

国民生产总值与国内生产总值的统计见表7-5。

表7-5 国民生产总值与国内生产总值的统计 亿元

年份	1998	1999	2000	2001	2002	2003
国民生产总值	76 967.2	80 579.4	88 254.0	95 727.9	103 935.3	116 249.6
国内生产总值	78 345.2	82 067.5	89 468.1	97 314.8	105 172.3	116 898.4
国外要素净收入	-1 378	-1 488.1	-1 214.1	-1 586.9	-1 237	-648.8

例如，中国诺基亚公司归芬兰人所有，该公司在中国经营得到的利润虽是中国GDP一部分，但不被统计为中国GNP，而应归入芬兰GNP。中国海尔在美国工厂的利润，应作为美国GDP一部分，但应被统计为中国的GNP。

随着国际经济联系的加强，强调身份区别的GNP相对重要性下降，重视地域范围的GDP相对重要性上升，GDP成为越来越重要的总产出指标。

任务三 国民收入核算中的其他总量

一、与国内生产净值相关的总量指标

国内生产净值（NDP）指一个国家在一定时期内生产的最终产品与劳务的净增加值，即国内生产总值中扣除了折旧以后的产值。国内生产净值不同于国内生产总值，它反映的是社会经济在当年扣除了消耗掉的折旧之后的国民经济活动水平，同时也影响到当年新创造出来的财富的计算。国内生产净值的计算公式为：

国内生产净值 = 国内生产总值 - 折旧

与国内生产净值相对应的是国民生产净值（NNP），计算公式为：

国民生产净值 = 国民生产总值 - 折旧

或者：国民生产净值 = 国内生产总值 - 折旧 + 国外要素净收入

国民收入（NI）指一个国家在一定时期生产中所使用的各种生产要素所得到的全部收入，即工资、利息、租金与利润之和。国民收入直接体现了各项生产

要素的收入，国民收入总是依据国民原则进行统计的。因此，如果从国内生产总值统计国民收入时，必须进行调整。国民收入的计算公式为：

$$国民收入 = 国民生产净值 - 间接税$$

或者：国民收入 = 国内生产净值 - 间接税 + 国外要素净收入

个人可支配收入（PDI）：一国一年内个人可支配的全部收入。

$$个人可支配收入 = 个人收入 - 个人所得税 = 消费 + 储蓄$$

二、国内生产总值与人均国内生产总值

国内生产总值有助于我们了解一国的经济实力与市场规模，而人均国内生产总值则有助于我们了解一国的富裕程度与生活水平。

人均国内生产总值是指用当年的国内生产总值除以同一年的人口数量的结果。其计算公式如下：

$$某年人均国内生产总值 = \frac{某年国内生产总值}{某年年末人口数}$$

【知识链接】　　改革30年我国人均GDP变化（见表7-6）

表7-6　改革30年来中国的GDP、人均GDP以及经济增长率

年份	中国的GDP/亿元	人均GDP/元	经济增长率/%
1978	3 645.217	381.231 1	11.7
1980	4 545.624	463.253	7.8
1985	9 016.037	857.820 5	13.5
1989	16 992.32	1 519.002	4.1
1990	18 667.82	1 644.467	3.8
1991	21 781.5	1 892.76	9.2
1995	60 793.73	5 045.73	10.9
2000	99 214.55	7 857.676	8.4
2001	109 655.2	8 621.706	8.3
2002	120 332.7	9 398.054	9.1
2003	135 822.8	10 541.97	10.0
2004	159 878.3	12 335.58	10.1
2005	183 084.8	14 040	10.4
2006	209 407	16 084	10.7
2007	246 619	18 665	11.4

资料来源：《中国统计年鉴2007》，2007年数据来自国民经济社会与发展统计公报。

【延伸阅读】 　　　　　　关于 GDP 与绿色 GDP

　　GDP 是国民经济各行业在核算期内增加值的总和。作为总量指标，GDP 和经济增长率、通货膨胀率和失业率这三个主要的宏观经济运行指标都有密切关系。例如，在美国，以经济学家奥肯的名字命名的"奥肯定律"估算，当经济增长率高于 2.25% 时，失业率将下降，在此基础上，经济增长率每增加一个百分点，失业率就会下降半个百分点。当经济增长率低于 2.25% 时，失业率将上升，在此基础上，经济增长率每减少一个百分点，失业率就会上升半个百分点。

　　但是，GDP 并不是一个完美指标，它也有缺点：

　　1. GDP 不能全面地反映经济发展

　　政府部门提供的行政服务、公共安全服务、教育服务、医疗卫生服务、环境保护服务等公共服务在经济发展中发挥着重要作用，但是 GDP 核算以市场活动为主体，它衡量经济活动的标准尺度是市场价格，由于政府部门提供的公共服务不存在市场价格，目前国际上通行的做法是利用政府部门提供这些公共服务投入的成本来衡量其价值，而这些投入成本远不能反映这些公共服务在经济发展中的重要作用。

　　2. GDP 不能反映经济发展的质量差异

　　不同国家的产品质量、拥有的品牌数量差异很大，尤其是经济发达国家与发展中国家之间具有显著差异；不同国家的技术水平、劳动生产率、资本生产率和资源产出率差异很大；不同国家的排放强度也具有很大的差异。GDP 不能反映出这些经济发展质量的差异。

　　3. GDP 不能准确地反映财富的增长

　　一个国家的经济实力在很大程度上取决于它所拥有的财富存量，而不仅仅是当期新增加的财富；一个国家的人民生活水平在很大程度上取决于这个国家的人民所拥有的财富存量，而不仅仅是当期新增加的财富。经济增长质量不高会导致财富的巨大损失与浪费和财富存量的减少。在这种情况下，财富存量不能与经济增长率保持同步增长，从而 GDP 不能准确地反映财富的增长，也不能反映贫富差距。

　　4. GDP 没有反映非市场性家务劳动

　　家务劳动对于人民生活来说是必不可少的。经济发展程度不同的国家，家务劳动的市场化程度截然不同。一般来说，发达国家家务劳动市场化程度比较高，而发展中国家家务劳动市场化程度比较低。不管家务劳动市场化程度高低，这些劳动本身都是存在的，但由于 GDP 只计算市场化的家务劳动，从而导致经济发展程度不同的国家，其 GDP 没有一定程度的可比性。

　　5. GDP 不能全面地反映社会进步

（1）GDP 没有充分地反映公共服务在社会进步中的重要作用。由于 GDP 利用政府部门提供这些公共服务投入的成本来衡量其价值，它没有充分反映这些公共服务在社会进步中的重要作用。

（2）GDP 不能反映就业状况。GDP 反映的是生产活动的最终成果，但是它并不涉及多少人参与了这种生产成果的创造活动，更不涉及还有多少人希望参与到生产活动中去，因此，它不能反映一个国家的就业状况。

（3）GDP 不能反映收入分配是否公平合理。GDP 是一个生产指标，不是一个收入分配指标，它只是利用这几种收入形式反映生产活动成果，不能完整地反映收入初次分配，更不能反映收入再分配，从而不能反映一个国家收入分配是否公平合理。

（4）GDP 不能反映社会福利改善情况。例如，GDP 不能反映社会最低生活保障、失业保障、医疗保障和住房保障的改善情况。

6. GDP 不能全面地反映人民生活水平的变化

（1）GDP 没有充分地反映行政服务、教育服务和医疗卫生服务等公共服务在经济发展和社会进步中的作用，所以它不能全面地反映这些公共服务的改善对人民生活水平的影响。

（2）由于 GDP 不能反映就业状况、收入分配状况和社会福利状况，所以它不能反映这些方面的社会进步所带来的人民生活状况的改善。

（3）由于 GDP 不能反映自然环境的变化，所以它不能反映环境损失和环境改善对人民生活质量的影响。

7. GDP 不能反映资源环境的变化

GDP 是反映经济发展情况的指标，但是经济发展势必会消耗自然资源，也往往会对环境产生负面影响，例如消耗土地资源、水资源、森林资源和矿产资源，水污染、空气污染和土地污染等，GDP 没有反映经济发展所带来的资源消耗成本和环境损失代价。GDP 也不能全面地反映人类的自觉行动对自然环境的改善。因此，国际上有人提出绿色 GDP 的概念，这是一个科学的理念。

尽管如此，目前还没有一个更好的指标能够代替 GDP。

所谓绿色 GDP，就是把资源和环境损失因素引入国民核算体系，即在现有的 GDP 中扣除资源的直接经济损失，以及为恢复生态平衡、挽回资源损失而必须支付的经济投资。建立以绿色 GDP 为核心指标的经济发展模式和国民核算新体系，不仅有利于保护资源和环境，促进资源可持续利用和经济可持续发展，而且有利于加快经济增长方式的转变，提高经济效率，从而增进社会福利。同时，采用绿色 GDP 这一总量指标，也有助于更实际地测算一国或地区经济的生产能力。

三、其他宏观经济指标

(一) 物价指数

物价指数是衡量物价总水平变动情况的指数。

各国经常采用的物价指数主要包括消费物价指数、生产物价指数和国内生产总值折算数。

1. 消费物价指数 (CPI)

消费物价指数是用一篮子消费物品和劳务计算的物价指数。这种指数所选的一篮子物品是消费品和劳务,价格是零售价格。

【知识链接】 近10年来我国居民消费价格指数走势（见图7-2）

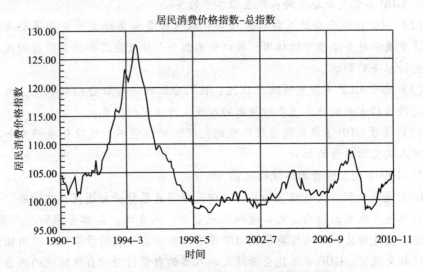

图7-2 近10年来我国居民消费价格指数走势

2. 生产物价指数 (PPI)

生产物价指数是用一篮子生产资料计算的物价指数。这种指数所选的一篮子物品是生产资料,价格是批发价格,所以生产物价指数也称批发指数。

3. 国内生产总值折算数

国内生产总值折算数是名义国内生产总值与实际国内生产总值之比。

物价水平普遍而持续的上升称为通货膨胀,物价水平普遍而持续的下降称为通货紧缩。经济中的通货膨胀与通货紧缩用物价指数来表示。

(二) 失业率

失业率是指失业人口占劳动人口的比率（一定时期全部就业人口中有工作意

愿而仍未有工作的劳动力数字），旨在衡量闲置中的劳动产能，是反映一个国家或地区失业状况的主要指标。失业者是指一定年龄范围内能够工作、愿意工作且正在寻找工作，但仍然没有工作的人。

失业率 = 失业人数/劳动力 = 失业人数/（就业人数 + 失业人数）

（三）遗憾指数

遗憾指数又称痛苦指数，是指通货膨胀率与失业率之和。例如，通货膨胀率为5%，失业率为5%，则遗憾指数为10%。这一指数说明了人们对宏观经济状况的感觉。该指数越大，人们对宏观经济状况越不满意。

【延伸阅读】　从国内生产总值（GDP）到国民幸福总值（GNH）

如果说 GDP 是衡量国富、民富的标准，那么我们还需要一个衡量人的幸福快乐的标准。在国际社会，这个最新出现的标准叫国民幸福总值（GNH）。

GNH 最早是由南亚不丹王国的国王提出的，他认为政策应该关注幸福，并应以实现幸福为目标。他提出，人生基本的问题是如何在物质生活和精神生活之间保持平衡。在这种执政理念的指导下，不丹王国创造性地提出了由政府善治、经济增长、文化发展和环境保护四级组成的"国民幸福总值"指标。追求 GNH 最大化是不丹政府至高无上的发展目标。实践的结果是在人均 GDP 仅为 700 多美元的不丹，人民生活得很幸福。

1970年，不丹提出 GNH 时并不引人注目，然而多年的实践已经引起全世界瞩目，世界上不少著名的经济学家把目光投向这个南亚小国，开始认真研究"不丹模式"。美国的世界价值研究机构开始了"幸福指数"研究，英国则创设了"国民发展指数"（MDP），并考虑了社会、环境成本和自然资本。日本也开始采用另一种形式的国民幸福总值（GNC），其更强调了文化方面的因素。幸福指数如图7-3所示。获2002年诺贝尔经济学奖的美国心理学教授卡尔曼和经济学家

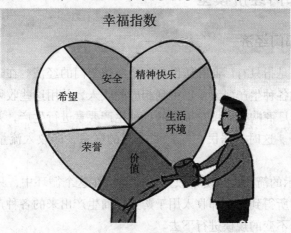

图7-3　幸福指数

联手正致力于"国民幸福总值"的研究。

无论每个人在追求什么,例如财富和声望;无论人类在追求什么,例如和平与自由。其终极的目标,都是幸福快乐。国家的前进方向亦是如此,"乐民之乐者,民亦乐其乐。"曾任美国政治学会会长的罗伯特·莱恩教授提出,金钱、财富、自由、民主,不过是实现幸福这个终极目标的手段而已。

世界银行主管南亚地区的副总裁、日本的西水美惠子对不丹的这一创举给予了高度评价。她说:"世界上存在着唯一以物质和精神的富有作为国家经济发展政策之源,并取得成功的国家,这就是不丹王国,该国所讴歌的'国民幸福总值'远远比国内生产总值重要得多。"

任务四 国民收入流量循环

从前面可知,国内生产总值是一个"流量"概念,而不是"存量"概念。流量和存量在经济学中是两个不同的概念。流量是指在一定时期内(在国民收入的统计中一般为一年)某种经济变量变动的数值;而存量则是在某一时间点上某种经济变量的数值。例如,国民财富是一个存量,它表示在某一时刻社会所拥有的财富的总值。而国内生产总值或国民收入则是一个流量概念,因为它表示的是某段时期内整个经济社会新生产出来的价值或最终产品的价值是多少,因而在一定时期内发生变动的数值,是流量而不是存量。

要弄清如何核算国民收入,还应当分析国民收入流量循环过程,这种循环流转可概括为以下三种模型。

一、两部门经济模型

(一) 两部门经济

两部门经济是指只有厂商和居民户两个经济部门的经济。在这种经济中,居民户向厂商提供各种生产要素,以得到相应的收入,并用这些收入购买和消费各种产品与劳务;厂商购买居民户提供的各种生产要素进行生产,并向居民户提供各种产品和劳务。这时,居民户与厂商之间的联系,即收入流量循环模型如图7-4所示。

图7-4所示的箭头表示货币收入的流向。在这个循环中,只要居民户把他们出卖生产要素所得到的全部收入用于购买厂商生产出来的各种产品与劳务,这个经济就可以以不变的规模进行下去。

如果居民户把一部分收入用来购买厂商的各种产品和劳务,把另一部分收入

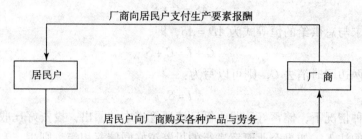

图 7-4　两部门经济循环模型

储蓄起来；如果厂商在居民户的消费支出外又获得了其他来源的投资，那么其收入流量循环模型如图 7-5 所示。

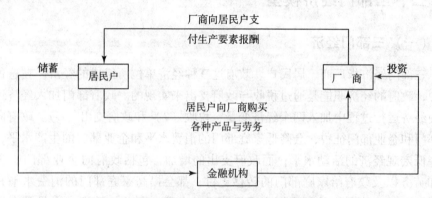

图 7-5　有金融机构的两部门经济循环模型

图 7-5 表明，如果居民户把储蓄存入金融机构，厂商则从金融机构获得投资。若通过金融机构把居民户的全部储蓄都转化为厂商的投资，即储蓄等于投资，这个经济就可以正常地运行下去。

（二）两部门经济的恒等关系

在两部门经济中，总需求分为居民户的消费需求与厂商的投资需求。消费需求与投资需求可以分别用消费支出与投资支出来表示，消费支出即为消费，投资支出即为投资。

所以，总需求 = 消费 + 投资，即

$$AD = C + I$$

总供给是全部产品与劳务供给的总和，产品与劳务是由各种生产要素生产出来的，所以总供给是各种生产要素供给的总和，即劳动、资本、土地和企业家才能供给的总和。生产要素供给的总和可以用各种生产要素相应得到收入的总和来表示，即用工资、利息、地租和利润的总和来表示。工资、利息、地租和利润是居民户所得到的收入，这些收入分为消费与储蓄两部分。

所以，总供给 = 消费 + 储蓄，即

$$AS = C + S$$

总需求与总供给的恒等式为 $AD = AS$，即

$$C + I = C + S$$

如果两边同时消去 C，则可以写为：

$$I = S$$

在这种情况下，储蓄好比收入循环流通管道中的漏出，投资好比收入循环流通管道中的注入，如果企业愿意进行的投资正好同储蓄相等，则生产和收入会在原有水平上保持平衡。

二、三部门经济模型

（一）三部门经济

三部门经济指厂商、居民户、政府这三种经济单位所组成的经济。在这种经济中，政府的经济职能是通过税收与政府支出来实现的。政府部门加入经济运行会使经济运行过程中加入两个经济变量：税收（T）和政府支出（G）。政府向家庭部门和企业部门征税，会降低家庭部门的消费水平和企业部门的生产水平，进而降低宏观经济的活动水平；而政府支出的增加，包括政府向企业部门购买商品和劳务以及政府给家庭部门的转移支付，都会提高家庭部门的消费水平和企业部门的生产水平，从而提高宏观经济活动水平。因此，政府支出是具有注入效应的变量，税收是具有漏出效应的变量。这时收入流量循环的模型如图7-6所示。

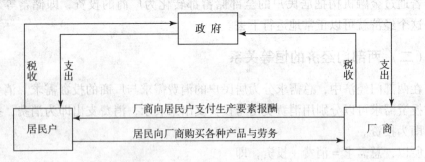

图7-6 三部门经济循环模型

图7-6表明了三部门经济中的收入流量循环，即家庭、厂商与政府之间的经济联系。

（二）三部门经济的恒等关系

在三部门经济中，总需求不仅包括家庭的消费需求（C）与厂商的投资需求（I），而且还包括政府的需求。政府需求可以用政府购买（G）来表示。所以总

需求为：
$$AD = C + I + G$$

三部门经济总供给中，除了家庭供给的各种生产要素之外，还有政府的供给。政府的供给是指政府为整个社会生产提供了国防、立法和基础设施等"公共物品"。政府由于提供了这些"公共物品"而得到相应的收入——税收。所以可以用政府税收 T 来代表政府的供给，即总供给为
$$AS = C + S + T$$

三部门经济中总需求与总供给的恒等式为：
$$C + S + T = C + I + G$$
或
$$S + T = I + G$$
或
$$S + T - G = I$$

在这里，收入循环流通管道中的漏出，除储蓄之外，又增加了税收，收入循环流通管道中的注入，除私人投资，又增加了政府购买和政府财政结余投资。从图 7-6 可以看出，储蓄（S）和投资（I）不一定相等，投资（I）中的一部分来自于财政结余。政府购买（G）和税收（T）也不一定相等，政府购买中的一部分来自于财政赤字。但储蓄加税收（$S + T$）一定要等于投资加政府购买（$I + G$），才能使总支出和总产出相等，实现总供给和总需求的均衡。

三、四部门经济模型

（一）四部门经济

三部门经济加上国外部门，就成为四部门经济。在现代社会，任何国家的经济运行都不是封闭的，或多或少都会与外国发生某种经济联系，其中最主要的经济联系是进出口贸易。如果把所有的外国也视为一个经济部门，即外国部门，在宏观经济运行过程中又会增加两个变量：出口（X）和进口（M）。显然，企业部门出口产品会使其生产规模扩大，并因此增加对生产要素的购买，从而导致国民收入的增加和经济活动水平的提高；而企业部门进口产品只能导致相反的结果，因此，出口是具有注入效应的变量，进口则是具有漏出效应的变量。如图 7-7 所示。

图 7-7 是建立在图 7-6 基础上的，除了国际市场外，其余流程均同于图 7-6。

（二）四部门经济的恒等关系

在四部门经济中，总供给除了家庭供给的各种生产要素和政府的供给（Y）外，还有国外的供给，即进口（M）。则总供给 AS 可表示如下：

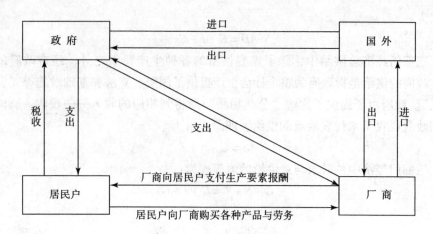

图 7-7 四部门经济循环模型

$$AS = Y + M = C + S + T + M$$

四部门经济总需求中,不仅包括家庭的消费需求(C)、厂商的投资需求(I)与政府的需求(G),而且还包括国外的需求,即出口(X)。所以总需求(AD)为:

$$AD = C + I + G + X$$

四部门经济中总供给与总需求的恒等式为:

$$C + S + T + M = C + I + G + X$$

或

$$S + T + M = I + G + X$$

或

$$S + T - G = I + X - M$$

上式左边($S+T-G$)代表全社会的储蓄;右边(I)代表私人部门的投资,($X-M$)表示出口净额,表示本年期间新增加的一笔外汇储备或对外资产的所有权或支配权。从以上的分析不难看出,一个经济社会的宏观经济要实现均衡,总支出必须等于总收入或者总需求必须等于总供给,也可以说,投资必须等于储蓄。如果上述条件不具备,宏观经济运行就会呈现非均衡的状态。例如,当投资大于储蓄时,意味着经济中存在着过度需求,即总需求大于总供给,这必然导致资源的短缺并引发通货膨胀;反之,当投资小于储蓄时,则意味着经济中存在着需求不足,即总需求小于总供给,这又会导致失业并引发通货紧缩。因此,只有在投资等于储蓄或总需求等于总供给时,宏观经济才能实现均衡。这是宏观经济学中的一个重要原理。

【延伸阅读】　　　　　　　国民经济"三驾马车"

国民经济"三驾马车"是指消费、投资和出口。从支出角度看,GDP 是最终需求——消费、投资和净出口这三种需求之和,因此,经济学上常把消费、投资和出口比喻为拉动 GDP 增长的"三驾马车",如图 7-8 所示。

消费就是本国居民的消费需求，也称为内部需求。它是经济的主要动力，是 GDP 增长的主导因素。消费占 GDP 的贡献率，中国通常为 50%～60%，外国一般高达 70%～80%，美国、英国甚至高达 85% 以上。

投资主要由企业及个人投资和政府投资组成。企业及个人投资仍然主要取决于销售和消费。政府投资（即政府通过一系列的财政预算，包括发行国债，对教育、科技、国防和卫生等事业的支出）的适当增加可以促进经济增长，但依靠财政收入的政府投资毕竟是相对有限的，是辅助性的扩大内需。

出口是指外部需求，即是通过本国企业的产品打入国际市场，参与国际竞争，扩大自己的产品销路。

图 7-8　经济漫画：三驾马车给力 2011 中国经济

四、三种国内生产总值的恒等关系

由于两部门经济模型是各种经济模型的本质基础，可以用两部门经济模型来分析总收入、总支出与总产量之间的关系。

从生产部门（企业）看，生产部门向消费部门购买生产要素的支出，通过生产销售给消费部门，形成总收入。同时，从消费部门（居民）看，消费部门向生产部门支付生产要素所得到的收入，通过市场向生产部门购买商品，形成总支出。可以看出，在要素市场上生产部门的支出与消费部门的收入相等，在商品市场上生产部门的收入与消费部门的支出相等，同时又都表现为国内生产总值，即

$$总产值 = 总收入 = 总支出$$

还因为总收入 = 消费 + 储蓄，总支出 = 消费 + 投资，即

$$总收入 = 总支出$$
$$消费 + 储蓄 = 消费 + 投资$$
$$储蓄 = 投资$$

因此，投资与储蓄恒等关系反映了两部门经济模型的基本条件。

任务练习与学习思考

1. 简述国内生产总值及其含义。
2. 比较国内生产总值与国民生产总值。
3. 总需求由哪几部分构成？
4. 试分析三部门经济中的恒等关系。

第八讲
总需求与总供给

【基本思路】

通过对消费函数、储蓄函数、投资函数等总支出的分析，了解均衡国内生产总值的决定；总支出变动是研究乘数理论的基础，而乘数理论是理解宏观经济调控的基础，它在宏观经济理论中占有十分重要的地位；凯恩斯用总支出与国内生产总值的关系来说明短期宏观经济，而长期宏观经济的分析就要借助于总供求均衡的分析。

【主要内容】

消费函数；储蓄函数；投资函数；总支出函数；均衡 GDP 的决定；乘数理论及其运用；总需求曲线与总供给曲线；总供求均衡分析；凯恩斯革命。

【任务要求】

重点掌握：1. 消费函数及其稳定性。

2. 总支出的变动与均衡 GDP 的关系。

3. 储蓄与国内生产总值变动的关系。

4. 乘数理论及其运用。

5. 总需求曲线。

6. 总供求均衡分析。

基本了解：1. 储蓄函数与投资函数。

2. 总需求曲线分析的意义。

一般了解：1. 总供给曲线及其分类。

2. 凯恩斯革命。

现代宏观经济学是由凯恩斯创建起来的。凯恩斯主义宏观经济学分析的重点则是短期宏观经济状况，而且凯恩斯认为，在短期中决定宏观经济状况的关键因素是总支出，所以总支出分析是凯恩斯主义宏观经济学的中心。我们从总支出分析入手，进一步分析总需求与总供给均衡时的宏观经济状况。

任务一　总支出函数

在总支出中，消费所占的比重约为 2/3，我们首先需了解消费以及与之相关的储蓄。同时，在总支出中除了消费，还有投资，投资在总支出中所占的比例尽管不大，但其波动幅度较大，对宏观经济的稳定十分重要。

一、消费函数

（一）消费函数是消费与收入之间的依存关系

在其他条件不变的情况下，消费随收入的变动而同方向变动，即收入增加，消费增加；收入减少，消费减少。如果以 C 代表消费，Y 代表收入，则消费函数可写为：

$$C = f(Y)$$

消费与收入之间的关系可以用平均消费倾向和边际消费倾向来说明。平均消费倾向是指消费在收入中所占的比例。如果以 APC 代表平均消费倾向，则：

$$APC = C/Y$$

边际消费倾向是指增加的消费在增加的收入中所占的比例。如果用 MPC 代表边际消费倾向，用 ΔC 代表增加的消费，用 ΔY 代表增加的收入，则：

$$MPC = \Delta C/\Delta Y$$

边际消费倾向递减规律是指在其他条件不变的情况下，边际消费倾向会随着收入的增加而呈现递减趋势。

（二）影响消费支出的因素

影响消费支出的因素主要有以下几个方面：

（1）可支配收入。可支配收入是居民户提供生产要素劳务所得到的收入加上政府转移支付再减去个人所得税的最终收入。居民户的可支配收入只能用于消费品与劳务支出及其储蓄。随着居民户可支配收入的增加，用于消费品与劳务的支出也在增加。

（2）预期的收入。预期的收入是居民户对未来收入的预期值。在其他条件不变的情况下，居民户预期的未来收入越高，现期的消费支出也就越多。

（3）生命阶段。生命阶段是人们一生中不同的生存阶段。青年阶段，可支配收入中更大部分用于消费品与劳务支出。老年阶段，可支配收入中更小部分用于消费品与劳务的支出。

（4）节约的程度。每个人和每个家庭节约的程度差别很大，在其他条件不变的情况下，不节约的家庭，消费支出占可支配收入的比率大。

(5) 利率。利率水平越高，消费支出水平越低。高利率由于使消费信贷代价更高和更能吸引人们储蓄而抑制了消费。

在这五个因素中，最重要的是个人可支配收入的水平。

(三) 消费由自发消费和引致消费组成

经济学家认为，人们的全部消费实际上可以分为两部分：一部分是不取决于收入的自发消费，另一部分是随收入变动而变动的引致消费。

自发消费是由人的基本需求决定的最必需的消费，如维持生存的衣、食、住等。无论收入多少，这部分消费都是不可少的。在经济分析中，假设这部分消费不取决于收入，是一个固定的量。自发的含义是指它是由人的生存需要所决定的，不随收入变动而变动。

引致消费是指收入所引起的消费，这部分消费的大小取决于收入与边际消费倾向。

如果以 C_0 代表自发消费，c 代表边际消费倾向，则可以把消费函数写为：

$$C = C_0 + c \cdot Y$$

根据这个公式，我们可以作出消费函数的图形，如图 8-1 所示。

如图 8-1 所示，横轴 Y 代表收入，纵轴 C 代表消费，45°线表示在这上任何一点都是收入与消费相等。$C = C_0 + c \cdot Y$ 是消费函数曲线，其位置由自发消费 C_0 决定，斜率由边际消费倾向 c 决定。这条曲线向右上方倾斜，说明消费随收入增加而增加。在消费函数曲线与 45°线相交的 E 点，收入与消费相等。在 E 点之左，消费大于收入，有负储蓄；在 E 点之右，消费小于收入，有储蓄。

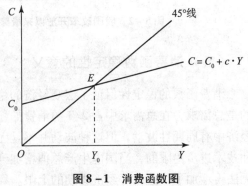

图 8-1 消费函数图

(四) 消费函数的稳定性及原因

根据长期消费资料的分析，在长期中消费函数是相当稳定的。经济学家提出了许多理论来证明消费函数的稳定性，其中最有影响的是美国经济学家莫迪利亚尼提出的"生命周期假说"和弗里德曼提出的"持久收入假说"。

生命周期假说基本论点：每个人都根据他自己一生的全部预期收入来安排他的消费支出。各个家庭的消费要受制于该家庭在其整个生命期间内所获得的总收入。

持久收入假说的基本观点：人们在计划自己的消费水平时，不是依据短期的实际收入,而是把消费与持久的、长期的收入联系在一起。消费者为了实现其效用最大化,实际上是根据他们在长期中能保持的收入水平来进行消费的。

所以人们的收入可以分为两部分,一部分是暂时收入,一部分是持久收入,只有持久收入才影响人们的消费,即消费是持久收入的稳定函数。

【知识链接】

我国改革开放以来最终消费支出对 GDP 的贡献率如图 8-2 所示。

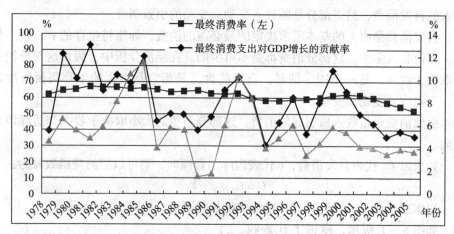

图 8-2　我国改革开放以来最终消费支出对 GDP 的贡献率

(五) 消费函数稳定性的意义

消费函数的稳定性保证了宏观经济的稳定性。在短期中,决定宏观经济状况的是总需求,在总需求中占 2/3 的消费的稳定性保证了宏观经济的稳定性。尽管经济中有周期性波动,但这种波动并不是无限的。经济繁荣不会无限度是以资源和技术进步为限的,当国内生产总值增加到资源和技术进步所允许的极限时,就无法再增加了,这就是经济周期的上限。经济衰退时,也不会无限地下跌,因为人们总要消费,消费的稳定性使衰退也有一定限度。在总需求中,消费是一个重要的稳定性因素。

但是刺激消费的政策作用十分有限。因为消费取决于收入和边际消费倾向,边际消费倾向是稳定的,因此,增加消费的关键是增加收入。如果一种政策不能增加收入,则就无法刺激消费。收入的增加关键在于经济的增长潜力。因此,就刺激总需求的政策而言,刺激消费是困难的,以繁荣为目的的总需求政策不应以刺激消费为中心,而应以刺激投资为中心。这是因为在总需求中,除了消费之外还有投资、政府支出和净出口。在任何一个经济中,政府支出是由政府的政策决定的,一般情况下也是较为稳定的,而且随着政府在经济中作用的加强,其支出也在稳定增加。因此,政府支出不是引起经济波动的主要根源。净出口在经济中占的比例很少，它的变动也不足以引起周期性波动。由此可以推导出，引起经济波动的主要因素是投资。

二、储蓄函数

储蓄函数是储蓄与收入之间的依存关系。在其他条件不变的情况下，储蓄随收入的变动而同方向变动，即收入增加，储蓄增加；收入减少，储蓄减少。如果以 S 代表储蓄，则储蓄函数为：

$$S = f(Y)$$

储蓄与收入之间的关系可以用平均储蓄倾向和边际储蓄倾向来说明。平均储蓄倾向是指储蓄在收入中所占的比例。如果用 APS 代表平均储蓄倾向，则：

$$APS = S/Y$$

边际储蓄倾向是指增加的储蓄在增加的收入中所占的比例。如果用 MPS 代表边际储蓄倾向，用 ΔS 代表增加的储蓄，则：

$$MPS = \Delta S/\Delta Y$$

综合上述分析，鉴于消费者的全部收入分为消费与储蓄，所以：

$$APC + APS = 1$$

同样，消费者全部增加的收入分为增加的消费与增加的储蓄，所以：

$$MPC + MPS = 1$$

三、投资函数

（一）投资函数

投资函数是指投资与利率之间的关系，以 I 代表投资，i 代表利率，则投资函数可写为：

$$I = b \cdot i$$

式中，b 是投资的边际利率，即利率变动会引起投资多大程度的变动。如果既定的利率变动引起的投资变动幅度大，则投资的边际利率大；如果既定的利率变动引起的投资变动幅度小，则投资的边际利率小。

（二）决定投资的主要因素

（1）利率。利率越低，投资量越大。企业不论是以贷款进行投资，还是以自有资金进行投资，利率都是最重要的影响因素。利率越低，任何一项投资的机会成本也就越低；利率越高，任何一项投资的机会成本就越高，越无利可图。利率与投资呈反方向变动关系。

（2）预期的通货膨胀。预期的通货膨胀率越高，投资量越大，所引起的预期的未来净收益越大。而且相对于投资的最初成本的预期未来净收益越大，该投资的收益也越大。预期通货膨胀率与投资呈同方向变动关系。

（3）预期利润。新投资的预期利润越高，投资量越大。预期利润越高，引起这种净收益的投资也就更有利，企业也就愿意更多地投资。

（4）折旧。折旧是现有资本设备的损耗。资本设备存量越多，这些存量的年代越长，资本的损耗量也就越大。损耗的资本一般需要重置。因此，折旧的资本量越大，用于更新这些资本的重置投资也就越大。

尽管投资受多种因素的影响，但其中最重要的因素是利率。

（三）投资函数曲线

我们知道，投资与利率之间是反方向变动关系，即利率上升投资减少，利率下降投资增加。因此，投资函数是一条向右下方倾斜的曲线，如图 8-3（a）所示。

在图 8-3（a）中，横轴 I 代表投资量，纵轴 i 代表利率，向右下方倾斜的 $I = b \cdot i$ 为投资函数曲线。从图 8-3（a）中可以看出，当利率从 i_0 下降到 i_1 时，投资从 I_0 增加到 I_1。

总投资一般被分为两个部分，一是用于购买新的厂房、设备的净投资；二是用于重新购置机器、厂房和设备的重置投资。一年中的重置投资总是不变的，投资函数如果加上重置投资（用 e 表示），则表示为：

$$I = e + b \cdot i$$

重置投资在一定时期内一般不随利率的变动而变动，表现为一个常数，如方程式中的 e，重置投资的变动会引起投资曲线的平行移动，如图 8-3（b）所示。

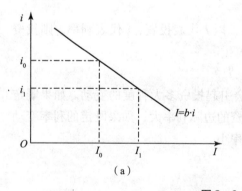
(a)

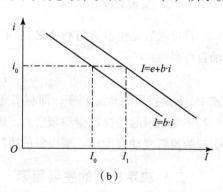
(b)

图 8-3 投资函数

在国民经济模型中，总是假定利息率不变，于是，当年总投资也是一个常量，所以：

$$I = e + b \cdot i = I_0$$

四、总支出函数

在分析了消费函数、储蓄函数和投资函数之后,可以分析总支出函数。总支出函数等于消费函数加上投资函数。如果用 AE 代表总支出函数,则:

$$AE = C + I$$

由于 $C = C_0 + c \cdot Y$,$I = I_0$,所以:

$$AE = C_0 + c \cdot Y + I_0$$
$$AE = A_0 + c \cdot Y$$

这里的 $A_0 = C_0 + I_0$,A_0 代表自发总支出。自发总支出是指自发消费和自发投资的总和,而总支出中随着国内生产总值的变动而变动的支出就是引致总支出。AE 与45°线相交于 E 点,则其决定了均衡国内生产总值为 Y_0,如图8-4所示。

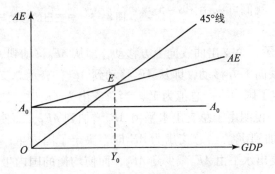

图8-4 国内生产总值均衡图

在图8-4中,总支出曲线 AE 的截距为 A_0,即自发总需求,斜率为边际消费倾向 c,AE 向右上方倾斜说明总支出中由于包含引致消费而随国民收入的增加而增加。AE 与45°线相交于 E 点,决定了均衡的国内生产总值为 Y_0。同时,

$$Y = AE$$
$$AE = A_0 + c \cdot Y$$
$$Y = A_0 + c \cdot Y$$
$$Y - c \cdot Y = A_0$$
$$Y_0 = 1/(1 - c) \cdot A_0$$

由此说明,均衡国内生产总值 Y_0 是由边际消费倾向 c 决定的。

任务二 总支出变动与乘数原理

总支出变动是研究乘数理论的基础,而乘数理论在宏观经济理论中占有十分

重要的地位，它是理解宏观经济调控的基础。

一、总支出的变动

均衡的国内生产总值是由总支出决定的，因此，总支出的变动必然引起均衡的国内生产总值的变动。总支出水平的高低，决定了均衡的国内生产总值的大小，所以总支出的变动必然会引起均衡的国内生产总值同方向变动，即总支出增加，均衡的国内生产总值增加；总支出减少，均衡的国内生产总值减少。我们可以用图8-5来说明这一点。

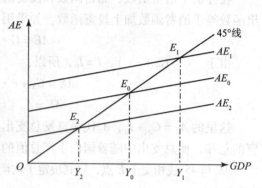

图8-5 总支出的移动与GDP变动图

如图8-5所示，总支出曲线向上方移动，即从 AE_0 移动到 AE_1，表示总支出增加；总支出曲线向下方移动，即从 AE_0 移动到 AE_2，表示总支出减少。当总支出为 AE_0 时，决定了国内生产总值为 Y_0。当总支出为 AE_1 时，决定了国内生产总值为 Y_1。$Y_1 > Y_0$，说明由于总支出水平由 AE_0 增加到 AE_1，而使均衡的国内生产总值水平由 Y_0 增加到 Y_1。当总支出为 AE_2 时，决定了国内生产总值为 Y_2。$Y_2 < Y_0$，说明由于总支出水平由 AE_0 减少到 AE_2，而使均衡的国内生产总值由 Y_0 减少到 Y_2。

如图8-5所示，总支出变动表现为总支出曲线的平行移动。这就说明总支出变动是由于自发总支出的变动所引起的。设自发总支出的变动量为 ΔA_0，则这三条总支出曲线为：

$$AE_0 = A_0 + c \cdot Y$$
$$AE_1 = A_0 + \Delta A_0 + c \cdot Y$$
$$AE_2 = A_0 - \Delta A_0 + c \cdot Y$$

根据上述总支出与国内生产总值变动的关系，还可以进一步研究储蓄与国内生产总值变动的关系。在既定的收入中，消费与储蓄是呈反方向变动关系的，即消费增加，储蓄减少；消费减少，储蓄增加。消费是总支出的一个重要组成部分，储蓄增加使消费减少，总支出减少，从而使国内生产总值减少；反之，储蓄减少使消费增加，总支出增加，从而使国内生产总值增加。因此，储蓄的变动会引起国内生产总值反方向变动。

根据消费与储蓄对国内生产总值的不同影响，凯恩斯得出这样一个与传统的道德观相矛盾的推论：按照传统的道德观，增加储蓄是好的，减少储蓄是恶的。但按上述储蓄变动引起国内生产总值反方向变动的理论，增加储蓄会减少国内生产总值，会使经济衰退，因而是坏的；而减少储蓄会增加国内生产总值，会使经济繁荣，因而是好的。这种矛盾被称为"节俭悖论"。

【经典案例】 "节俭悖论"及其启示

18世纪，荷兰的曼德维尔博士在《蜜蜂的寓言》一书中讲过一个有趣的故事。一群蜜蜂为了追求豪华的生活，大肆挥霍，结果这个蜂群很快兴旺发达起来。而后来，由于这群蜜蜂改变了习惯，放弃了奢侈的生活，崇尚节俭，结果却导致了整个蜜蜂社会的衰败。

蜜蜂的故事说的是"节俭的逻辑"，在经济学上叫"节俭悖论"。在西方经济学说史上，节俭悖论曾经使许多经济学家倍感困惑，但经济学家凯恩斯从故事中却看到了刺激消费和增加总需求对经济发展的积极作用，受此启发，他进一步论证了节俭悖论。

众所周知，节俭是一种美德。从理论上讲，节俭是个人积累财富最常用的方式。从微观上分析，某个家庭勤俭持家，减少浪费，增加储蓄，往往可以致富。然而，熟悉西方经济学的人们都知道，根据凯恩斯的总需求决定国民收入的理论，节俭对于经济增长并没有什么好处。实际上，这里蕴含着一个矛盾：公众越节俭，降低消费，增加储蓄，往往会导致社会收入的减少。因为在既定的收入中，消费与储蓄呈反方向变动，即消费增加储蓄就会减少，消费减少储蓄就会增加，所以储蓄与国民收入呈现反方向变动，储蓄增加国民收入就减少，储蓄减少国民收入就增加。根据这种看法，增加消费减少储蓄会通过增加总需求而引起国民收入增加，会促进经济繁荣；反之，就会导致经济萧条。由此可以得出一个蕴含逻辑矛盾的推论：节制消费，增加储蓄，会增加个人财富，对个人是件好事，但由于会减少国民收入引起萧条，对国民经济却是件坏事。

节俭悖论告诉我们：节俭减少了支出，迫使厂家削减产量，解雇工人，从而减少了收入，最终减少了储蓄。储蓄为个人致富铺平了道路，然而如果整个国家加大储蓄，将会使整个社会陷入萧条和贫困。凯恩斯曾形象地说，如果"你们储蓄五先令，将会使一个人失业一天。"按照他的观点，在资源没有得到充分利用、经济没有达到潜在产出的情况下，只有每个人都尽可能多地消费，整个经济才能走出低谷，迈向更加充分就业、经济繁荣的阶段。因此，凯恩斯的理论后来被一些人解释为需求决定论。

节俭悖论使许多经济学家接受了反储蓄的心理状态，特别是在经济滑坡、商家和消费者变得悲观时。

节俭悖论给我们的启示主要表现在以下几点：

（1）必须认识到节俭悖论的存在有其特定的时空条件。只有在大量资源闲置、社会有效需求不足、存在严重失业时，才有可能出现这种悖论所呈现的矛盾现象。如果社会已经达到充分就业，但资源紧缺，甚至存在膨胀缺口，这时节俭可能就会抑制过高的总需求，也有助于消除通货膨胀。

（2）正确理解节俭悖论有助于提高我们对高储蓄可能带来的不良后果的认识。目前，我国居民的高储蓄不能有效转化为投资；同时居民消费需求不足，造成大量商品生产过剩，企业开工不足，失业人员增加，经济增长受到影响。为了刺激消费扩大内需，国家采取了积极的财政政策，通过给公务员加薪、扩大"低保"范围和提高"低保"标准等一系列措施鼓励大家消费，但这些措施还没有从根本上解决问题。显然，高储蓄是不利于解决消费需求不足的问题的，也是不利于经济发展的。

（3）今天城市居民的生活方式在总体上正从节俭型向消费型转变，人们对生活质量和生命质量的意识明显增强。在这个过程中，难免会出现消费心理的某些畸形发展，比如出于面子需要和攀比心理所导致的炫耀性消费、奢侈浪费等非理性的现象。因此，我们不仅要鼓励老百姓增加消费，也要大力提倡理性消费，理直气壮地反对浪费。

二、乘数理论

总支出的增加会引起国内生产总值增加，但是，一定量自发总支出的增加会使国内生产总值增加多少，即总支出增加与国内生产总值增加量的关系如何呢？通过乘数理论的学习可以理解这一问题。

乘数是指自发总支出的增加所引起的国内生产总值增加的倍数，或是国内生产总值增加量与引起这种增加量的自发总支出增加量之间的比率。

根据均衡国内生产总值决定的公式，增加的总支出与增加的国内生产总值相等，即：

$$\Delta Y = \Delta AE = \Delta A_0 + c \cdot \Delta Y$$
$$\Delta Y - c \cdot \Delta Y = \Delta A_0$$
$$\Delta Y = [1/(1-c)] \cdot \Delta A_0$$

增加的国内生产总值（ΔY）与引起这种增加的自发总支出（ΔA_0）之比 $[1/(1-c)]$ 就是乘数。如果以 a 代表乘数，则有乘数公式：

$$a = 1/(1-c)$$

乘数公式表明：乘数的大小取决于边际消费倾向，即边际消费倾向越高，乘数越大；边际消费倾向越低，乘数越小。这是因为边际消费越大，增加的收入中就有更多的部分用于消费，从而使总支出和国内生产增加得更多。

从乘数的公式还可以看出，因为边际消费倾向是小于1的，所以乘数一定是大于1的。

乘数理论是通过总支出调节国内生产总值均衡的理论依据，它证明了政府不仅能够调节国民经济，而且能够有效地调节国民经济。政府不仅可以通过调节投资、储蓄、政府支出、政府收入来调节国民经济，而且政府可以用较少的调节量，如较少的投资量，通过乘数机制的作用，取得成倍的国内生产总值，使国内生产总值均衡。

乘数理论的客观基础是国民经济各部门之间客观存在着连锁关系。这是因为，乘数机制的作用也反映了国民经济各个部门之间存在着密切的联系。某一部门自发总支出的增加，不仅会使本部门的收入增加，而且会在其他部门引起连锁反应，从而使这些部门的支出与收入也增加，最终使国民收入的增加数倍于最初自发总支出的增加。当然，乘数发生作用是有一定前提条件的，只有在社会上各种资源没有得到充分利用时，总支出的增加才会使各种资源得到利用，产生乘数作用。如果社会上各种资源已经得到了充分利用，或者某些关键部门（如能源，原料或交通）存在着制约其他资源利用的"瓶颈状态"，乘数也就无法发挥作用。

由此可见，乘数是一种机制，是一种使国民经济各个部门之间密切联系的传导机制。

乘数的传导机制作用表现为：

（1）当总支出增加时，所引起的国内生产总值的增加要大于最初总支出的增加；

（2）当总支出减少时，所引起的国内生产总值的减少要大于最初总支出的减少。

因此，乘数的作用是双重的，是一把"双刃剑"。

【经典案例】　　　　　　　　乘数原理的形成过程

乘数形成的关键在于国民的边际消费倾向，乘数的大小与边际消费倾向的大小同方向变动。假如第一家企业增加 10 万元的投资，这 10 万元投资通过企业购买投入（设备、材料和劳动力）而转入第二家企业——生产要素的供应者手中。假设第二家企业的国民边际消费倾向为 0.8，国民边际储蓄倾向为 0.2，即 80% 国民收入将用于消费，20% 用于储蓄。这样，第一家企业初始花费了 10 万元，第二家企业又会将所得收入的 80% 花费掉，支出将是 8 万元。因此，总需求增加 18 万元。第二家企业支出 8 万元，那第三家企业就得到了 8 万元，这家企业仍然以 0.8 的边际消费倾向安排支出，就会有 6.4 万元支出增加，加上前两轮的支出，社会总需求就会达到 24.4 万元，社会总供给也相应增加到 24.4 万元。这样的过程还会一轮一轮地持续进行下去，直到企业和个人可支出的钱无限趋向于零为止。这样，当支出增加 10 万元时，在国民边际消费倾向为 0.8 的条件下，会最终导致社会总需求和国民收入增加 5 倍，即 50 万元。这就是乘数形成的机制，也是乘数与边际消费倾向的关系。

但是，乘数发挥作用是有条件的。其中最为主要的是各个轮次所涉及的生产环节必须有足够的生产潜力，能够满足各轮次增加的社会需求。倘若在某一轮次上生产已经达到极限，无法进一步扩大以满足社会的新增需求，那么乘数作用就不能充分表现出来。

三、乘数的运用

在经济分析中，乘数是十分有用的。在20世纪80年代末，美国的边际支出倾向接近0.5，可支配收入的边际消费倾向为0.9，国内生产总值中的可支配收入接近2/3，所以消费支出占国内生产总值的60%，国内生产总值的边际消费倾向为0.6。进口量占国内生产总值的15%，边际进口倾向为0.15，即边际支出倾向为0.45，这时的乘数为：

$$a = 1/(1-0.45) = 1.82$$

那么在经济衰退与复苏时期，乘数的数值会有什么变化呢？现通过下面这个案例进行分析说明。

【案例分析】 **美国在不同时期的乘数变化**（见表8–1）

表8–1 美国不同时期的乘数

年份	自发支出变动 /10亿美元	引致支出变动 /10亿美元	实际国内生产总值变动 /10亿美元	乘数
1960—1987	1 121.9	1 032.4	2 154.3	1.92
1974—1975	-99.8	65.5	-34.4	0.34
1981—1982	-117.1	3.3	-82.8	0.71
1982—1983	50.3	62.8	113.1	2.25
1983–1987	383.3	157.2	540.5	1.41

资料来源：《1988年总统经济报告》，第250至第251页。

如前所述，从20世纪60年代到20世纪80年代末，美国的乘数从2.2下降到1.8。表8–1中的第一行表明1960—1987年，乘数的平均值为1.92。表8–1中的乘数是用实际国内生产总值变动量除以自发支出变动量得出的。自发支出的变动量包括投资、政府购买和出口变动量之和，引致支出的变动量为消费减进口的变动量。第二与第三行是两个衰退年份的乘数。1974—1975年的衰退是由于石油价格急剧上升引起的投资减少。1981—1982年的衰退是由于高利率和悲观的利润预期所引起的投资减少。在这两个衰退时期，尽管自发支出减少了，但引致支出增加了。结果，实际国内生产总值的减少小于自发支出的减少，在这两个衰退时期中，乘数都小于1。第四行和第五行是两个复苏阶段，这两个阶段的乘数大于衰退时期。

衰退时期乘数小而复苏时期乘数大的原因在于边际消费倾向。在复苏开始时，人们预期收入的增加是长期的，因而边际消费倾向就高。当经济周期处于衰退时期，人们预期收入的变动是暂时的，因而边际消费倾向就低。在两个衰退开始时收入减少，人们认为他们所面临的收入损失是暂时的，他们并不减少消费。所以虽消费支出增加了，但仍小于没有衰退时。因此，消费增加就是对阻碍经济增长的暂时性因素的一种理性反映。由于消费支出并没有减少，衰退的严重程度就有所减弱，其乘数小于1，而且消费在某种程度上起到了减震的作用。当经济进入复苏、收入增加时，人们认为收入增加中的大部分是持久的。结果，消费增加增强了自发性支出的增加，乘数大于1。

任务三　总供求均衡

凯恩斯用总支出与国内生产总值的关系来说明短期宏观经济，现代经济学家不满足于短期的分析，长期宏观经济的分析就要借助于总供求均衡分析了。

一、总需求曲线

如前所述，总支出曲线说明了总支出与实际国内生产总值的关系。现代经济学家不是通过总支出曲线来说明总供求均衡，因此，必须将其转换为总需求曲线进行分析。

（一）总需求曲线的含义

总需求是指一国经济中对商品与劳务的需求总量，包括消费需求、投资需求、政府需求与国外的需求（用出口减去进口的净出口表示）。如果用 Y_D 表示总需求，C、I、G、NX 分别代表消费需求、投资需求、政府需求与国外需求，则可以把总需求公式写为：

$$Y_D = C + I + G + NX$$

总需求的变动要受多种因素的影响，在这里我们先分析总需求与物价水平之间的关系。总需求曲线是反映总需求与物价水平之间关系的一条曲线。换而言之，总需求曲线告诉我们，在每一种物价水平时经济中的总需求量，可以用表8-2反映这种关系。

表8-2 总需求

项目	物价水平（GDP 折算数）	实际国内生产总值/万亿元
a	100	5.5
b	110	5.0
c	120	4.5
d	130	4.0
e	140	3.5

根据表8-2可以作出总需求曲线，如图8-6所示。

在图8-6中，横轴 Y 代表实际国内生产总值，纵轴 P 代表物价水平，连接各点的 AD 曲线为总需求曲线。

总需求曲线表示了在其他影响因素不变的情况下物价水平与实际国内生产总值之间的关系。从图8-6中可以看出，这两者是反方向变动关系，即总需求曲线向右下方倾斜，这就是说，当物价水平高时，实际国内生产总值的需求量低；当物价水平低时，实际国内生产总值的需求量高。

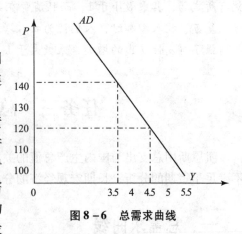

图8-6 总需求曲线

在总需求中，政府需求由政府的政策决定，与物价水平无关。我们将分别通过财产效应、利率效应、汇率效应重点分析物价水平如何影响消费、投资和净出口。

（二）总需求曲线与财产效应

人们的消费需求取决于收入和财产的多少，收入和财产增加，必然引起消费增加。财产取决于物价水平的高低，这是因为财产可以分为实际财产与名义财产。名义财产是用货币数量表示的财产，实际财产是用货币的购买力表示的财产。在名义财产不变时，实际财产取决于物价水平，如果物价水平下降，实际财产就会增加；相反，实际财产就会减少。

例如，某人有100万元名义财产，当物价水平下降了50%时，他的实际财产也就增加了50%，当物价水平上升了50%时，他的实际财产就减少了50%。

人们的消费不是取决于名义财产，而是取决于实际财产。因此，财产效应就是物价水平的变动通过对实际财产的影响而影响实际消费。当物价水平上升时，实际财产就会减少，消费也会随之减少；相反，实际财产就会增加，消费也会随之增加。由于消费是总需求的一个组成部分，所以物价水平与总需求呈反方向变动关系。可以用下列关系式表示：

物价水平↑→实际财产↓→消费↓→总需求↓

或

物价水平↓→实际财产↑→消费↑→总需求↑

上述关系式中"↑"表示上升或增加，"↓"表示下降或减少。

（三）总需求曲线与利率效应

影响投资需求的因素很多，其中一个重要的因素就是利率，因为利率决定了投资的成本。无论是用自有资金投资还是银行贷款投资，利率都会影响投资。当人们为追求利润率最大化进行投资，并且在利润率不变时，如果利率上升，就会导致投资成本增加，扣除成本后的净利润率就会下降，投资必然减少；相反，就会导致投资成本减少，净利润率上升，投资必然增加，所以投资与利率呈反方向变动。利率效应就是物价水平通过对利率的影响而影响投资。

决定利率的因素主要是货币供求。当货币需求稳定时，决定利率的主要因素就是货币供给的多少。如果货币供给增加，利率就会下降；货币供给减少，利率就会上升。货币供给即流通中的货币量，而货币量有名义货币量与实际货币量之分，决定利率的是实际货币量的供给。当名义货币量既定时，实际货币量取决于物价水平，即物价水平上升，实际货币量减少；物价水平下降，实际货币量增加。这两者的关系可用公式表示：

实际货币量 = 名义货币量/物价水平

当把上述两种关系结合在一起分析时就可以看出：当名义货币量不变时，如果物价上涨，实际货币量就会减少；实际货币量减少，必然引起利率上升，利率上升导致投资减少。由于投资是总需求的一个重要组成部分，所以从投资的角度看，总需求与物价水平呈反方向变动关系。可以用下列关系式表示：

物价水平↑→实际货币量↓→利率↑→投资↓→总需求↓

或

物价水平↓→实际货币量↑→利率↓→投资↑→总需求↑

（四）总需求曲线与汇率效应

净出口尽管受多种因素影响，但其中最重要的是汇率。一国汇率上升，即相对于外国货币更值钱，这时如果外国产品价格不变，用本国货币表示的外国产品的价格下降，从而进口增加，但外国货币表示的本国产品的价格上升，从而出口减少。

例如，A国与B国原来的汇率是2:1，现在A国汇率上升，与B国汇率变为1:1。原来B国的1元钱相当于A国的2元钱，现在A国汇率上升，货币值钱了，B国货币就相对不值钱了，B国的1元钱只相当于A国1元钱。如果B国某件物品用A国货币表示为2 000元,当A国汇率上升以后,用A国货币表示就是1 000元,用A国货币表示的B国产品价格下降,A国就会增加从B国的进口,这就是汇率上升引起进口增加的原因。

汇率上升引起一国进口增加,出口减少,净出口减少;汇率下降引起一国出口增加,进口减少,净出口增加。所以净出口受汇率变动的影响。汇率效应就是物价水平通过对汇率的影响进而影响净出口的。

影响一国汇率的重要因素之一是利率。在名义货币既定时,物价水平上升,实际货币减少,利率上升;物价水平下降,实际货币增加,利率下降。在外汇市场上,汇率由外汇市场上本国货币的供求决定。在资本自由流动的情况下,资本往往从低利率地区流向高利率地区。当一国利率上升,高于世界利率水平时,导致资本流入,在外汇市场上对本国货币的需求增加,本国货币升值,汇率上升。汇率上升使净出口减少;相反,则会出现汇率下降,净出口增加。由于净出口是总需求的一部分,所以净出口减少,总需求减少;净出口增加,总需求增加。所以物价水平与总需求呈反方向变动关系。可以用下列关系式表示:

物价↑→利率↑→汇率↑→净出口↓→总需求↓

或

物价↓→利率↓→汇率↓→净出口↑→总需求↑

财产效应、利率效应和汇率效应分别说明了价格对消费、投资和净出口的影响。当物价上升时,财产效应使实际财产减少,消费减少;利率效应使投资减少;汇率效应使一国汇率上升,净出口减少。最终物价上升引起总需求减少。这正是总需求曲线所表明的关系。

还应该指出的是,在组成总需求的消费、投资和净出口中,消费是相当稳定的,净出口的比例很小,因此,总需求的变动更多是由投资引起的。这样,在影响总需求的财产效应、利率效应和汇率效应中,利率效应最为重要。

(五) 总需求曲线的移动

以上分析的是物价水平变动对总需求的影响,这种影响用同一条总需求曲线上的上下移动来表示,即物价上升,引起同一条需求曲线向左上方移动,总需求减少;物价下降,引起同一条总需求曲线向右下方移动,总需求增加。如图8-6所示。

影响总需求的还有其他因素。当物价不变而其他影响总需求的因素变动时,总需求曲线平行移动。

在图8-7中,由于物价水平之外的其他因素引起总需求增加时,总需求曲线从AD_0向

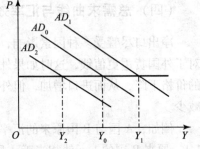

图8-7 总需求曲线的移动

右移动到 AD_1，这时总需求从 Y_0 增加到 Y_1。相反，当物价水平之外的其他因素引起总需求减少时，总需求曲线从 AD_0 向左移动到 AD_2，总需求从 Y_0 减少为 Y_2。

由于消费习惯改变引起的消费增加，由于政府投资、税收优惠引起的投资增加，由于一国技术进步引起的净出口增加，都与物价水平无关，但都会影响总需求，这些因素引起的总需求变动就用总需求曲线的平行移动来表示。

【经典案例】　　　　住房需求是一种投资行为

总需求曲线的分析，还可以通过"住房需求是一种投资行为"来说明。

在许多人的观念中购买住房是一种消费，与购买冰箱、彩电和汽车一样。在经济学家看来，购买住房实际上是一种投资行为，即投资不动产。为什么购买住房不是消费而是投资呢？我们先从这种购买行为的目的来看。消费是为了获得效用，例如，购买冰箱、彩电和汽车等都是为了使满足程度更大。但投资是为了获得利润或称投资收益。在发达的市场经济中，人们购买房子不是为了住或得到享受，而是作为一种投资得到收益。住房的收益有两个来源：一是租金收入，二是房产本身的增值。土地是有限的，因此，从总趋势来看，房产是升值的。正因为这样，许多人把购买住房作为一种收益大而风险小的不动产投资。

把住房作为消费还是投资在经济学家看来是十分重要的，因为决定消费与投资的因素不同。在各种决定消费的因素中最重要的是收入；但在决定投资的各种因素中最重要的是利率，因为利率影响净收益率，只有利率下降，收益率提高，人们才会投资，而且只要净收益率高，就愿意借钱投资。因此，要刺激投资就要降低利率。如果经济政策的目标是刺激人们购买住房，关键不是增加收入，而是降低利率。

二、总供给曲线

总供给曲线表示经济中总供给与物价水平之间的关系。分析总供给曲线时，一定要区分短期总供给曲线与长期总供给曲线。

（一）短期总供给曲线

短期中总供给的大小取决于多种因素，在这里我们分析物价水平对短期总供给的影响，短期总供给曲线是反映短期中总供给与物价水平之间关系的一条曲线。也就是说，短期总供给曲线可以告诉我们，在每一种物价水平时经济中的总供给量，如图 8-8 所示。

在图 8-8 中，SAS 代表短期总供给曲线，并分为两部分，一部分向右上方倾斜，表示总供给随物价水平的上升而上升。如图 8-8 所示，当物价水

平由 P_0 上升到 P_1 时，总供给（GDP）由 Y_0 增加到 Y_1。另一部分短期总供给曲线是向上垂直的。表示总供给要受经济中资源与其他因素的制约，不可能随物价的上升而无限增加。如图 8-8 所示，当总供给增加到 Y_2 时，无论物价水平如何上升，总供给都无法增加，因此成为一条垂线。这是与总需求曲线的不同之处。

（二）长期总供给曲线

在长期中引起短期总供给曲线向右上方倾斜的原因都不存在。因此，长期中总供给曲线是一条垂线。长期总供给曲线是一条表示总供给与物价水平之间不存在任何关系的垂线。

这时重要的是确定长期总供给曲线的位置。长期总供给也就是充分就业的总供给，即充分就业 GDP 或潜在 GDP。潜在 GDP 取决于制度、资源与技术进步。因此，我们可以根据这些因素确定长期总供给曲线的位置。随着潜在 GDP 的变动，长期总供给曲线也会移动。正常情况下，长期总供给曲线随经济增长而向右方平行移动，如果发生自然灾害或战争，一个经济的生产能力被破坏，长期总供给曲线也会向左移动，如图 8-9 所示。

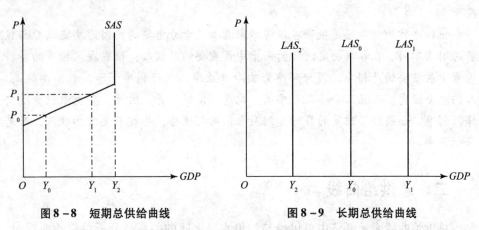

图 8-8　短期总供给曲线　　　　图 8-9　长期总供给曲线

在图 8-9 中，由于制度、资源与技术进步决定的潜在 GDP 为 Y_0。长期总供给曲线为 LAS_0。随着经济增长，长期总供给曲线向右移动到 LAS_1，潜在 GDP 增加为 Y_1。如果发生了不利于经济生产能力的冲击，则长期总供给曲线向左移动到 LAS_2，潜在 GDP 减少为 Y_2。

三、总供求均衡

我们在了解总需求曲线与总供给曲线的基础上，就可以建立总需求—总供给模型。总需求—总供给模型是要说明均衡的国内生产总值与物价水平的决定的。

把总需求曲线与短期总供给曲线放在一个图上就可以得出总需求—总供给模型,如图 8-10 所示。

在图 8-10 中,总需求曲线 AD 与短期总供给曲线 SAS 相交于 E 点就决定了均衡的国内生产总值为 Y_0,均衡的物价水平为 P_0。这时总需求与总供给相等,实现了宏观经济的均衡。

如果用公式来表示,总需求—总供给模型为:

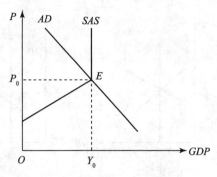

图 8-10 总需求—总供给模型

$$AD = f(P) \qquad (1)$$
$$SAS = f(P) \qquad (2)$$
$$AD = SAS \qquad (3)$$

可以看出:公式(1)是总需求函数,即总需求取于物价水平 P;公式(2)是短期总供给函数,即短期总供给取决于物价水平 P;公式(3)是宏观经济均衡的条件,即总需求(AD)与短期总供给(SAS)相等。这时,总需求与总供给都为均衡的国内生产总值,公式(1)与公式(2)中的价格(P)是相等的,它们是使总需求与短期总供给相等时的均衡价格。

总需求—总供给模型决定的是均衡的国内生产总值,但要注意的是,均衡的国内生产总值并不一定等于充分就业的国内生产总值。总需求与短期总供给决定的均衡的国内生产总值可能大于、小于或等于充分就业的国内生产总值,其到底会出现哪一种情况取决于不受物价水平影响的潜在总供给。因此,为了说明这一点,必须在总需求—总供给均衡的图形中引入长期总供给曲线。如图 8-11 所示。

在图 8-11(a)中,总需求曲线与短期总供给曲线以及长期总供给曲线正好相交于一点,这时均衡的国内生产总值正好等于充分就业的国内生产总值(Y_f),经济中实现了充分就业均衡。这是最理想的宏观经济状况。

在图 8-11(b)中,总需求曲线与短期总供给曲线相交时,长期总供给曲线在交点的左边,这时均衡的国内生产总值为(Y_0),大于充分就业的国内生产总值 Y_f,这种均衡称为大于充分就业的均衡。这时资源得到过度利用,资源短缺使资源价格上升,最终会起物价上升,因此,存在通货膨胀的压力,经济过热。

在图 8-11(c)中,总需求曲线与短期总供给曲线相交时,长期总供给曲线在交点的右边,这时均衡的国内生产总值为 Y_0,小于充分就业的国内生产总值(Y_f)。这种均衡称为小于充分就业的均衡,其资源没有得到充分利用,经济中存在失业。

在上述三种均衡中,只有图 8-11(a)表示的充分就业均衡是理想的,其

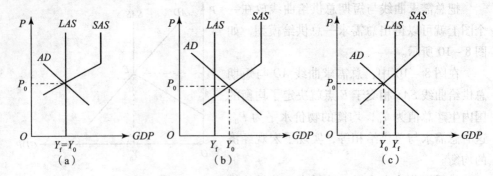

图 8-11 宏观经济均衡的不同状态
(a) 充分就业均衡；(b) 大于充分就业均衡；(c) 小于充分就业均衡

他两种均衡无论是通货膨胀还是失业都不理想。宏观经济学正是要从总需求和总供给的角度说明引起后两种均衡的原因，并实现第一种充分就业均衡。

宏观经济均衡分析的最终目的是为了论证政府调节宏观经济的必要性。

【经典案例】　　**人民币不贬值对宏观经济的影响及调节方法**

1997年亚洲金融危机时，东南亚各国货币纷纷大幅度贬值，而中国坚持人民币不贬值的承诺。当其他国家货币贬值（汇率下降）而一国不贬值时，就意味着该国货币相对于其他国家升值了（汇率上升）。由于中国和东南亚许多国家在出口产品结构与出口对象上的相同，人民币相对升值，使国内价格未变的商品在国际市场上价格上升，这样中国的出口就会减少。出口是总需求的一部分，出口减少会引起总需求的减少。这对中国的宏观经济状况的影响可以用总需求—总供给模型来分析。如图8-12所示。

在图8-12中，中国原来的经济处于充分就业均衡状态，从图上看就是短期总供给曲线（SAS）、总需求曲线（AD_0）与长期总供给曲线（LAS）相交于E_0。这时均衡的国内生产总值Y_0，也是充分就业的国内生产总值，物价水平为P_0。

人民币不贬值使出口减少，总需求减少，总需求曲线由AD_0向左移动至AD_1。这时，总需求曲线AD_1与原来的短期总供给曲线SAS相交于E_1，决定了均衡的国内生产总值为Y_1，Y_1小于充分就业的国内生产总值Y_0，物价水平为P_1，低于充分就业均衡时的物价水平P_0。

这就说明总需求变动对宏观经济的影响，可以归纳出：总需求增加，均衡的国内生产总值增加，物价水平上升；总需求

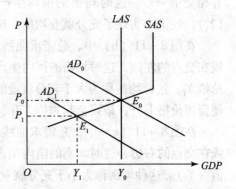

图 8-12 人民币不贬值与宏观经济均衡图

减少,均衡的国内生产总值减少,物价水平下降。当总需求减少引起均衡的国内生产总值减少(衰退)和物价水平下降(通货紧缩)时,只有增加总需求才能恢复充分就业均衡。

任务四　凯恩斯革命

一、凯恩斯革命

1929—1933 年,西方国家爆发了规模空前的经济危机,产品滞销,企业倒闭,工人失业,信用崩溃,资本主义经济陷入了长期萧条状态。而传统经济学却无法解释这一生产过剩的现象。经济学关于资本主义社会可以借助市场机制自动调节达到充分就业的传统说教彻底破产,恰逢其时,凯恩斯于 1936 年发表了《就业、利息和货币通论》(简称《通论》)一书。

《通论》的出现引起了西方经济学界的极大震动,凯恩斯抨击"供给自动创造需求"的萨伊定律和新古典经济学的一些观点,对资本主义经济进行总量分析,提出了有效需求决定就业量的理论。他主张用扩大总需求的方法来扩大就业并带动经济总量的增长。这种与以往经济学家们的不同的观点和主张被称为是一场革命,史称"凯恩斯革命"。

二、凯恩斯革命的核心内容

凯恩斯革命的核心内容是:在理论上以有效需求原理否定社会总供求由市场调节自动平衡的理论;在政策主张上反对自由放任,提倡国家干预经济;在分析方法上采用总量分析代替个量分析,从而创立了现代宏观经济学。

凯恩斯有效需求决定国民收入的理论是通过总支出函数进行分析的。有效需求不足证明了与"萨伊定律"相反的三大观点:

(1)总支出不大可能等于充分就业时的总收入。即消费+投资<消费+储蓄。凯恩斯否定了"萨伊定律"总需求总是等于总供给这一基本命题,也否定了资本主义经济体系会自动地趋向充分就业水平,而主张这个体系可能在小于充分就业水平上达到均衡状态并持续地处于这种均衡状态。

(2)投资小于储蓄。因为储蓄者和投资者是怀有不同目的的两类人群,凯恩斯认为,在现代社会中进行储蓄和投资活动是具有不同目的的不同人群。大多数的储蓄是由各个家庭进行的,他们挣钱进行储蓄为的是购买耐用消费品和不动产、为支付子女的教育费和退休后的生活保障等,并不会形成本期的消费。企业进行储蓄就是将利润中的一部分不分配股票持有者,作为未分配利润,以便投资购买新厂房、新的机器设备和增加库存，但也受到预期利润率制约。由于预期利润率多变，因而各年的投资额起伏不定，很难和储蓄额相一致。

(3) 价格和工资不容易变动。凯恩斯认为在当代资本主义经济中，早已出现巨型企业和巨大的工会组织，他们分别垄断价格和工资，难以通过自动调整价格和工资来达到总供求均衡和趋于充分就业的水平。

三、凯恩斯三大心理定律

凯恩斯认为，上述三个基本点还不能从理论上证明有效需求不足，于是他进一步揭示了三大心理定律，并证明这三大心理定律决定了有效需求不足。

(1) 边际消费倾向递减规律。所谓边际消费倾向递减规律是指随着收入的增加，消费也会增加，但在增加的收入量中，用于消费的部分所占的比重越来越少，用于储蓄的部分所占的比重越来越大。也就是说，消费量增加总是小于收入的增加，且在收入增量中的比例呈递减趋势，不论是个人与家庭还是社会，均是如此，按照这个规律，必然会引起消费品需求的不足。

(2) 资本边际效用递减规律。所谓资本边际效率递减规律，是指在其他条件不变的情况下，投资越多，生产越多，资本的预期收益势必递减，预期利润率就会降低，当降低到利息率以下时，资本家就会停止投资。所以资本边际效率就会随着投资的增加呈递减趋势。

(3) 流动偏好心理规律。所谓流动偏好心理规律是指在货币供给一定时，由于人们愿意以货币的形式保持自己的财富和收入，从而对货币产生过大的需求，并使利息率保持在较高的水平，进而阻碍了投资的增长。

上述三大规律说明了造成消费需求和投资需求不足的原因，也就必然造成有效需求不足。

凯恩斯认为，在一般情况下有效需求总是不足的，因而产生了失业和经济危机。同样由于上述原因使消费者和生产者都不能自动地增加有效需求，那么要克服经济危机、消除失业，只有国家加强对经济生活的调节和干预。

凯恩斯认为国家对经济生活的调节和干预是行之有效的，它通过乘数理论对此进行了证明。乘数理论说明，增加投资就可以增加需求，它不是起一次性效果，是累进性的，即连锁反应。这也就是说，任何一次投资支出都会增加投资品工业的生产增加，从而可以增加收入，而收入增加，消费品也将随之增加，从而引起消费品生产的扩大。这样又可以增加就业，如此继续下去，投资变动给国民收入总量带来的影响要比投资本身变动大得多，投资的增加，可能引起国民收入的成倍增加。因而，政府可以通过增加投资等注入类变动，必然会产生成倍的调节效果。

四、凯恩斯的需求管理

凯恩斯把国家调节和干预称为需求管理。它是指通过调节总需求来到达一定政策目标的宏观经济政策。怎样进行需求管理呢？凯恩斯提出了财政政策和货币政策主张。有关内容将在下一讲进行分析。

五、凯恩斯革命的重大突破

凯恩斯革命的重大突破有以下几个方面：

（1）否定了传统经济学萨伊定律（即"供给会自动创造需求"，因而不存在经济危机），明确承认经济危机的存在及其严重破坏性；

（2）摒弃了传统经济学的亚当·斯密"看不见的手"的机理，不相信市场机制的完善性和协调性，认为经济危机不可能通过市场机制的自动调节而恢复均衡，坚决主张：采用强有力的政府干预，对严重的经济危机进行紧急抢救；

（3）否定了传统经济学在经济危机病因探索方面的"外因论"，转而寻找不稳定的内在结构，认为"有效需求不足"是主要原因，从考察生产就业和收入的决定因素入手，创立了有效需求原理及三大心理定律；

（4）开创了现代宏观经济分析，研究总就业量、总生产量和国民收入及其变动的原因，以区别于单个商品、单个厂商和单个消费家庭之经济行为的微观经济分析；

（5）摒弃传统的健全财政原则，主张扩张性财政政策，主张扩大政府开支、赤字预算和举债支出。

不可否认，凯恩斯的经济政策的实施在一定程度上缓和了资本主义的经济危机，减少了失业，促进了经济增长，使西方世界经历了长达25年之久的"繁荣"。但是，长期推行凯恩斯主义扩张性经济政策的后果带来了20世纪70年代的"滞胀"，使凯恩斯主义不得不退出"官方经济学"宝座，让位于新保守主义经济学。即使如此，在各国目前实施的经济政策中，仍然可以看到浓厚的凯恩斯主义色彩。

【延伸阅读】　　当代主流学派之——新凯恩斯主义学派

新凯恩斯主义学派是当代主流学派，也是当代世界各国经济政策的依据之一。学习现代经济学最新理论，首先要了解新凯恩斯主义学派。

一、新凯恩斯主义概述

20世纪80年代，美国的新一代凯恩斯主义者在继承凯恩斯主义传统理论和基本学说的基础上，对宏观经济学的微观基础进行了重新构建，提出了许多新的研究成果和实证结论，形成了一个新的学派——新凯恩斯主义学派，其在西方经济学界崭露头角并迅速成为影响最大的学派之一。

凯恩斯主义的经济理论真正受到西方经济学界和西方各国政府的认可是在第二次世界大战以后，那时凯恩斯已经去世，将他的理论付诸实施的主要是新古典综合派和新剑桥学派。他们在理论上继承和发展凯恩斯主义的同时，着重将凯恩斯的理论运用于实际经济政策之中，并不断分析出现的新问题，及时提出对策建议，帮助政府解决现实经济问题，因而得到西方各国政府的重视。特别是20世纪50年代到20世纪70年代，西方各国政府都在不同程度上实施以政府干预为中心的凯恩斯主义经济政策，尤其是赤字财政政策和扩张性货币政策对于促进西方经济的发展和缓和各种社会矛盾起到了积极的作用。在1948—1973年，西方各国的工业生产增长了三倍多，经济基本上是稳定和繁荣的，因此，著名经济学家希克斯曾把这段岁月称为"凯恩斯时代"。可惜好景不长，连年推行扩张性财政金融政策也带来了种种恶果，其中最严重的就是20世纪70年代初出现的通货膨胀与生产衰退、失业并存的"滞胀"局面。而凯恩斯主义的老药方已无法医治这种新病症：要刺激经济增长就会使通货膨胀加剧；要抑制通货膨胀又会使经济停滞加深。在这种经济顽症面前，现代凯恩斯学派已显得力不从心。20世纪70年代中期，整个西方世界陷入了"滞胀"的困境。在这种背景下，现代凯恩斯主义备受责难，随着时势变迁和政局更替，以1979年、1980年英国和美国的大选为契机，现代凯恩斯学派从官方经济学的宝座上跌落下来，在西方各国的地位和影响已大大削弱。

20世纪70年代至20世纪80年代，在凯恩斯主义日渐衰落的同时，经济自由主义在西方经济学界处于鼎盛时期，并成为影响和决定各国政府经济政策的主流学派。例如，当时的美国总统里根、英国首相撒切尔夫人以及日本首相中曾根的经济政策都是以新自由主义经济学为依据的。但在现实中经济自由主义取得的效果却令人失望，各国推行新经济自由主义的结果，是以巨大的代价换取了短暂的成功。新经济自由主义的成就主要表现在抑制通货膨胀、刺激供给和引发创新高潮等方面，而作为这些成就的代价却是经济衰退、资产及收入分配的恶化、金融风险加大及秩序的混乱、垄断加剧、经济不稳和社会动荡。就是在最为突出的成就——对"滞胀"的治理方面——亦具有正反两方面的效果：一方面采用紧缩性政策对抑制通货膨胀收到明显的疗效；另一方面却造成了经济的低增长和失业的增加。例如，20世纪80年代初，英国的低通胀是以产业不振和高失业率为代价的，而美国则是以高赤字、高利率、高债务、高汇率、高逆差为代价的。

20世纪80年代中期以后，新经济自由主义的理论和政策又受到人们的普遍怀疑和非难。新经济自由主义自由市场万能的理论和20世纪70年代至20世纪80年代各国政府深信的"市场机制最有效，政府干预越少越好"的观念均受到强有力的挑战和质疑，国家干预主义又重新抬头。20世纪80年代，美国一些有主见的中青年学者在坚持凯恩斯主义基本信条的基础上，从理论上和分析技术上改进原凯恩斯主义，形成了标名"新凯恩斯主义经济学"的一个新学派。

新凯恩斯主义经济学派主要代表人物有哈佛大学的曼昆和萨默斯、麻省理工学院的布兰查德和罗默、斯坦福大学的斯蒂格利茨和普林斯顿大学的伯南克等。

二、新凯恩斯主义理论基础

与其他经济学派相比，新凯恩斯主义经济学派的理论缤纷繁杂。概括地看，他们在吸纳并融合各学派理论之长、有批判地继承和发展原凯恩斯主义的基础上，试图建立起一种有微观理论基础的新凯恩斯主义宏观经济学。

新凯恩斯主义是以不完全竞争、不完善市场、不对称信息和相对价格的黏性为基本理论，坚持"非市场出清"这个最重要的假设，认为在货币非中性的情况下，政府的经济政策能够影响就业和产量，市场的失效需要政府干预来发挥积极作用。

新凯恩斯主义经济学派认为，尽管经济主体具有相当的理性预期并按照最大化原则行事，即企业追逐利润最大化和家庭追求效用最大化，但由于市场上存在着不完全竞争、经济主体只能获得有限信息和相对价格存在刚性等原因，工资和价格并不是富有弹性的，而是具有黏性的特征。所谓的刚性是指工资和价格在外部冲击下根本不发生变化；而黏性则是工资和价格在外部冲击下不是不能调整，而是调整十分缓慢，要耗费相当时日。因此，黏性价格使得市场机制出现调节失灵，造成"市场非出清"。他们坚持的所谓"市场非出清"，是指在出现需求冲击或供给冲击后，由于工资和价格存在黏性，供求不能迅速调整到使市场出清的状态，缓慢的工资和价格调整使经济回到实际产量等于正常产量的状态需要一个很长的过程，在这个过程中，经济处于持续的非均衡状态，有明显的非瓦尔拉斯均衡特征。

在阐明"市场非出清"的同时，新凯恩斯主义经济学派认为，在价格黏性的作用下，货币不再是中性的，货币等名义变量的变动会导致产量和就业量等实际变量的变动，政府采用矫正性的需求管理政策就能够对经济运行发挥作用。因此，在市场失效时，需要政府采取行动，运用货币政策等多种经济政策来调节经济运行，解决市场机制调节失灵和由此造成的较长时期非均衡问题。

新凯恩斯主义经济学派与原凯恩斯主义学派在理论上的共同点在于坚持了凯恩斯主义的基本观点：他们承认实际产量和就业量的经常波动，承认实际产量和就业量波动的非均衡性质，特别是承认产品市场中的普遍生产过剩，承认劳动市场中非自愿失业的存在；认为名义总需求的冲击可以造成非均衡的产量和就业量的波动；经济体系本身的不完全性（而非经济主体的预期错误）是名义总需求的冲击产生实际效应的原因；主张应由政府对经济进行适度的干预，以弥补市场机制本身的缺陷。他们与原凯恩斯主义学派相比的特点主要表现在以下几个方面：

(1) 强调工资和价格的黏性而非完全刚性。并试图对这种黏性从微观的角度进行合理的解释，在此基础上说明非自愿失业、普遍生产过剩的可能性以及政府经济政策的作用。

(2) 强调并从微观角度入手阐明了市场机制的不完善性。他们从垄断竞争的市场结构出发，研究了经济中存在的实际刚性、风险和不确定性、经济信息的不完全性和昂贵性以及调整的成本因素等，从而说明了企业的最优定价行为及其宏观经济含义。证明在市场经济中"看不见的手"并不能引导以利益最大化为目标的经济主体最大限度地促进社会利益，达到"帕累托最优"的境界，恰恰相反，"看不见的手"导致了"协调失败"，出现了长期的市场非均衡和社会福利的巨大损失。

(3) 强调政府干预经济的必要性。他们以需求冲击为假定，着重论证了企业为什么总是拒绝及时随总需求的变动而调整价格和工资，这种微观行为反映到宏观经济层面又如何导致总产出和就业的变动。因此，需要通过政府干预来解决这种市场机制的失效问题，由于货币的非中性，政府的经济政策可以是有效的。

三、新凯恩斯主义的政策主张

新凯恩斯主义经济学派在坚持政府干预经济的政策主张上与其他凯恩斯主义学派并无差异，他们的主要贡献在于力图为原凯恩斯主义的宏观经济政策补充微观理论基础。他们除了运用大量模型论证工资、价格具有黏性外，又从不完全竞争和信息不完全两方面论证了市场机制的失灵，从而在微观理论基础的前提下坚持了原凯恩斯主义的宏观经济政策有效性的思想。他们认为，由于价格和工资的黏性，价格在遭受到总供求的冲击后，从一个非充分就业的均衡状态回复到充分就业的均衡状态是一个缓慢的过程，经济均衡的恢复不能等待或完全依靠市场机制作用下的工资和价格的缓慢调整，因为这将是一个长期的痛苦过程，因此需要政府运用经济政策来调节总供求，这不仅是必要的，而且是有效的。

在经济政策主张方面，新凯恩斯主义经济学派在财政政策上基本遵循原凯恩斯学派的政策主张，根本无创新之处。而在价格政策、人力政策和货币政策方面，他们的政策主张有一定的独到之处。

在价格政策上，新凯恩斯主义经济学派在论证价格黏性的基础上提出了一些价格政策建议：抑制价格黏性，使价格较有弹性，以恢复失灵的市场机制，稳定总产量。由于新凯恩斯主义经济学派对价格黏性有多种解释，因此提出对策的角度也有差异。例如，根据交错价格调整论的观点，经济中盛行交错方式调整价格会导致物价总水平有黏性，而当经济中流行同步调整价格时，物价总水平就会有弹性，总产出和就业比较稳定。因此，交错价格调整论者的政策建议是：制定能诱导企业实行同步调整价格的政策，减少经济中的交错调整价格，以克服物价总水平的黏性。而菜单成本论者认为，由于小的菜单成本会引起经济的大幅度波动，从而社会福利会有较大的损失，因此，为了稳定经济，增进社会福利，国家应推行抑制价格黏性，使价格较有弹性的政策，以纠正市场失灵，稳定总量。可见，两种理论的价格政策建议都是通过政府干预去协调经济主体的行为，纠正市场失灵。

新凯恩斯主义经济学派比较强调人力政策。根据"局内人—局外人"模型（"局内人"是指目前已在职的雇员，或暂时被解雇但与在职雇员同属某一利益集团的人，局内人受企业或工会的保护；"局外人"是指长期游离于企业之外的失业工人或短期在职的临时工，局外人不受企业或行业工会的保护），由于"局内人"比"局外人"拥有更多的信息和更低的转换成本，因而享有一种就业的"优先权"，雇主通常会优先雇佣局内人，然后才会考虑局外人，这就使得局外人在劳动市场中处于劣势，即使他们愿意接受比局内人低得多的工资仍然也得不到就业机会，所以非自愿失业存在并会持续。为了消除失业，政府必须干预劳动市场，实施有效的人力政策，以降低局内人的优先权，为局外人提供平等的就业机会。具体措施包括降低雇佣和解雇工人的各种转换成本，改良工资关系，改善工人流动性，职工培训和减少工资刚性等。

在坚持国家干预的政策取向下，新凯恩斯主义经济学派在经济政策主张上的特点主要表现为以下几点：

（1）温和性。新凯恩斯主义经济学派赞成新古典综合派的"相机抉择"的政策主张，但更倾向于一种较为温和的表述方法，即：没有紧缩政策，通货膨胀会更加严重；没有扩张政策，失业会更加严重。这种表述被称为新凯恩斯主义经济学派的稳定政策。

（2）适度性。新凯恩斯主义经济学派在运用大量模型论证工资、价格黏性的基础上，提出了市场失灵。为了消除市场失灵，政府应该对经济进行适度干预。政府经济政策的着力点在于抑制工资、价格的黏性，以修复失灵的市场机制，从而稳定经济，增进社会福利。因此，强调微观经济基础的新凯恩斯主义经济学派更加强调市场机制的作用，主张适度的国家干预。在政策操作上，他们针对新古典综合派倡导的"微调"政策，设计出粗调政策，以抵消或避免宏观经济波动的问题。

（3）原则性。新凯恩斯主义经济学派通过数学模型推导出许多公式化的经济对策，但极少把这些对策具体化，以给出具体的可操作性的经济政策主张。这些政策建议的好处在于弹性较大，可以灵活运用；但却不便于政策执行者的实际运作。

任务练习与学习思考

1. 消费函数及其稳定性的意义是什么？
2. 试分析总支出的变动与均衡 GDP 的关系。
3. 根据下列资料试计算平均消费倾向、边际消费倾向、平均储蓄倾向、边际储蓄倾向。

假如一个社会的总收入是 1 000 万亿元，其中的消费是 600 万亿元。如果收入增加到 1 200 万亿元时，则消费增加到 700 万亿元。

4. 什么是乘数？如何理解乘数的"双刃剑"特征？
5. 总需求曲线及其含义是什么？
6. 凯恩斯革命的核心内容是什么？
7. 分析下列事件如何影响总需求曲线的移动。
（1）人们突然变得更加关心为退休后的生活而储蓄，故减少了现期消费。
（2）电脑行业引进了运算速度更快的电脑，许多企业决定投资于新电脑体系。
（3）国会决定，由于冷战结束，将减少新武器的购买。
（4）央行通过印刷钞票并用直升机把它撒到全国各地来扩大货币供给。

第九讲
宏观经济调控

【基本思路】
　　市场经济的失灵导致宏观经济调控的产生。宏观经济调控的目标之间既统一，又矛盾。宏观经济调控的手段包括需求管理、供给管理等。需求管理的主要工具有财政政策和货币政策。只有采取不同针对性政策措施才能实现宏观经济的正常运行。

【主要内容】
　　市场经济的失灵与宏观经济调控的必要性；宏观经济调控的四大目标及其内容；凯恩斯主义的财政政策和货币政策以及它们的具体运用；货币主义的货币政策；包括收入政策、人力政策、经济增长政策在内的供给管理政策。

【任务要求】
　　重点掌握：1. 宏观经济调控的四大目标及其内容。
　　　　　　　2. 凯恩斯主义的财政政策及其运用。
　　　　　　　3. 赤字财政政策、财政政策的自动稳定器等。
　　　　　　　4. 凯恩斯主义的货币政策及其运用。
　　基本了解：1. 市场经济的失灵。
　　　　　　　2. 宏观经济调控的必要性。
　　　　　　　3. 货币主义的货币政策。
　　一般了解：供给管理政策。

　　宏观经济学的任务是要说明国家为什么必须干预经济以及应该如何干预经济，即要为国家干预经济提供理论依据与政策指导。本讲在前面介绍的宏观经济理论的基础上，介绍宏观经济政策。

任务一　宏观经济调控的必要性

一、宏观经济调控

　　宏观经济调控是指以国家为主体，从社会利益和长远利益出发，依据宏观经济总体目标，运用宏观经济手段，对宏观经济运行从总量和结构上进行管理、调节、控制和引导。

宏观经济调控就其本质和基本内容而言，是对市场经济运行过程及其结果的干预和引导，它以市场机制自身的存在并充分发挥对社会资源配置的调节功能为前提。离开了市场经济本身，也就没有对市场经济的宏观调控了。

二、市场失灵与宏观经济调控的必要性

市场经济通过市场进行资源配置，具有灵活性和有效性的特点，有利于促进生产和需求的协调，推动技术进步，提高社会资源的利用效率。但是，市场不能反映社会需求的长期趋势，难以自动地实现社会供给与社会需求的均衡。我们把这种情况，称为市场经济的缺陷或市场失灵。市场失灵是指由于市场本身的某些缺陷和外部条件的某些限制而导致社会资源的配置不能达到最优状态或产生某些负面效应。

【延伸阅读】　　　　　　　　市 场 失 灵

最早使用"市场失灵"这个概念的是美国经济学家巴托教授。1958年他在美国《经济学季刊》秋季号上发表了《市场失灵分析》一文，认为市场失灵是指在比较满意的理想价格市场制度中不能达到"合意"的活动或不能阻止"不合意"的活动。而且他还指出了造成市场失灵的几种原因：一是交易者之间存在影响自愿交易的障碍，如交易双方商品占有量的不对等、交易双方谈判不成功以及购买者缺乏足够的市场信息等；二是交易双方的交易界区不清楚，即公共产品的非排他性和公共资源的产权模糊性等；三是社会财产制度混乱而造成市场交易成本过高；四是市场存在垄断，缺乏自由充分的竞争；五是市场存在外部性，使个别生产成本与社会成本之间产生差异，造成社会效益的损失。

市场失灵主要表现在以下几个方面：

1. 市场无法消除垄断性

供需双方在信息市场上地位并不对称，购买一方往往处于弱势。市场竞争达到一定程度就会走到它的反面，形成垄断，出现强者独占市场或合谋瓜分市场的现象，从而阻碍技术进步、扭曲资源配置，造成市场效率的缺损。

2. 市场无法克服外部不经济

在社会资源配置中，存在许多市场机制无法施加影响的外部因素，一些人或企业在经济活动中影响甚至危害了他人或企业、社会的利益却不一定需要为这种行为付出代价。比如一些破坏生态平衡的行为就比较普遍，这时企业的成本就是不真实的。

3. 市场无法提供公共产品

消费中有一类具有公有性的物品，人称公共产品，如为全体路人服务的警察行为、马路上的路灯和市场的装饰等，这类产品相对于私人物品而言，具有排他性、非竞争性的特点，其投资规模大，生产周期长，而且成本与收益的核算也十

分困难。市场机制无法通过自发调节来解决公共物品的供给，只能由政府来组织生产和供给。

4. 市场无法解决社会目标问题

市场经济遵循的是效益最大化原则，但这一原则会带来一系列问题，如失业、通货膨胀和两极分化。市场竞争天然有利于强者，各人天赋不同、环境各异，不在一条起跑线上竞争，很可能造成贫者越贫、富者越富的局面。

5. 市场对资源配置的调节是一种事后的调节，会引起经济波动

市场调节最灵敏的机制是价格机制，通过价格升降反映市场供求，从而调节生产，但供给量的变动与价格的变动难以同步。价格上升，企业想多供应市场，但限于能力无法跟上；降价后想减少供应，也得忍痛低价售出或形成积压浪费。

6. 市场不能自行维护市场秩序

维护市场秩序，包括市场交易双方的合法利益，打击假冒伪劣商品和其他侵权行为，反对垄断，保护竞争，这一切只有通过政府运用法律等手段才能解决。

由此可见，宏观经济调控是针对市场经济的缺陷而作用的，它是市场经济发展的产物，是与建立在高度发达的社会分工和社会大生产基础上的现代市场经济紧密相联的经济范畴。宏观经济调控在市场经济的基础上产生，反映了市场经济自身发展的内在要求。社会化大生产具有高度发达的社会分工。消费资料与生产资料的生产部门和服务部门相互联系、相互依存，构成了庞大的国民经济有机整体。要使这样庞大的国民经济有机整体内的各部门、各地区、各行业之间保持大体合理的比例，使社会再生产的各环节能有序地顺利运行，就要求整个社会的经济活动有一个统一的指挥。在市场经济条件下，能够实现指挥、协调社会经济运行的只能是国家。

【知识链接】 经济学十大原理之——政府有时可以改善市场结果

虽然市场通常是组织经济活动的一种好办法，但这个规律也有一些例外。政府干预经济的原因有两类：促进效率和促进平等。这就是说，大多数政策的目标不是把经济蛋糕做大，就是改变蛋糕的分割。

"看不见的手"通常会使市场有效地配置资源。但是，由于各种原因，有时"看不见的手"不起作用。经济学家用市场失灵这个词来指市场本身不能有效配置资源的情况。

市场失灵的一个可能原因是外部性。外部性是一个人的行动对旁观者福利的影响。污染是一个典型的例子，如果一家化工厂并不承担它排放烟尘的全部成本，它就会大量排放，在这种情况下，政府就可以通过环境保护来增加经济福利。

市场失灵的另一个可能原因是市场势力。市场势力是指一个人（或一小群人）不适当地影响市场价格的能力。例如，假设镇里的每个人都需要水，但只有一口井，这口井的所有者对水的销售就有市场势力，在这种情况下，它是一个垄

断者。这口井的所有者并不受残酷竞争的限制,而正常情况下"看不见的手"正是以这种竞争来制约个人的私利的。在这种情况下,规定垄断者收取的价格有可能提高经济效率。

"看不见的手"也不能确保公平地分配经济成果。市场经济根据人们生产其他人愿意买的东西的能力来给予报酬。世界上最优秀的篮球运动员赚的钱比世界上最优秀的棋手多,只是因为人们愿意为看篮球比赛比看象棋比赛支付更多的钱。"看不见的手"并没有保证每个人都有充足的食品、体面的衣服和充分的医疗保健。许多公共政策(例如所得税和福利制度)的目标就是要实现更平等的经济福利分配。

我们说政府有时可以改善市场结果并不意味着它总能这样。公共政策并不是天使制定的,而是由极不完善的政治程序制定的。有时所设计的政策只是为了有利于政治上有权势的人,有时政策由动机良好但信息不充分的领导人制定。学习经济学的目的之一就是帮助你判断,什么时候一项政府政策适用于促进效率与公正,而什么时候不行。

任务二　宏观经济调控的目标

一、宏观经济政策概况

(一)宏观经济政策

宏观经济政策是指国家或政府为了增进整个社会经济福利、改进国民经济的运行状况、达到一定的政策目标而有意识和有计划地运用一定的政策工具而制定的解决经济问题的指导原则和措施。理解时要注意:

(1)宏观经济政策是指政府有意识、有计划地运用一定的政策工具,调节控制宏观经济运行,以达到一定的政策目标。从西方国家第二次世界大战以后的实践来看,国家宏观调控的政策目标一般包括充分就业、经济增长、物价稳定和国际收支平衡等;

(2)宏观经济政策是指国家对整个国民经济进行宏观调控的政策,它对经济增长方式的转变具有积极的作用;

(3)宏观经济政策是指国家或政府运用其能够掌握和控制的各种宏观经济变量而制定的指导原则和措施;

(4)宏观经济政策是指财政政策和货币政策及收入分配政策和对外经济政策。除此以外,政府对经济的干预都属于微观调控,所采取的政策都是微观经济政策。

（二）宏观经济政策基本原则

宏观经济政策的选择原则是：急则治标，缓则治本，标本兼治。

宏观经济政策就是短期的调控宏观经济运行的政策，需根据形势的变化而作调整，不宜长期化，因为经济形势是不断变化的。在经济全球化趋势不断发展的今天，一国的经济形势不仅取决于国内的经济走势，还在相当程度上取决于全球经济的走势。

"急则治标"是指运用财政、货币等宏观经济政策处理短期经济问题，如刺激经济增长、防止通货紧缩和应付外部冲击等；"缓则治本"是指通过结构政策与经济改革处理长期经济问题，如调整经济结构、促进技术进步、提高经济效益、实现持续发展以及积极参与全球经济等。

二、宏观经济政策目标

政府宏观调控的目标是实现经济的稳定，为此要同时达到四个目标：经济增长、物价稳定、充分就业和国际收支平衡。

（一）经济增长

经济增长是指达到一个适度的经济增长率。这种经济增长率，既能满足社会发展需要，又是人口增长技术进步所能达到的，资源配置所能产生的，生产者经过努力能够实现的。国民经济的增长状况，包含速度和质量两方面内容。从速度方面看，经济增长要与社会的物质技术基础相适应，保持总量的平衡，要在提高经济效益的前提下力求较高的增长率；从质量方面看，产业结构和产品结构要合理，要促进重大经济结构的优化，以达到产品质量好、成本低、适销对路和资源充分利用的目的。

（二）稳定物价

物价稳定是指维持一个低而稳定的通货膨胀率。这种较低的通货膨胀率能为社会所接受，对经济也不会产生不利的影响。较低的通货膨胀率的数值由各国的经济、社会和消费者的承受力所决定。市场物价总水平的适度变动，有利于国民经济结构的调整和调节供求矛盾，这是市场机制发挥正常调节作用的需要。但如果物价总水平出现大幅度上升或下降，则会给国民经济和人民生活造成极其不利的影响。在经济快速发展时期，往往会出现通货膨胀的现象；在经济发展由热向冷的转变时期，又往往会产生通货紧缩现象。长期严重的通货紧缩也会损害经济的发展和社会稳定，造成企业效益低下、开工率低、失业增加、经济发展停滞甚至下降等现象。

（三）充分就业

充分就业是指保障有劳动能力的公民都享有就业机会的就业状态。由于这时失业率是在社会可以允许的范围内，能为社会所接受，且社会的资源已经得到合理的利用，因而被称为充分就业。这个政策目标不仅关系到社会劳动力资源是否能够充分利用，也关系到有劳动能力的劳动者的劳动权利能否实现。在我国，充分就业有两个含义：一是要提高社会就业率，最大限度地降低失业率；二是要提高劳动生产率，彻底解决好在职、在岗的隐性失业问题。国际上通常认为，失业率在5%以内为正常，社会可以承受，超过这个界限，则会引发社会问题。

（四）国际收支平衡

国际收支平衡是指既不发生逆差，又不发生顺差的国际收支状况。国际收支是一个国家在一定时期内与其他国家经济往来的全部货币收支状况。国际收支有两种情况：收大于支为顺差；支大于收为逆差。一个国家国际收支的主要项目一般分为两大部分：一是经常项目，包括对外贸易收支、非贸易收支和无偿转让；二是资本项目，包括长期资本往来和短期资本往来。随着世界经济一体化程度的不断提高，国际收支状况对现代开放型经济的国家至关重要。一般来说，国际收支状况不仅反映了一国的对外经济交往情况，还反映了该国经济的稳定程度。当一国国际收支处于失衡状态时，必然对其国内经济形成冲击，影响国内经济的增长、就业状况和价格水平，同时也会给其他国家的经济造成一定程度的冲击。

2009年我国国民经济和社会发展的主要预期目标如图9-1所示。

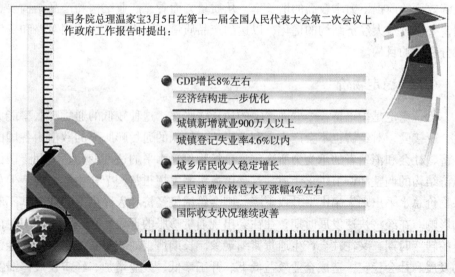

图9-1　2009年我国国民经济和社会发展的主要预期目标

三、宏观经济调控主要目标的相互关系

经济增长、稳定物价、充分就业和国际收支平衡四大目标存在着相互依存的关系，这四大目标既是统一的，又是矛盾的。从根本上说，宏观经济调控的四个目标是一致的，因为它们都是稳定经济、发展经济所必需的，离开其中任何一个目标，都不能实现稳定和发展。

（一）经济增长与稳定物价

经济增长总是要以资本存量、技术水平、劳动力的数量和熟练程度以及土地等自然资源的数量投入作为前提。在经济的实际运行过程中，资本和劳动、投资和消费、货币工资率和利率、价格水平等都是制约产出增加的重要变量，它们之间的变动比率将会使产出的增长出现不同的情形。

伴随通货膨胀产出的增加就是一种名义的经济增长，通货膨胀率与名义增长率之间存在正向关系。一般来讲，实际产出的增加总是伴随着价格水平的上升。因此，由劳动生产率增长率、劳动力增长率和通货膨胀率之和决定的名义经济增长率，只有在通货膨胀率为零时才会与实际经济增长率相等。如果通货膨胀率太高，将破坏正常的经济秩序，迫使经济进行紧缩调整，从而降低实际经济增长幅度。相反，通货紧缩会抑制总需求，造成经济增长停滞，甚至严重衰退，陷入经济危机。在实际经济生产中，由于存在许多不确定性和风险因素，经济增长与稳定物价之间的关系也难以确定。

【知识链接】1978年以来我国经济增长与通货膨胀走势（见图9-2）

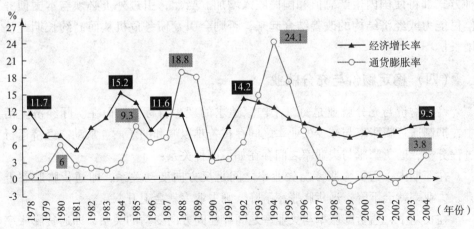

注：通货膨胀率在1985年以前用商品零售价格指数变动率表示，1985年以后采用居民

图9-2　1978年以来我国经济增长与通货膨胀走势

(二) 经济增长与充分就业

经济增长与充分就业的关系既是统一的，又是矛盾的。一方面充分就业能促进经济增长，其意味着一定时期人力资源的作用，而有效劳动的大量投入必然引起经济的更快增长；同时，充分就业意味着劳动者收入增加，进而引起消费增加，从而对经济增长产生拉动作用。但另一方面，经济增长为劳动者提供更多的就业机会，然而技术进步又会引起资本对劳动力的替代，使得技术和资本排斥劳动力的效应日益增强，相对缩小对劳动的需求，资本有机构成提高，使经济增长吸纳劳动力就业的能力下降。对于发展中国家而言，劳动力质和量的变化在更大程度上是经济增长过程中的内在变量。

(三) 经济增长与国际收支平衡

经济增长与国际收支平衡的关系可以从商品贸易和资本流动两方面来分析。从商品贸易角度看，在开放经济条件下，商品进出口的增加将直接影响到产品市场的供求均衡。当既有的国内总供给和总需求处于均衡状态时，不管对外贸易是出现顺差还是逆差，结果都会使既有的均衡走向新的不均衡。一国的经济发展可以促使出口增加，扩大顺差，与此同时，国民收入的增加也会促进消费和投资，使进口相应增加，又可能引发逆差。

从资本流动角度看，资本流动包括两个方面：一是资本流入，主要指引进外资；二是资本流出，主要指对外投资。两个方面均与经济增长存在密切关系，资本流入可以增加投资需求，扩大所需各种要素的投入量，进而促进经济增长；资本流出则可以解决资本利用不足的问题，既可以使闲置资本作为投资生息，也可能通过发挥比较优势进而在国际分工中获得比较利益。其中无论哪种方式都将使国内生产总值和国民收入增加。当然，引进外资必须与本国债务偿付能力或经济结构的改善结合起来，否则会引发债务危机从而制约长期经济增长。

(四) 稳定物价与充分就业

稳定物价与充分就业是每一个国家追求的理想目标。然而在实际经济生活中，抑制通货膨胀率与减少失业率之间存在着难以调和的矛盾。从动态经济运行过程分析，通货膨胀与失业率之间存在如下两种关系：

在短期内，通货膨胀率与失业率之间是反方向变动关系，即通货膨胀率上升，失业率就会下降；通货膨胀率下降，则失业率就会上升。

在长期中，通货膨胀率与失业率之间存在同方向变动的关系，即通货膨胀率与失业率同时上升，形成滞胀并存的局面。20世纪70年代以来西方国家的实践已证实了通货膨胀率与失业率之间的这种关系。

（五）稳定物价与国际收支平衡

稳定物价是影响外汇供求的一个重要因素，同时会对国际收支平衡产生促进作用。现代经济是全球一体化的经济，如果本国物价稳定，而相关国家出现通货膨胀，则会使本国的出口商品价格相对低于其他国家的商品价格，从而导致本国的出口增加、进口减少，引起本国外汇储备增加，形成贸易顺差，造成国际收支失衡。若本国出现通货膨胀，相关国家物价稳定，说明总供给小于总需求，使得国内的物价水平高于外国的物价水平，从而导致国内出口减少、进口增加，引起本国外汇储备减少，形成贸易逆差，造成国际收支失衡。稳定物价与国际收支之间的关系是在总供给和总需求的动态调整过程中，通过共同影响货币存量而间接地显示出来的。

（六）充分就业与国际收支平衡

充分就业与国际收支平衡之间存在着不确定的关系。一方面充分就业既可以通过提高劳动力资源利用率促进经济增长，进而扩大本国出口、减少对外贸易逆差，也可以在经济增长过程中提高本国居民的收入水平，增加对国外商品的购买力，进而增加进口、减少对外贸易的顺差；另一方面，充分就业又可能在促进经济增长的同时扩大对外贸易的顺差。

总之，宏观经济管理具体目标要同时实现是不可能的，这就要求政府制定宏观经济政策时要确定重点，进行协调。

由于宏观调控的经济目标之间存在着一定的矛盾和冲突，因此，在一个既定的时期内，政府难以同时实现所有目标，这就产生了目标的选择问题。首先，要考虑本国经济运行周期的阶段性特征和社会所面临的紧迫任务。例如，当经济运行处于过热状态并导致严重的通货膨胀时，政府应当把价格稳定作为宏观调控的主要目标，实行适度从紧的财政政策和货币政策；而当经济运行处于萧条阶段或衰退阶段，出现经济停滞或滑坡、失业率较高时，则应把经济增长和充分就业作为主要调控目标，实行扩张性的财政政策和货币政策。其次，政府在选择政策目标时，也要考虑世界经济形势对本国经济可能产生的影响。例如，当国际上出现金融危机并有可能对本国经济形成严重冲击时，政府把平衡国际收支作为首选目标也许是更为明智的。

政府在选择宏观经济调控目标时，应遵循以下原则：

（1）在制定目标时，不能只追求单一目标，顾此失彼，而应综合考虑；

（2）在制定目标时，要遵循适度原则，以免对经济运行形成较大冲击和引起社会震荡；

（3）为实现宏观调控的政策目标，在经济政策运用上，既要掌握好财政政策和货币政策的松紧力度，又要注意政策的相互配合，同时还要把握好实施政策的时机，以增强政策的有效性。

【知识链接】经济学十大原理之——社会面临通货膨胀与失业之间的短期交替关系

如果通货膨胀这么容易解释，为什么决策者有时却在使经济免受通货膨胀之苦上遇到麻烦呢？一个原因是人们通常认为降低通货膨胀会引起失业暂时增加。通货膨胀与失业之间的这种关系被称为菲利普斯曲线，这个名称是为了纪念第一个研究了这种关系的经济学家而命名的。

在经济学家中菲利普斯曲线仍然是一个有争议的问题，但大多数经济学家现在接受了这样一种思想：通货膨胀与失业之间存在短期交替关系。根据普遍的解释，这种交替关系的产生是由于某些价格调整缓慢而造成的。例如，假定政府减少了经济中的货币量，在长期中，这种政策变动的唯一后果是物价总水平将下降，但并不是所有的价格都将立即作出调整。在所有企业都印发新目录、所有工会都作出工资让步以及所有餐馆都印了新菜单之前需要几年时间，这就是说，可以认为价格在短期中是黏性的。

由于价格是黏性的，各种政府政策都具有不同于长期效应的短期效应。例如，当政府减少货币量时，它就减少了人们支出的数量。较低的支出与居高不下的价格结合在一起就减少了企业销售的物品与劳务量，而销售量减少又引起企业解雇工人。因此，对价格的变动做出完全的调整之前，货币量减少就暂时增加了失业。

通货膨胀与失业之间的交替关系只是暂时的，但可以持续数年之久。因此，菲利普斯曲线对理解经济中的许多发展是至关重要的，特别是决策者在运用各种政策工具时可以利用这种交替关系。短期中决策者可通过改变政府支出量、税收量和发行的货币量来影响经济所经历的通货膨胀与失业的结合。由于这些货币与财政政策工具具有如此大的潜在力量，所以决策者应该如何运用这些工具来控制经济，一直是一个有争议的问题。

任务三　宏观经济调控工具

宏观经济政策工具是用来达到政策目标的手段。在宏观经济政策工具中，在不考虑对外经济交往的情况下，常用的有需求管理、供给管理以及国际经济政策。

一、需求管理

需求管理是指通过调节总需求来达到一定政策目标的宏观经济政策工具。需求管理政策是以凯恩斯的总需求分析理论为基础制定的，是凯恩斯主义所重视的政策工具。

需求管理是通过对总需求的调节，实现总需求等于总供给，达到既无失业又无通货膨胀的目标。它的基本政策有实现充分就业政策和保证物价稳定政策两个方面。在有效需求不足的情况下，也就是总需求小于总供给时，政府应采取扩张性的政策措施刺激总需求增长，克服经济萧条，实现充分就业；在有效需求过度增长的情况下，也就是总需求大于总供给时，政府应采取紧缩性的政策措施抑制总需求，以克服因需求过度扩张而造成的通货膨胀。

需求管理包括财政政策与货币政策。

二、供给管理

供给管理是通过对总供给的调节来达到一定的政策目标的宏观经济政策工具。在短期内影响供给的主要因素是生产成本，特别是生产成本中的工资成本。在长期内影响供给的主要因素是生产能力，即经济潜力的增长。

供给管理政策具体包括控制工资与物价的收入政策、指数化政策、人力政策和经济增长政策。

三、国际经济政策

国际经济政策是指对国际经济关系的调节。现实中每一个国家的经济都是开放的，各国经济之间存在着日益密切的往来与相互影响。一国的宏观经济政策目标中有国际经济关系的内容（即国际收支平衡），其他目标的实现不仅有赖于国内经济政策，而且也有赖于国际经济政策。因此，在宏观经济政策中也应该包括国际经济政策。

任务四　需求管理：财政政策

一、财政政策

财政政策是通过政府支出与税收来调节经济的政策，其主要内容包括政府支出与税收。政府支出包括政府公共工程支出、政府购买以及转移支付。政府税收主要指个人所得税、公司所得税和其他税收。

财政政策的运行是由政府部门通过政策工具直接发生作用的。根据财政政策运行的特点，财政政策具有以下特点：

(1) 直接作用于消费者和生产者；
(2) 力度较大，会引起强烈波动。

二、财政政策工具的运用

在不同的经济形势下，一国政府要运用不同的财政政策来调节经济。财政政策可以分为扩张性的财政政策和紧缩性的财政政策。

在经济萧条时期，总需求小于总供给，经济中存在失业，政府就要通过扩张性的财政政策来刺激总需求，以实现充分就业。

扩张性的财政政策包括增加政府支出与减税。政府工程支出与购买的增加有利于刺激私人投资，转移支付的增加可以增加个人消费，这样就会刺激总需求。减少个人所得税可以使个人可支配的收入增加，从而消费增加；减少公司所得税可以使公司收入增加，从而增加投资，这样也会刺激总需求。具体来说：

(1) 减税。减税后居民将留下较多的可支配收入，从而消费增加；减税和居民增加消费会使企业乐于增加投资。这样总需求水平就上升了，有助于萧条的克服。

(2) 增加财政支出。增加公共工程支出、政府购买和政府转移支付等，以增加居民的消费和促进企业投资，提高总需求水平，有助于克服萧条。

在经济繁荣时期，总需求大于总供给，经济中存在通货膨胀，政府就要通过紧缩性的财政政策来抑制总需求，以实现物价稳定。

紧缩性的财政政策包括减少政府支出与增税。政府工程支出与购买的减少有利于抑制投资，转移支付的减少可以减少个人消费，这样就压抑了总需求。增加个人所得税可以使个人可支配收入减少，从而使消费减少；增加公司所得税可以使公司收入减少，从而使投资减少，这样也会压抑总需求。具体来说：

(1) 增税。增税后居民留下的可支配收入较少，从而消费将减少；增税和居民减少消费会使企业削减投资。这样总需求水平将下降，有助于消除通货膨胀。

(2) 减少财政支出。减少公共工程支出、政府购买和政府转移支付等，以压缩居民的消费和限制企业投资，降低总需求水平，有助于消除通货膨胀。

三、财政政策内在稳定器

内在稳定器是指能自动地调节经济，使经济稳定的机制。具有内在稳定性的财政政策主要有个人所得税、公司所得税以及各种转移支付。

个人所得税和公司所得税有其固定的起征点和税率。当经济萧条时，由于收入减少，税收会自动减少，从而抑制了消费与投资的减少，有助于减轻萧条的程度；当经济繁荣时，由于收入增加，税收也会自动增加，从而抑制了消费与投资的增加，有助于减轻通货膨胀。

转移支付有固定的发放标准。当经济萧条时，失业人数增加，转移支付的人数增加，有助于减轻经济萧条的程度；当经济繁荣时，失业人数减少，转移支付的人数减少，有助于减轻通货膨胀。

财政政策内在稳定器可自动地发生作用，调节经济，无须政府做出任何决策。但是，这种内在稳定器调节经济的作用是十分有限的。它只能减轻萧条或通货膨胀的程度，并不能改变萧条或通货膨胀的总趋势；只能对财政政策起到自动配合的作用，并不能代替财政政策。因此，尽管某些财政政策具有内在稳定器的作用，但仍需要政府有意识地运用财政政策来调节经济。

四、赤字财政政策

赤字财政政策又称为扩张性财政政策，它是指通过减税而减少国家的财政收入，增加企业和个人的可支配收入，刺激社会总需求，或通过发行国债扩大政策财政支出的规模，来扩大社会需求的政策。

凯恩斯主义经济学家认为，赤字财政政策不仅是必要的，而且也是可能的。这就因为：

（1）债务人是国家，债权人是公众，国家与公众的根本利益是一致的；

（2）政府的政权是稳定的，这就保证了债务的偿还是有保证的，不会引起信用危机；

（3）债务用于发展经济，使政府有能力偿还债务、弥补赤字，这就是一般所说的"公债哲学"。

政府实行赤字财政政策是通过发行债券来进行的。债券卖给不同的人就有了不同的筹资方法。如果把债券卖给中央银行，则称为货币筹资。好处是政府不必还本付息，减轻了政府的债务负担；缺点是会引起通货膨胀。如果把债券卖给中央银行以外的其他人，则称为债务筹资。相当于向公众借钱，不会增加货币量，也不会直接引发通货膨胀，但政府必须还本付息，这就背上了沉重的债务负担。

五、财政政策的局限性

在运用财政政策中，往往会遇到许多困难。因此，财政政策具有以下的局限性：

(1) 不同的政策会遇到不同阶层与集团的反对。例如，增税会遇到普遍的反对，甚至引起政治动乱；减少政府购买会遇到强有力的垄断资本者的反对；削减转移支付则会受到一般平民及其同情者的反对；增加公共工程支出会被认为是与民争利而且受到某些集团的反对。

(2) 有些政策执行容易，而不一定能收到预期效果。例如，减少税收不会引起反对，但在萧条时期人们不一定会把减税所增加的收入用于增加支出；转移支付的增加也是同样的情况。

(3) 任何财政政策都有一个"时延"问题。例如，一项措施，从方案的提出、讨论、批准到最后执行都有一个过程，在短期内很难见效。

(4) 整个财政政策的实施要受到政治因素的影响。例如，西方国家在大选之前，无论经济形势如何，也不会执行增税、减少政府转移支出之类易于引起选民不满的财政政策，等等。

六、财政政策的挤出效应

政府支出增加通过利率中介变动导致的私营部门支出降低，称作财政政策的"挤出效应"。由于存在挤出效应，政府支出带来的总需求和产出水平上升，要比利率不变情形的作用显著小一些。显然，挤出效应越大，财政政策效果越弱；反之亦然。具体表现在以下几个方面：

(1) 政府通过在公开市场上出售政府债券来为其支出筹资。在这种情况下，由于货币供给不变，政府出售债券相当于收回流通中的部分资金，则市场上资金减少，从而利率升高，利率上升减少了私人投资，引起了挤出效应，而挤出效应的大小取决于投资的利率弹性，投资的利率弹性大则挤出效应大。

(2) 政府通过增加税收来为其支出筹资。在这种情况下，增税减少了私人收入，使私人消费与投资减少，引起了挤出效应，而挤出效应的大小取决于边际消费倾向，边际消费倾向大，则税收引起的私人消费减少多。

(3) 在实现了充分就业的情况下，政府支出增加引起了价格水平的上升，这种价格水平的上升也会减少私人消费与投资，引起挤出效应。

(4) 政府支出增加对私人预期产生不利的影响，即私人对未来投资的收益率持悲观态度，从而减少投资。

(5) 在开放经济中实行固定汇率制时，政府支出增加引起价格上升削弱了商品在世界市场上的竞争能力，从而出口减少，私人投资减少。

【经典案例】　　　　　　　美国战后财政政策的运用

美国政府在第二次世界大战后长期运用积极的财政政策来刺激经济活动，分析这一问题可以加深我们对财政政策的理解。

第二次世界大战以后，美国政府加大了对宏观经济的调节力度。在20世纪50年代，美国的宏观经济政策以稳定为中心，运用的是补偿性财政政策，这种政策是在经济萧条时期增加政府支出、减少税收，使财政有赤字；而在经济繁荣时期减少政府支出、增加税收，使财政有盈余。这样以求得长期的财政预算平衡。从1952年到1960年的8年中，有5年有财政赤字，3年有财政盈余，赤字最多时也只是125亿美元，但与此相应，经济处于缓慢增长状态。

进入20世纪60年代以后，为了实现充分就业与经济增长，财政政策则以扩张性的财政政策为基调，强调通过增加政府支出与减税来刺激经济。特别是在1962年肯尼迪政府时期，曾进行了全面的减税，个人所得税减少20%，最高税率从91%降至65%，公司所得税率从52%降到47%，同时还采取了加速折旧、投资减税优惠等变相的减税政策。这些对国民经济起到了强有力的刺激作用，造成20世纪60年代美国经济的繁荣。与此相适应，美国的财政赤字大幅度增加。20世纪70年代是美国经济的停滞时期，面对高通货膨胀和高失业，赤字财政的运用有所控制。

同时，财政政策的运用中又强调了微观化，即对不同的部门与地区实行不同的征税方法，制定不同的税率，以求得经济的平衡发展。

20世纪80年代里根上台之后，制定了以供给学派理论为依据的经济政策，其中最主要的一项也是减税。但应该指出的是，供给学派的减税不同于凯恩斯主义的减税，凯恩斯主义的减税是为了刺激消费与投资，从而刺激总需求，而供给学派的减税是为了刺激储蓄与个人工作积极性，以刺激总供给。减税政策刺激了经济，但由于减税的同时无法大量减少政府支出，这就会使财政赤字大幅度增加。

2000年小布什上台后，为了刺激经济，又实行减税政策，其对经济也起到了刺激作用，使得美国经济走出20世纪80年代以来的衰退。

政策的运用是一门艺术，美国政府在实践中变换政策，总体上起到了积极作用。

任务五　需求管理：货币政策

一、凯恩斯主义货币政策

凯恩斯主义货币政策是指通过对货币的供给量的调节来调节利息率，再通过利息率的变动来影响总需求的宏观经济政策。

（一）货币政策的机制

在这种货币政策中，政策的直接目标是利率，利率的变动通过调节货币量来实现，所以调节货币量是手段，也是货币政策的中介目标。调节货币量的结果是利息率发生变动，再由此传导到国民经济总量，即社会总需求变动，即达到调节国民经济的目标。因此，社会总需求的变动是货币政策的最终目标，即：货币量→利率→总需求。

货币量调节利率：假设人们的财富只有货币和债券，且两者可替代。所以货币量增加，购买债券必增，其价格上升，导致利率下降；相反，则利率上升。

利率变动影响总需求：利率的变动首先要影响投资。利率下降会降低投资者贷款所付的利息，从而降低投资成本、增加投资收益。同时，利率的下降也会使人们更多地购买股票，从而使股票价格上升，而股票价格上升会刺激投资。此外，利率的下降也会鼓励人们更多地消费。这些都会引起社会总需求增加。反之，则相反。

（二）货币政策特点

货币政策具有以下特点：

（1）间接作用于消费者和生产者。货币政策不是直接作用于消费者和生产者，而是直接作用于货币的供求。通过货币供求的变化，引起市场利率的变动，并通过市场利率的变动信息，指导生产者和消费者的存贷款，调节生产者和消费者的供求关系，最终使社会总供给与社会总需求平衡。

（2）货币政策由中央银行直接决定，所经过的环节少，即内在时延短；但它的作用比较间接，完全发生作用的外延时间长。

【知识链接】　　　　　　　　中 央 银 行

1. 中央银行的产生和发展是信用制度和银行体系不断健全和完善的结果

中央银行是代表政府干预经济、管理金融的特殊金融机构，是金融管理机关。中央银行在宏观金融管理方面进行经营活动，它是完成国家经济目标的重要机构。中央银行通过利用货币政策工具对经济进行调节、管理和干预，以稳定货币、发展经济并代表国家制定和执行金融政策。中央银行不是普通的银行，它居于商业银行和其他金融机构之上，与商业银行和其他金融机构是调控、管理与被调控、被管理的关系。

2. 中央银行的职能

中央银行的职能主要体现在四个方面，即中央银行是发行的银行、政府的银行、银行的银行以及调控宏观经济的银行。

（1）中央银行是发行的银行。它垄断货币的发行权，是全国唯一的现钞发行机构。

（2）中央银行是银行的银行。这一职能最能体现中央银行的特殊金融机构性质。办理"存、放、汇"，仍是中央银行的主要业务内容，但业务对象不是一般企业和个人，而是商业银行与其他金融机构。作为金融管理的机构，这一职能具体表现在集中存款准备、最终贷款人和组织全国的清算三个方面。

（3）中央银行是国家的银行。这一职能主要表现在以下几个方面：代理国库；代理国家债券的发行；向国家给予信贷支持；保管外汇和黄金准备；制定并监督执行有关金融管理法规。此外，中央银行还代表政府参加国际金融组织，出席各种国际会议、从事国际金融活动以及代表政府签订国际金融协定；在国内外经济金融活动中，充当政府的顾问，提供经济、金融情报和决策建议。

（4）中央银行是调控宏观经济的银行。其通过执行国家的金融政策及外汇清算，运用各种货币管理工具以管理货币的发行量（如通过运用再贴现政策、市场干预措施、存款准备金收存比例的调整等控制社会信用，调节货币流通）等。

3. 中央银行的组织形式

中央银行按其组织形式可划分为三种：

（1）政府管理，股权归私人所有的中央银行。这些银行大多隶属于财政部，如意大利中央银行。

（2）全部国有化的中央银行。其资本属于国家，如加拿大、丹麦等国的中央银行。

（3）部分国有化的中央银行。其资本由国家和私人双方持有，如日本、比利时等国的中央银行。

世界上最早的中央银行是英国1694年成立的英格兰银行。现在，美国的联邦储备银行、日本的日本银行、德国的德意志联邦银行、法国的法兰西银行和瑞士的国家银行等都是本国的中央银行。我国的中央银行是中国人民银行。

（三）货币政策工具

在当代经济学中，中央银行能够运用的政策手段最基本的有三个：调整再贴现率、公开市场业务和调整法定准备金率。

1. 再贴现率

贴现率是指中央银行对商业银行的贷款利率。再贴现率是指商业银行将未到期的商业票据或者政府债券作为担保，向中央银行取得所需资金时所支付的利率。两者有时候又是一样的，因此，贴现率也叫再贴现率。

中央银行调整贴现率来影响利率和宏观经济。提高贴现率，对银行来说会出现两种结果：一是银行会减少从中央银行借款，如果其他条件不变，就会从资金来源方面造成银行贷款规模下降；二是银行为保持原有盈利会以同样幅度提高其贷款利率，从而引起厂商对银行贷款的减少，如果其他条件不变，就会从资金运用方面造成银行信贷规模的下降。另外，贴现率及利率上升也会造成政府债券和股票价格下降，结果是厂商投资减少，进而国内生产总值减少和失业增加。反之，如果中央银行降低贴现率，则会使得利率下降，信贷规模扩大和政府债券及股票价格上涨，使投资增加、国内生产总值扩大和就业增加。

因此，中央银行就可以通过改变贴现率的方式起到鼓励或限制商业银行借款的作用，来影响与调节商业银行的准备金和货币供给。在经济形势趋于萧条时，即总支出不足或失业增加的情况下，央行应降低贴现率以扩大信贷规模增加投资，刺激经济发展；在经济发展趋于过热即总支出过大或价格水平过高时，中央银行应提高贴现率以压缩信贷规模，减少投资，抑制经济发展。

调整贴现率作为一项宏观政策工具也存在一定的局限性。表现为中央银行很难严格控制商业银行的准备金数量和水平。如经济萧条，贴现率降得再低，银行可能增加超额准备，不一定增加信贷规模，这样就使得宏观政策调控处于被动境地。

2. 法定存款准备金率

法定存款准备金率是指商业银行吸收的存款中用作准备金的比率。改变法定存款准备金率将从两个方面影响货币供给。

当中央银行提高存款准备金率，一方面会造成商业银行吸收的同量存款中上存央行的存款准备金就增多，银行贷款趋紧，进而使经济中货币供给量减少；另一方面，则会使货币乘数缩小，创造货币能力下降。

反之，当降低法定存款准备金率时，一方面会增加商业银行的信贷能力，进而使经济中货币供给量增加；另一方面会使货币乘数扩大，创造货币能力上升。当准备金率发生变动时，商业银行的信贷规模就会相应调整，从而社会的货币供应量会发生变化，引起利率变化，并最终影响社会经济的运行。

存款准备金率作为货币政策工具时，按逆风向行事原则，在经济形势趋于萧条时期，由于总需求不足，中央银行会降低法定准备金率，使商业银行持有的现金增加，可以对外扩大放贷规模，增加货币供应量，使市场利率下降，从而达到刺激投资，增加总需求的目的。在经济繁荣时期，由于总需求过度，中央银行会提高法定准备金率，从而达到抑制总需求、避免经济出现过度膨胀的目的。

【知识链接】 我国22年来存款准备金率变动情况（见图9-3）

第九讲 宏观经济调控

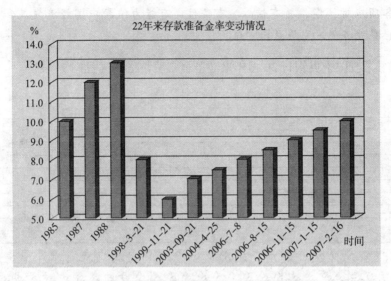

图9-3 我国22年来存款准备金率变动情况

【延伸阅读】 中国货币政策工具重大调整 双率同降10年罕见

2008年10月8日,在美国金融危机蔓延、全球金融动荡的背景下,中国对货币政策工具进行了重大调整:中国人民银行10月8日决定,自15日起下调人民币存款准备金率0.5个百分点;自9日起下调一年期人民币存贷款基准利率各0.27个百分点,其他期限档次也相应调整。

"存款准备金率"和"银行利率"均为中央银行最具影响力的货币政策工具,能直接调控货币供给。背景显示,这是自1999年年底起,央行近9年来首次下调所有存款类金融机构人民币存款准备金率;自2002年2月起,央行6年来首次下调人民币存贷款基准利率。

就这次存贷款基准利率调整幅度来看,包括个人住房公积金贷款在内的绝大多数期限档次的存贷款利率均下调了0.27个百分点;此外,活期存款利率不变,三个月整存整取定期存款利率下调0.18个百分点,六个月贷款利率下调0.09个百分点。

虽然前几年为防止经济过热、控制通胀压力,央行曾连续上调存款准备金率和银行利率,但人民银行此次对"两率"进行反向重大调整,市场却并不感到意外。此间专家表示,在美国次贷危机引发的金融危机波及全球的背景下,中国经济正面临着国际、国内的诸多挑战,保持经济平稳较快发展已成当前重要任务,相应政策灵活调整正是题中之意。

需要特别指出的是,鉴于国际经济金融正在经历严重的挑战,中国已提出要采取灵活审慎的经济政策,以妥善应对各种复杂局面。人民银行10月4日已表示,为了避免和减少美国金融危机对中国的影响,人民银行和有关监管部门已经制定了各项应对预案，并有信心、有条件、有能力维护中国经济发展和金融稳定，为世界经济稳定发展做出贡献。

【知识链接】我国中央银行 20 多年来准备金率调整路线（见图 9-4）

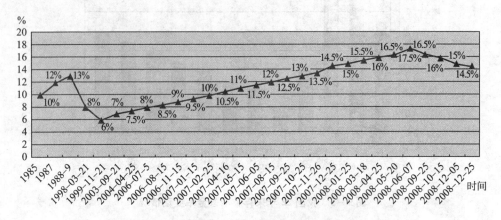

图 9-4 我国中央银行 20 多年来准备金率调整路线

3. 公开市场业务

公开市场业务是中央银行在公开市场上购买或出售政府债券以调节货币供给量，从而影响经济活动达到既定目标的行为。公开市场业务是中央银行稳定经济的最常用的政策手段。

如果中央银行买进有价证券，公众或银行得到现金或存款，它们成为高能货币，通过乘数机制货币供给量成倍增加，进而影响货币市场供求和利率，通过传导机制影响产品市场均衡。

如果中央银行卖出有价证券，实际上就是回笼货币，使高能货币减少，从而减少货币供给量。

在经济萧条时期，有效需求不足，中央银行在公开市场上买进政府债券，从而把货币投入市场。由于货币供应量的增加会引起利率下降，从而刺激投资需求、增加总需求。

在经济繁荣时期，需求过度，中央银行便卖出政府债券，使货币回笼。由于货币供应量减少，从而利率上升，投资减少，总需求减少。

公开市场业务是通过金融市场来调节一国的利率水平，执行起来灵活有效，因此，它成为政府最重要的货币政策工具。

4. 辅助工具

除了以上三种主要工具外，还有几项辅助性工具：

（1）道义的劝告。俗称"打招呼"，即中央银行对商业银行在放款和投资等方面应采取的措施给以指导或告诫，以配合央行货币控制政策。

（2）利率上限控制。控制商业银行和其他金融机构对定期存款支付的最高利率，可减少定期存款，使存款更多地转向易于控制的债券与短期存款。

（3）控制分期付款条件。规定消费者购买耐用消费品分期付款的条件。目的是调节借贷在消费和其他用处之间的分配，鼓励或限制消费。

（4）控制抵押贷款条件。主要用于控制住宅建设，如减少购买住宅应立即付出的现款额并延长付清房款的年限，可刺激人们用抵押贷款来买住宅，刺激建筑业，扩大总需求。

在不同的经济条件下，中央银行会根据不同的货币政策来调节经济。以上几种工具不会单独使用，常常会结合使用。

（四）货币政策工具的运用

在不同的经济形势下，中央银行要运用不同的货币政策来调节经济。货币政策可以分为扩张性的货币政策和紧缩性的货币政策。

在经济萧条时期，总需求小于总供给，为了刺激总需求，就要运用扩张性货币政策（又称积极的货币政策），其中包括在公开市场上买进有价证券、降低贴现率并放松贴现条件、降低准备金率，等等。这些政策可以增加货币供给量，降低利率，刺激总需求。

在经济繁荣时期，总需求大于总供给，为了抑制总需求，就要运用紧缩性货币政策，其中包括在公开市场上卖出有价证券、提高贴现率并实施严格的贴现条件、提高准备金率，等等。这些政策可以减少货币供给量，提高利率，抑制总需求。

（五）货币政策的局限性

货币政策的局限性表现在以下几个方面：

（1）利率的变动有一定刚性。根据现代经济学的分析，利率的变动有一定的刚性，尤其是利率的降低总有一个最低限度，货币供给量无论如何增加也不会降低利息率。因此，货币政策的作用是有限的。

（2）商业银行受利益的驱使，将不接受货币政策。在萧条时期，尽管中央银行采取了鼓励贷款的政策，但是，因商业银行不愿意承担风险，增加货币供给的政策难以奏效；相反，在膨胀时期，尽管中央银行采取了限制贷款的政策，但是因利率偏高，商业银行仍然愿意多放款，则无法减少货币供给量。这样必然造成货币政策实施的困难。

（3）公开市场业务的政策工具作用缓慢。在货币政策工具中，公开市场业务也往往由于公众的不配合而流于失败。在萧条时期，公众不一定卖债券，则会导致货币投放政策失效；在膨胀时期，公众不一定买债券，则会导致货币回笼失效。于是，货币政策的实施是有一定困难的。

二、货币主义的货币政策

货币主义是20世纪50—60年代在美国出现的一个经济学流派,亦称货币学派,其以挑战凯恩斯主义的面貌出现。其领袖人物为米尔顿·弗里德曼,他在1976年10月获得诺贝尔经济学奖。货币主义用经济政策的滞后性反对根据情况而制定的货币政策,主张实行单一规则的货币政策,即把货币存量作为唯一的政策工具,由政府宣布一个长期不变的货币增长率,这个货币增长率在保证物价水平稳定不变的条件下与预计的实际国民收入在长期内的平均增长率相一致。

货币主义的理论基础是现代货币数量论,即认为影响国内生产总值与价格水平的不是利率而是货币量。货币主义认为,货币政策不应该是一项刺激总需求的政策,而应该作为防止货币本身成为经济失调的根源的政策,为经济提供一个稳定的环境,并抵消其他因素所引起的波动。因此,货币政策不应该是多变的,应该以控制货币供给量为中心,即根据经济增长的需要,按一固定比率增加货币供给量,这也被称为"简单规则的货币政策"。这种政策可以制止通货膨胀,为经济的发展创造一个良好的环境。

【知识链接】　　经济学十大原理之——当政府发行了过多货币时,物价上升

1921年1月,德国一份日报价格为0.3马克。不到两年之后,1992年11月,一份同样的报纸价格为7 000万马克。经济中所有其他价格都以类似的程度上升。这个事件是历史上最惊人的通货膨胀的例子,通货膨胀是经济中物价总水平的上升。

虽然美国从未经历过接近于德国20世纪20年代的情况,但通货膨胀有时也会成为一个经济问题。例如,20世纪70年代期间,物价总水平翻了一番还多,杰拉德·福特总统称通货膨胀是"公众的头号敌人"。与此相比,在20世纪90年代,通货膨胀是每年3%左右,按这个比率,物价20多年才翻一番。由于高通货膨胀给社会带来了各种代价,所以世界各国都把保持低通货膨胀作为经济政策的一个目标。

什么引起了通货膨胀?在大多数严重或持续的通货膨胀情况下,罪魁祸首结果总是相同的——货币量的增长。当一个政府创造了大量本国货币时,货币的价格下降了。在20世纪20年代初的德国,当物价平均每月上升3倍时,货币量每月也增加了3倍。美国的情况虽然没有这么严重,但美国经济史也得出了类似的结论:20世纪70年代的高通货膨胀与货币量的迅速增长是相关的,而20世纪90年代的低通货膨胀与货币量的缓慢增长也是相关的。

三、凯恩斯主义的货币政策与货币主义的货币政策比较

凯恩斯主义的货币政策与货币主义的货币政策是完全不同的。后者不属于需求管理的内容,并反对将利率作为货币政策的目标,见表 9-1。

表 9-1　凯恩斯主义的货币政策与货币主义的货币政策比较

对比内容	凯恩斯主义货币政策	货币主义货币政策
目标	通过利率调节 AD	通过控制货币量实现物价稳定
机制	货币量→利率→AD	货币量→物价
手段	公开市场业务、贴现及准备金率政策	简单规则的货币政策

【经典案例】　　应对金融危机　全球协同作战七管齐下
　　　　　　　　　——2008 年 10 月 14 日　中国经济网

始于美国的金融危机席卷全球,越演越烈。2008 年 10 月 10 日,全球股票市场、原油市场以及粮食市场等主要市场均遭受重挫。与此同时,美国政府当天计划自 20 世纪"大萧条"以来首次直接向银行注资,将大规模购入美国金融机构的股权。

同一天,正在白宫举行的西方七国财长及央行行长会议(G7)也发出声明,要共同对付全球金融危机,许诺要保护银行和金融机构,避免倒闭,并确保能从公共和私营领域筹集资金。这将包括为信贷和货币市场解冻。

在各国政府及央行连发救市措施的情况下,华尔街金融风暴似有趋稳之势。

一、多国注资金融市场　美国将上限提高到 9 000 亿美元

随着金融危机不断升级,美国不断注资增加市场流动性,以期金融机构可以自救。从 2008 年 8 月至 9 月 17 日,美联储就总计向市场注入短期和长期资金 6 632.5 亿美元。

自美国国会通过 7 000 亿美元金融援救计划以来,美联储再次加大了救市的力度。美国"金融市场工作小组"10 月 6 日发表声明说,美国将与全球密切合作,采取措施应对目前的金融危机。同时,美联储将大大增加向金融市场的注资力度以增加市场流动性。预计这将使美联储的注资总规模在 2008 年年底增加到 9 000 亿美元。声明还强调,尽管面临严峻挑战,美国经济和劳动力市场仍富有弹性和活力,在付出一段时间艰苦的努力后,美国经济将能渡过目前的困境。

欧洲股市 9 月 15 日收盘下跌。欧洲央行当天及第二天分别向商业银行注资

300亿欧元、700亿欧元，以缓解流动性的不足，这是欧洲央行自2007年夏季全球金融市场出现危机以来首次采取这种干预方式。9月18日，欧洲央行根据与美国联邦准备理事会缔结的互惠货币交换安排所提供的资金，再对市场注资400亿美元。10月9日，欧洲央行宣布，将以隔夜基金的形式再度向金融系统注入创纪录的1 000亿美元流动性。10月12日，欧元区领导人发表声明称，欧元区成员国将在2009年年底前为银行5年期以下的新发债务提供担保，并通过取得优先股的方式向银行直接注资，以缓解银行因为信贷紧缩而面临的融资困难。

近日，英国财政大臣达林也公布了英国银行救助方案，英国政府将向银行业至少注资500亿英镑。9月16日、17日，俄罗斯股市连续两天出现暴跌。俄罗斯政府随后迅速做出反应，连续注资。俄罗斯总理普京表示，财政部和央行当天已向金融市场注资4 750亿卢布（1美元约合25.5卢布），以保障俄罗斯银行系统的流动性。9月18日，俄总统梅德韦杰夫要求拨款5 000亿卢布（约合200亿美元）支持证券市场的稳定，其中2 500亿卢布直接来自国家预算。普京于10月10日在政府会议上表示，政府已通过决定，向本国银行提供为期十年的9 500亿卢布（约合365亿美元）贷款，这些资金将主要用于提高银行的资本金，并解决银行清偿能力问题。普京更斩钉截铁地指出，1998年的金融危机不会在俄罗斯重现。

截止到10月6日，为控制金融市场的动荡局面，日本银行已连续14个工作日向市场紧急注资，总额已经超过26.1万亿日元，并于10日当天连续三次通过公开市场操作向短期金融市场注资共4.5万亿日元（约合人民币3 084亿），创下单日注资总额新纪录。

印度国内市场对外开放度较低，对外依存度较小，因此受美国金融危机波及范围十分有限。不过印度政府仍然出台措施，以稳定股市和汇市。印度储备银行向汇市注资近3 000亿卢比，以期增加流动性，力挺不断贬值的卢比。

此外，荷兰政府10月9日宣布向本国金融机构提供200亿欧元资金，以增加金融市场流动性和重树银行间信心。这一措施立即生效，期限为一年。智利中央银行10月11日宣布，将向本国金融系统注资50亿美元，以增加市场流动性，稳定投资者信心。

二、全球竞相"国有化"商业银行 美将宣布救助名单

截至目前，美国已先后国有化了"两房"及AIG，英国国有化了北岩银行、布拉德福—宾利银行，德国国有化了第二大商业地产贷款机构，荷兰国有化了富通银行在荷兰的业务，乌克兰临时接管了乌工业投资银行（乌第六大银行）；上周，冰岛三大银行的相继收归国有，也意味着冰岛整个银行体系几乎都已成为"国家队"。

随着金融危机持续恶化，依据美国国会5日批准的总额为7 000亿美元的金融救援方案，美国政府有权直接购买金融机构股份。美国财长保尔森10日说，

政府不排除将个别银行国有化的可能。如果付诸实施，这将是20世纪30年代大萧条时期以来美国政府首次通过直接购买方式获得金融机构股份。

据报道，美国政府可能从本周开始宣布协助政府实施救援方案的私营资产管理公司的名单。但收购不良资产的过程较为复杂，时间也较漫长。因此美国政府想出通过购买股权马上为金融机构注资的辅助办法。这将有助于提高银行的借贷实力，直接缓解银行间相互拆借的忧虑，让银行恢复更多的正常贷款活动，避免企业和民众日常生活出现更严重的问题。

在美国之前，英国宣布了一项核心为国有化的银行救援案，政府将直接向该国最大的八家银行注资，并获得相应的优先股。这八家机构分别为：苏格兰皇家银行、巴克莱集团、HBOS、莱斯银行、渣打银行和汇丰控股等。13日，英国针对四大银行提出纾困计划，金额高达350亿英镑（605亿美元），英国政府也将成为HBOS、苏格兰皇家银行、劳埃德银行（Lloydstsb）与巴克莱银行的大股东，并进驻银行的董事会。有分析认为，最终英国政府可能持有该国四大银行高达30%的股份。

其他一些欧洲国家上一周也出台了类似计划。

三、全球央行史无前例集体大降息　中国跟进

从资本市场而言，救市和降息是应对金融危机的两大招数。当直接注资已经无法挽回市场信心时，降息就被视为降低资本成本、增加市场流动性的选择。

10月7日，澳大利亚央行率先宣布下调基准利率一个百分点。受此影响，当天澳大利亚股市在全球股市一片惨跌的情形下一枝独秀，扭转早盘大幅下挫的局面，收盘上涨1.7%。

10月8日，美联储、欧洲央行和其他四家央行进行史无前例紧急协同降息，以缓解金融危机对经济的影响。美联储宣布降息50个基点至1.5%，欧洲央行、英国央行、加拿大央行、瑞典央行和瑞士央行也纷纷降息。

在这之前，美联储也作出了变相降息的决定，出台了包括提高贷款拍卖额度和为商业银行的准备金支付利息等多种手段，以扩大市场流动性。这些举措在实质上已经相当于达到了降息的效果。

与此同时，中国人民银行也加入到降息队伍之中，决定从15日起下调存款准备金率0.5个百分点，从9日起下调一年期人民币存贷款基准利率0.27个百分点，并宣布暂停征收利息税。

韩国是亚太地区受本轮危机冲击最严重的经济体之一。该国股市近期持续下跌，上周跌幅达到13%，韩元对美元汇价也跌至近10年低点附近。面对严峻的国内金融形势，韩国央行也加入全球降息行列。

不过，由于受能源价格高涨和出口增速放缓等因素影响，再加上海外经济减速明显，日本经济继续处于停滞不前状态的可能性很大。因此，日本银行7日宣布，继续将银行间的无担保隔夜拆借利率维持在0.5%的水平不变。

四、美国大规模减税提振经济 日、俄效仿

美国政府之前也推出了大规模减税计划等措施提振美国经济、削弱次贷危机影响,布什政府于今年2月推出一项为期两年,总额达1 680亿美元的经济振兴法案,大规模向美国家庭退税。这一举措令美国第二季度国内生产总值(GDP)意外大幅增长3.3%。

受美国影响,日本新任首相麻生太郎9日要求执政党官员紧急制定追加经济对策。据报道,追加经济对策可能包括设备投资减税、证券交易特别优待税等政策性减税措施。

俄罗斯财政部长库德林也表示,从今年10月1日起,原油和石油产品的出口关税将从每吨485.8美元降到每吨372美元。他说,这可以使石油公司和石油加工公司保留55亿美元的资金。分析人士认为,石油股票作为证券市场上的"火车头",得到了政府及时的"燃料补给",将继续被市场看好。

五、美国率先限制裸卖空 各国相继跟进

9月18日,美国政府推出了限制"裸卖空"的新规,对裸卖空者实行"零容忍政策"。希望借此打击非法交易行为,进而维护金融市场秩序。所谓"裸卖空",是指投资者没有借入股票而直接在市场上卖出根本不存在的股票,在股价进一步下跌时再买回股票获得利润的投资手法。进行"裸卖空"的交易者只要在交割日期前买入股票,交易即获成功。由于"裸卖空"卖出的是不存在的股票,量可能非常大,因此会对股价造成剧烈冲击。有分析人士认为,美国雷曼兄弟公司就是"裸卖空"行为的受害者之一。

在美国采取禁止卖空股票措施后,法、英、德、荷兰、爱尔兰、澳大利亚和瑞士等国也相继跟进禁止沽空。

10月1日晚,美国证券交易委员会宣布,延长9月18日推出的对800多只金融股的临时卖空禁令,以保护投资者利益,维护市场稳定。据该委员会发表的声明,该禁令的有效期将延至大规模金融救援方案获准颁布后的第三个交易日,但不会晚于10月17日。

六、七国股市暂停交易 防止股市大幅动荡

受金融风暴影响,全球股市大幅动荡,至少有七个国家暂停交易,其中包括俄罗斯、巴西、冰岛、日本、韩国、印尼和泰国等。

俄罗斯股市上周紧急停牌两次,其中6日停牌时,单日跌幅已高达19.10%,而在8日紧急关闭市场时759.40的点位已较10个交易日前(1 334.75点)跌去43.09%。9日市场重开后,在前期领跌的石油股的拉升下,RTS指数收复了10.91%的失地。

面对证券市场连日的大幅震荡,俄联邦金融市场局对股市涨跌停作出最新规定。一旦股指涨跌幅达到5%,市场将暂停交易一小时;一旦股指涨跌幅达到10%以上,市场将全天停止交易。

巴西圣保罗股市6日再度遭遇"黑色星期一",一天之内两次跌停。圣保罗股市博维斯帕指数当天下跌幅度一度超过15%,"断路器"机制两次启动,全天下跌5.43%,以42 100.79点报收。这是自1997年10月28日以来,圣保罗股市首次在一天之内两次启动"断路器"机制。

冰岛证交所10月9日宣布停牌,交易最早要到本周一恢复。

乌克兰第一证券交易所的主要股指自年初以来已经下跌72.8%。政府10日宣布,无限期中止股市交易。

此外,日本大阪和东京证交所上周五都先后暂停了部分期货和权证交易;韩国股市也一度暂停有价证券市场的程序交易;泰国股市一度暴跌10%,触发跌停机制。

七、保护个人存款 欧洲各国相继出台措施

随着源自美国的金融危机向世界蔓延,多家欧洲金融机构陷入困境。为此,欧洲各国相继出台规模不等的银行个人存款保护措施,以保障储户利益。

爱尔兰上周率先宣布担保国内储蓄机构所有个人存款的安全。希腊财政部上周五宣布将为国内所有银行个人存款提供担保,以稳定急于从银行取现的储户的情绪。德国政府5日作出重大决定,宣布为个人银行存款提供不限额担保以恢复金融市场信心。瑞典政府也在同一天宣布将增加对个人银行存款的担保额度。据报道,英国政府已经在考虑是否应采取相关措施。此外,奥地利政府上周一也宣布拟增加对个人银行存款的担保,以防止存款流向德国。

俄罗斯也于10月10日通过了有关将存款保险金额赔偿上限升至70万卢布(约27 000美元)的法律修正案。该法案原先规定,当银行倒闭时,20万卢布以下的存款将全额赔偿,20万至70万卢布间的储蓄将获赔90%。此举有望对储户的恐慌心理起到一定的安抚作用。

为了应对这场蔓延全球的金融危机,世界各国均在设法联手挽救。但由于各国的经济利益不同,"釜底抽薪"的情形在所难免。世界银行行长佐利克11日表示,必须建立一个涵盖主要新兴经济体在内的更大的国际集团。国际社会应该考虑建立包括西方七国,以及中国、巴西、印度、墨西哥、俄罗斯、沙特阿拉伯和南非等主要新兴经济体在内的14国集团或更大规模的国际组织,解决目前的金融危机。

1929年开始的大萧条经过新政措施,四年时间就实现了经济回转。此次金融危机又将持续多长时间?对此,北京大学副校长、汇丰商学院院长海闻教授认为,虽然此次危机较1929年来得更猛,范围更大,但政府应对措施也比那时更猛烈、坚决,加上现在的处理手段和理念均比当时先进,经济层面应能比1929年的大萧条恢复得快。

【延伸阅读】　　　　当代主流学派之——货币主义学派

货币主义是继新凯恩斯主义学派之后的又一个具有影响力的当代主流学派,

也是当代世界各国经济政策的依据之一。我们仍然要着重学习货币主义的理论与政策。

一、货币主义概述

货币主义是20世纪50年代至20世纪60年代在美国出现的一个经济学流派，亦称货币学派，其创始人为美国芝加哥大学教授弗里德曼。货币学派在理论和政策主张方面，强调货币供应量的变动是引起经济活动和物价水平发生变动的根本的、起支配作用的原因。

第二次世界大战后，美、英等发达资本主义国家长期推行凯恩斯主义扩大有效需求的管理政策，虽然在刺激生产发展、延缓经济危机等方面起了一定作用，但却引起了持续的通货膨胀。弗里德曼从20世纪50年代起，以制止通货膨胀和反对国家干预经济相标榜，向凯恩斯主义的理论和政策主张提出挑战。他在1956年发表《货币数量说——一个重新表述》一文，对传统的货币数量说作了新的论述，为货币主义奠定了理论基础。

自20世纪60年代末以来，美国的通货膨胀日益剧烈，特别是1973—1974年在所有发达资本主义国家出现的剧烈的物价上涨与大量的失业同时并存的"滞胀"现象，凯恩斯主义理论无法做出解释，更难提出对付这一进退维谷处境的对策。于是货币主义开始流行起来，并对美、英等国的经济政策产生了重要影响。货币主义的代表人物在美国有哈伯格、布伦纳和安德森等人，在英国有莱德勒和帕金等人。

货币主义学派是现代新经济自由主义流派中影响最大的一个学派。他们坚持经济自由主义，猛烈抨击现代凯恩斯主义的经济理论及其政策主张，反对国家过多干预经济生活；他们特别重视货币理论的研究，从现代货币数量说出发，把货币推到极端重要的地位。

二、货币主义理论基础

货币学派的理论基础是弗里德曼在剑桥方程式和凯恩斯的流动偏好理论基础上提出的现代货币数量说。在《货币数量说——一个重新表述》一文中，弗里德曼认为货币数量说这个词语只是表示一项研究方法，而不是一个具有确定意义的理论的名称。在这篇论文中，弗里德曼在凯恩斯流动偏好函数基础上作了一些发展补充，建立了自己的货币需求函数。货币需求函数是一个稳定的函数，是指人们平均经常自愿在身边储存的货币数量，与决定它的为数不多的几个自变量之间存在着一种稳定的，并且可以借助统计方法加以估算的函数关系。

弗里德曼在1963年出版的《美国货币史（1867—1960）》中估算出两个经验数据。其一是货币需求的利率弹性为 -0.15，即利率增（减）1%，人们对货币的需求量减少（增加）0.15%，于是认为利率的变化对货币流通速度的影响是微不足道的。另一个数据是货币的收入弹性为1.8，即人们的收入增加（减少）

1%，对货币的需求量增加（减少）1.8%，这就意味着从长期趋势来看，货币的收入流通速度将随着国民收入的增长而有递减的趋势。

货币主义认为引起名义国民收入发生变化的主要原因在于货币当局决定的货币供应量的变化。假如货币供应量的变化会引起货币流通速度的反方向变化，那么货币供应量的变化对于物价和产量会产生什么影响，将是不确定和无法预测的。

弗里德曼突出强调货币需求函数是稳定的函数，正在于尽可能缩小货币流通速度发生变化的可能性及其对产量和物价可能产生的影响，以便在货币供应量与名义国民收入之间建立起一种确定的可以作出理论预测的因果关系。

在短期内，货币供应量的变化主要影响产量，部分影响物价，但在长期内，产出量完全是由非货币因素（如劳动和资本的数量，资源和技术状况等）决定的，货币供应只决定物价水平。

通货膨胀理论是货币学派的核心理论，是他们反对现代凯恩斯主义的有力工具。货币学派将通货膨胀定义为引起物价普遍上涨的一种货币现象，因此，通货膨胀的直接原因就是货币量过多。而货币量过多的原因源于政府的错误政策和行为，因此，垄断货币权的政府对通货膨胀有着不可推卸的责任，治理通货膨胀的办法只有一个，即减少货币增长。只有把货币供应增长率最终下降到接近经济增长率的水平，物价才可望大体稳定下来，然后政府采取"单一规则"来控制货币供应量，就能有效地防止通货膨胀。

三、货币主义政策主张

弗里德曼强烈反对国家干预经济，主张实行一种"单一规则"的货币政策。也就是把货币存量作为唯一的政策工具，由政府公开宣布一个在长期内固定不变的货币供应增长率，这个增长率应该是在保证物价水平稳定不变的条件下，与预计的实际国民收入在长期内会有的平均增长率相一致。

弗里德曼坚持认为，货币政策必须保持其单一性、长期性和稳定性。货币政策的首要目标是稳定货币、稳定经济，而不是维持某一失业率或其他什么目标；货币政策只能以货币供应增长率为控制指标，而不能盯住利率、汇率、物价或其他经济变量；货币增长率一旦正式确定，就应该长期固定，而不能因长期经济波动或其他因素做随意调整。只有切实坚决地实施单一规则，才能有效地稳定货币，克服货币政策的摇摆性和失误，赢得公众对货币政策的信任，真正为经济社会提供稳定的货币环境。

货币主义者坚持认为，资本主义市场经济在动态上是稳定的，如果这种经济体系受到外在因素的干扰，为恢复均衡所必需的价格和产量的变动将顺利地并且迅速地进行。他们认为，市场体系所经历的破坏稳定性的震动大都是由于政府关于税收、支出和货币政策引起的，并不是如凯恩斯主义者所认为那样，起因于私人投资的不稳定或私有部门行为的其他方面的不稳定，也就是说，经济波动之所以发生，大都是由于政策干涉市场经济，采用了错误的政策。

任务六　需求管理：财政政策和货币政策的混合使用

　　财政政策和货币政策都可以调节总需求，还会对总需求结构发生不同的影响。例如，当经济处于萧条状态时，政府可采用扩张性财政政策，也可采用扩张性货币政策。但采用扩张性财政政策会使利率上升，排挤私人投资，尤其是受利率影响明显的住宅投资，还会使政府购买和消费在总需求结构中比重增加。相反，若采用扩张性货币政策，则会使利率下降，投资增加。另外，对扩张性财政政策而言，不同的扩张项目也会带来不同的影响。若增加政府购买，除了会使政府购买在总需求结构中比重上升外，消费也会增加，但私人投资则受到抑制。若采用减税或增加转移支付，则会增加私人消费。若采用投资补贴的财政政策，则不但会增加消费，而且也会增加投资。

　　可见，政府在决定选择哪一种政策时，首先要考虑主要是刺激总需求中的哪一部分。如果萧条主要是由私人投资不足引起的，则宜采用货币政策或投资补贴；如果主要是刺激住宅投资，则最好采用货币政策；如果主要是要刺激其他私人投资，也许采用投资补贴办法更为有效；如果主要是要刺激消费，则可采用减税和增加转移支付。

　　由于财政政策和货币政策会对国民收入和利率及总需求结构产生不同影响，因此，对总需求调节时，常常需要把两种政策搭配起来使用。财政政策和货币政策的搭配方式不同，产生的政策效果不同，适用的经济环境也不同。

　　（1）扩张性的财政政策和紧缩性的货币政策混合会使总需求减少，利率上升，产生"挤出效应"。当经济萧条不太严重时可采取这种组合，一方面采用扩张性的财政政策增加总需求，另一方面采用紧缩性的货币政策来控制通货膨胀。

　　（2）紧缩性财政政策和紧缩性的货币政策混合会使总需求减少、国民收入水平下降，导致国民经济发展缓慢，甚至开始衰退。当经济发生严重通货膨胀时，可采用这种组成合，一方面采用紧缩性的财政政策减少总需求，另一方面采用紧缩性的货币政策提高利率，抑制通货膨胀。

　　（3）紧缩性的财政政策和扩张性的货币政策混合会引起利率的下降，投资增加，总需求减少。当经济出现通货膨胀但又不太严重时，可采用这种组合，一方面采用紧缩性的财政政策抑制总需求，另一方面采用扩张性的货币政策降低利率，刺激投资，遏制经济的衰退。

（4）扩张性的财政政策和扩张性的货币政策混合会引起总需求增加，从而促使经济的复苏、高涨。当经济严重萧条时，可采用这种组合，一方面用扩张性的财政政策增加总需求，另一方面用扩张性的货币政策降低利率，减少"挤出效应"。

如何选用财政政策和货币政策，不仅取决于经济因素，而且取决于政治等因素。因为财政政策和货币政策作用的结果，会使国民生产总值的组成比例发生变化，从而对不同阶层和不同集团的利益产生不同的影响。比如，政府在经济过热时，实行紧缩性的财政政策，提高税率，这对中产阶级以上的那部分人来说，他们收入中的较多部分将上缴国家财政，国家利用税收进行公共投资，如用来改善公共交通，这时不论穷人还是富人都可共同享受这些公共物品。这在一定经济社会中，国民收入的分配会发生变化。因此，政府在作出混合使用财政政策和货币政策的决策时，必须统筹兼顾，充分考虑各方面的利益。

任务七　供给管理政策

任务四、任务五和任务六主要介绍的是以需求管理为基础的凯恩斯主义财政政策和货币政策。凯恩斯主义在第二次世界大战后的 20 多年时间，使西方国家经济走过了一段黄金发展时期，但是，20 世纪 60 年代至 20 世纪 70 年代以来，西方国家出现了高失业率与高通货膨胀率同时并存的"滞涨"局面，这使得凯恩斯主义陷入一种难以解脱的困境，单纯地从需求方面来考虑是无法解释通货膨胀与经济停滞不前、失业率增高同时发生这种现象的。

正是在这种情况下，自 20 世纪 70 年代以后，经济学家重视了总供给对经济的影响，分析了供给对通货膨胀的影响以及劳动市场结构对失业的影响，根据这种分析，他们提出了包括收入政策、人力政策和经济增长政策等的供给管理政策。

一、收入政策：工资与物价管制

收入政策是通过控制工资与物价来制止通货膨胀的政策，因为控制的重点是工资，故称收入政策。

根据成本推动的通货膨胀理论，通货膨胀是由于成本增加，特别是由于工资成本的增加而引起的。因此，要制止通货膨胀就必须控制工资增长率。但有时政府为了不让工会提出增加工资的要求，也会采取管制物价的措施。但对物价的限制与对工资增长率的限制相比，前者是次要的，后者是主要的。

收入政策一般有三种形式：

（一）工资—物价冻结

政府采用法律手段禁止在一定时期内提高工资与物价。这种措施一般是在特殊时期采用的。但在某些通货膨胀时期，也可以采用这一强制性措施。这种措施在短期内可以有效地控制通货膨胀，但它破坏了市场机制的正常作用，在长期中不仅不能制止通货膨胀，反而还会引起资源配置失调，给经济带来更多困难。所以一般不宜采用这种措施。

（二）工资与物价指导线

政府为了制止通货膨胀，根据劳动生产率的增长率和其他因素，规定出工资与物价上涨的限度，其中主要是规定工资增长率，所以又称"工资指导线"。工会和企业要根据这一指导线来确定工资增长率，企业也要根据这一规定确定物价上涨率。如果工会或企业违反规定，政府就要以税收或法律形式进行惩罚。这种做法比较灵活，在20世纪70年代以后被西方国家广泛采用。

（三）税收刺激计划

以税收为手段来控制工资的增长。具体做法是：政府规定货币工资增长率，即工资指导线，以税收为手段来付诸实施。如果企业的工资增长率超过这一指导线，就课以重税。如果企业的工资增长率低于这一指导线，就给以减税。但这种计划在实施中会遇到企业与工会的反对。

二、人力政策

由于劳工市场结构不协调而造成的失业，被称为结构性失业。它是失业与职位空缺并存条件下的失业。政府的人力投资（人力政策）被认为可以解决失业与职业空缺的矛盾，因为这将使不适应雇主要求的工人和失业者有机会重受训练或迁移到适宜于他们就业的地点。

所以人力政策也可称就业政策，是一种旨在改善劳动市场结构以减少失业的政策。其主要包括以下几个方面。

（一）人力资本投资

由政府或有关机构向劳动者投资，以提高劳动者的文化技术水平与身体素质，适应劳动力市场需求。从长期来看，人力资本投资的主要内容是增加教育投资，普及教育；从短期来看，是对工人进行在职培训，或者对由于技术不适应而失业的工人进行培训，增强他们的就业能力。

（二）完善劳动市场

失业产生的一个重要原因是劳动市场的不完善，例如，劳动供给的信息不畅通，就业介绍机构的缺乏，等等。因此，政府应该不断完善和增加各类就业介绍机构，为劳动的供、求双方提供迅速、准确而完全的信息，使工人找到满意的工作，企业也能得到他们所需要的工人。这无疑会有效地减少失业，尤其是降低自然失业率。

（三）协助工人进行流动的政策

劳动者在地区、行业和部门之间的流动，有利于劳动的合理配置和劳动者人尽其才，也能减少由于劳动力的地区结构和劳动力的流动困难等原因而造成失业。对工人流动的协助包括提供充分的信息以及必要的物质帮助与鼓励。

三、经济增长政策

长期来看，影响总供给的最重要因素还是经济潜力或生产能力。因此，提高经济潜力或生产能力的经济增长政策就是供给管理政策的重要内容。促进经济增长的政策是多方面的，其主要包括以下几个方面。

（一）增加劳动力的数量和质量

劳动力的增加对经济增长有重要的作用。劳动力的增加包括数量与质量两个方面。增加劳动力数量的方法有提高人口出生率、鼓励移民入境，等等。提高劳动质量的方法则是以上所讲的增加人力资本投资。

（二）资本积累

资本的增加可以提高资本—劳动比率，即提高每个劳动力的资本装备率，发展资本密集型技术，利用更先进的设备，以提高劳动生产率。资本的积累主要来源于储蓄，因此，应该通过减少税收、提高利息率等途径来鼓励人们储蓄。从各国的经验看，大凡储蓄率高的国家，经济增长率也高。例如德国、日本等经济发展迅速的国家，其储蓄率都是比较高的。

（三）技术进步

技术进步在现代经济增长中起着越来越重要的作用。因此，促进技术进步成为各国经济政策的重点。其中主要的措施有：

（1）对全国的科学技术发展进行规划与协调。例如，美国在1976年成立的科学技术政策办公室，就是在总统领导下进行这一工作的。

(2) 国家直接投资于重点科学技术研究工作。例如美国的原子弹、阿波罗登月等都是直接由政府投资进行的。

(3) 政府采取鼓励科学技术发展的政策措施。诸如重点支持工业企业的科学研究，以取得直接经济效益；支持大学与工业企业从事合作研究，促进科研与生产的结合；实行技术转让，加速科技成果的推广，等等。

(4) 加强对科技人才的培养。其中包括加强与改革中、小学基础教育；发展各种职业教育；发展与改革高等教育；加强对在职科技人员的继续教育；引进国外科技人才，等等。

（四）计划与平衡增长

现代经济中各个部门之间是相互关联的，各部门之间协调的增长是经济本身所要求的。在以私有制为基础的资本主义经济中，这种各部门之间的平衡增长，要通过国家的计划或政策指导来实现。国家的计划与协调要通过间接的方式来实现。因此，各国都要制定本国经济增长的短期、中期与长期计划，并通过各种经济政策来实现。在西方各国计划中，法国与日本是比较成功的。

【延伸阅读】　　　　　当代主流学派之——供给学派

供给学派也是一个具有影响力的当代主流学派，世界上许多国家曾经一段时间抛弃新凯恩斯主义学派，而将供给学派作为经济政策的依据。

一、供给学派概述

供给学派是20世纪70年代在美国兴起的一个经济学流派，该学派强调经济的供给方面，认为需求会自动适应供给的变化，因此而得名。

第二次世界大战后，凯恩斯主义占据了经济学的统治地位，西方国家普遍依据凯恩斯的理论制定政策，对经济进行需求管理，并取得了一定的效果，于是凯恩斯主义盛极一时。但是，凯恩斯主义人为地扩大需求，最后导致20世纪70年代西方经济出现生产停滞、失业严重，同时物价持续上涨的"滞胀"局面。于是西方经济学界纷纷向凯恩斯主义提出挑战，并研究替代的理论和政策，供给学派就是在这样的背景下兴起的。

该学派的先驱者是美国哥伦比亚大学教授芒德尔。20世纪70年代初，他多次批评美国政府的经济政策，提出同凯恩斯主义相反的论点和主张。1974年，他反对福特政府征收附加所得税控制物价的计划，主张降低税率、鼓励生产，同时通过恢复金本位、稳定美元价值来抑制通货膨胀。芒德尔的论点引起拉弗和万尼斯基的注意和赞赏，拉弗进一步研究并发展了芒德尔的论点。当时的美国国会众议员肯普也很重视芒德尔的主张，他任用罗伯茨为他拟定减税提案，聘请图尔进行减税效果的计量研究。

20世纪70年代后半期，拉弗、万尼斯基、罗伯茨等利用《华尔街日报》广泛宣传他们的论点，肯普也在国会内外竭力鼓吹减税能够促进经济增长的观点。1977年，肯普与参议员罗斯联名提出三年内降低个人所得税30%的提案。这个提案虽然未经国会通过，但却在社会上产生了很大影响。

万尼斯基所著《世界运转方式》被认为是供给学派的第一部理论著作，吉尔德的《财富与贫困》阐述供给学派的资本和分配理论，被誉为是供给经济学的第一流分析。20世纪70年代末，供给学派在美国经济学界已成为独树一帜的学派。

该学派认为，生产的增长取决于劳动力和资本等生产要素的供给和有效利用。个人与企业提供生产要素和从事经营活动是为了谋取报酬，对报酬的刺激能够影响人们的经济行为。自由市场会自动调节生产要素的供给和利用，应当消除阻碍市场调节的因素。

在该学派形成过程中，有些倡导者如费尔德斯坦、埃文斯等在一些论点和政策上同拉弗、万尼斯基和肯普等人的意见差异很大。因为费尔德斯坦、埃文斯的观点比较温和，持折中论，西方经济学界称他们为温和派，称拉弗、万尼斯基、罗伯茨和吉尔德等为激进派。但后者则自称是供给学派正统派，西方各界通常也把后者作为供给学派的代表。

二、供给学派的理论基础

供给学派认为，1929—1933年的世界经济危机并不是由于有效需求不足，而是因为当时西方各国政府实行一系列错误政策造成的，他们还认为萨伊定律完全正确，凯恩斯定律却是错误的。

吉尔德坚持说，就全部经济看，购买力永远等于生产力；经济具有足够的能力购买它的全部产品，不可能由于需求不足而发生产品过剩。拉弗极力强调萨伊定律的重大意义，他指出萨伊定律不仅概括了古典学派的理论，而且确认供给是实际需求得以维持的唯一源泉。供给学派认为政府不应当刺激需求，而应当刺激供给。

供给学派重新肯定萨伊定律以后，进而确认生产的增长取决于劳动力和资本等生产要素的供给和有效利用，在生产要素中资本至关重要。资本积累决定着生产增长速度，应当鼓励储蓄和投资。

供给学派认为，在市场经济条件下，个人与企业提供生产要素和从事经营活动都是为了谋取报酬或利润。因此，对报酬和利润的刺激会影响经济主体的行为。对实际工资的刺激将影响劳动力的供给；对储蓄和投资报酬的刺激会影响资本的供给和利用。充分发挥市场机制，能够使生产要素的供、求达到均衡并有效利用。应当消除不利于生产要素供给和利用的因素。

三、供给学派的政策主张

供给学派并没有建立其理论和政策体系，只是学派的倡导者对于资本主义经济产生"滞胀"的原因及政策主张有些共同的看法。

供给学派指出，政府的经济政策是经济主体经营活动的刺激因素，其中财政政策最为重要。在分析经济政策对行为的影响时，供给学派反对凯恩斯主义只注意政策对经济主体收入和支出的效果，而是强调政策对生产活动的作用。

供给学派着重分析税制对生产要素供给和利用的效果。他们指出，经济主体从事经营活动所关心的并不是获得的报酬或利润总额，而是减去各种纳税后的报酬或利润净额。在累进税制条件下，边际税率又是关键因素。因为经济主体是否多做工作或增加储蓄和投资，要看按边际税率纳税后增加的净报酬是否合算。

他们认为税率影响经济主体行为是通过相对价格变化实现的，税率提高，纳税后净报酬减少。就劳动力看，这意味着休闲对做工的价格下降，人们就会选择休闲而不去做工，劳动力供给就会减少。就资本看，这意味着消费对储蓄和投资的价格下降，人们就乐意把收入用作消费而不用作储蓄和投资，资本供给就会减少。此外，经济主体为了逃避高税率，还把经济活动从市场转入地下。这些都会使生产要素供给减少、利用效率降低，从而导致生产率下降。

供给学派进而分析税率与税收的关系。因为税收是税率与税收基础的乘积，税率变动既然影响生产，就必然影响税收。拉弗首次把税率与税收的关系制成模型，并画在直角坐标图上，这就是以拉弗命名的拉弗曲线，如图9-5所示。

图9-5中横轴T'代表税率，纵轴T代表税收额。税收与税率的函数关系呈曲线OAB。当税率开始逐渐增高时，税收也随之上升；当税率增至C点时，税收达到最高额AC；当税率超过C点，

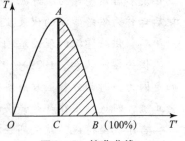

图9-5 拉弗曲线

税收额不但不增反而开始下降，当税率达到B点（100%）时，将因无人愿意工作和投资使税收额降为零。所以图9-5中阴影部分被拉弗称为税收禁区。

减税，特别是降低边际税率能促进生产增长，并可抑制通货膨胀。拉弗、万尼斯基和肯普等宣扬正是高税率挫伤了人们的劳动热情，阻碍了个人和企业储蓄与投资，这就必然导致生产率增长缓慢、生产呆滞，并出现商品供给不足、物价上涨的现象。这时再加上人为地扩大需求，通货膨胀势必加剧。通货膨胀又使储蓄和投资进一步萎缩，生产更加呆滞；还使纳税人进入高税率等级，而实际收入并未增加，纳税负担因而更重。

因此，供给学派竭力主张大幅度减税，特别鼓吹降低边际税率的作用。他们认为减税能刺激人们多做工作，更能刺激个人储蓄和企业投资，从而大大促进经济增长，并可抑制通货膨胀。他们还宣称，减税后政府税收不会减少，反而会增多，即使出现财政赤字，对经济也无关紧要，经济增长后，赤字自然会缩小和消失。

供给学派认为，政府支出不论是公共支出还是转移支付，都或多或少起着阻

碍生产的作用。公共支出中有些是浪费资源,有些虽然对经济有益,但效率很低。因此,他们主张大量削减社会支出,停办不必要的社会保险和福利计划,降低津贴和补助金额,严格限制领受条件。

供给学派虽然同意货币主义的基本观点,但在控制货币数量增长的目的和措施上,同货币学派大相径庭。供给学派认为,控制货币数量增长的目的不应只是与经济增长相适应,而是为了稳定货币价值。货币价值保持稳定,人们的通货膨胀心理就会消失。在安排货币收入时,人们就乐意保存货币,不去囤积物资,选择生产性投资,不做投机性投资。同时,货币价值稳定又是保证财政政策、发挥促进经济增长的必要条件。如何保持货币价值稳定,拉弗、万尼斯基和肯普等坚持必须恢复金本位制。

任务练习与学习思考

1. 试述宏观经济调控的四大目标及其相互关系。
2. 市场经济的失灵及其表现是什么?
3. 什么是赤字财政政策?
4. 什么是财政政策的自动稳定器?
5. 货币主义的货币政策主张是什么?
6. 当一国经济出现萧条时,如何运用凯恩斯主义的财政政策和货币政策进行调控?

第四篇

国际经济学

第十讲

国际经济学

【基本思路】

国际经济学是在传统的国际贸易和国际金融理论基础上发展起来的一门系统而独立的理论。通过对国际贸易基本理论的分析，了解其经济效应、发展趋势及特点等；通过对国际金融学研究的两个中心问题，即国际收支与汇率基本情况的介绍，了解国际金融对一国宏观经济的影响。

【主要内容】

开放经济；国际贸易理论；国际贸易的经济效应；当前国际贸易发展趋势及特点；国际收支平衡表及其内容分类、编制的原则及意义等；汇率及其标价法、汇率的供求分析、汇率体系、影响汇率的因素；国际资本的流动及其流动的原因、特征；国际金融市场的分析；国际金融对一国宏观经济的影响。

【任务要求】

重点掌握：1. 国际贸易的经济效应。
2. 当前国际贸易发展趋势及特点。
3. 国际收支平衡表及其内容。
4. 汇率及其标价法。
5. 国际资本的流动及其流动的原因。
6. 国际金融对一国宏观经济的影响。

一般掌握：1. 国际收支平衡表编制的原则及意义。
2. 汇率的供求分析。
3. 影响汇率的因素。
4. 国际资本的流动及其流动的原因、特征。

一般了解：1. 开放经济。
2. 国际贸易理论。
3. 国际贸易组织。
4. 国际金融市场。

国际经济学是以经济学的一般理论为基础，研究国际经济活动和国际经济关系，是一般经济理论在国际经济活动范围中的应用与延伸，是经济学体系的有机组成部分，其主要研究国际贸易、国际收支、汇率和国际要素流动等。

国际经济学理论渊源久远，对国际经济的研究最早可以追溯至亚当·斯密、李嘉图为代表的古典经济学说中的国际贸易理论，其比较利益的思想是现代国际经济分析的起点，古典经济学说之后的"边际革命"在一定程度上为国际经济学形成提供了重要方法。

现代意义上的国际经济学是在传统的国际贸易和国际金融理论的基础上发展起来的一门系统的和独立的理论，它的出现大约在20世纪40年代，即以凯恩斯为代表的新古典主义学派兴起后不久。几十年来，国际经济学研究吸引了西方许多经济学者的注意力并不断得以发展，新的方法和学说层出不穷。国际经济学的一般理论包括国际贸易理论和政策、国际金融理论和国家货币政策、国际要素流动等。最近几十年来，在以克鲁格曼、弗里德曼等经济学家的推动下，国际经济学一般理论各个方面均获得了持续和富有成效的发展。

任务一　开放经济

一、开放经济

开放经济就是参与国际经济活动的经济，在这些国际经济活动中最重要的还是国际贸易，所以开放经济最简单的定义就是"参与国际贸易的一种经济"。在国际经济活动中还有资本与劳务的往来。所以开放经济也可以说是与各国之间存在着密切物品、劳务和资本等往来的经济。

二、开放程度的衡量

当今世界上绝大多数国家是开放的，但各国的开放程度并不一样。衡量一个国家开放程度的标准是进口与国民生产总值或国内生产总值之间的比率，即：

$$开放程度 = 进口/国民生产总值$$

或

$$开放程度 = 进口/国内生产总值$$

一些国家的开放程度见表10-1。

表10-1　一些国家的开放程度

国家	美国	加拿大	英国	墨西哥	荷兰
开放程度	10.5	26.7	24.4	13.5	54.6

决定一国开放程度的因素有很多，其中主要有：

（1）自然资源的赋予情况。一般来说，自然资源丰富的国家对外开放程度低，自然资源缺乏的国家对外开放程度高；

（2）经济发达的程度。一般来说，经济发达的国家对外开放的程度高，经济不发达的国家对外开放的程度低；

（3）经济结构的差异；

（4）历史传统；

（5）经济政策以及其他政治或文化因素。

这些因素的共同作用，决定了一国的开放程度，要进行综合分析。如表10-1中的美国，按照经济发达程度、历史传统和经济文化等因素，其开放程度应该是很高的，但由于自然因素以及各经济部门的平衡，其实际开放程度并不高。荷兰的最高开放程度与自然资源、经济结构的特征有关。

开放经济就是参与国际经济活动的经济。国际经济活动最基本的活动就是国际贸易。因此，开放经济最简单的定义就是参与国际贸易的经济。

任务二　国际贸易

国际贸易是指不同国家或地区之间的商品和劳务的交换活动。国际贸易是商品和劳务的国际转移。它是各国（或地区）在国际分工的基础上相互联系的主要形式，反映了世界各国（或地区）在经济上的相互依赖关系，是由各国对外贸易的总和构成的。

国际贸易是在一定的历史条件下产生和发展起来的。形成国际贸易的两个基本条件是：社会生产力的发展导致可供交换的剩余产品的出现；国家的形成。社会生产力的发展产生出用于交换的剩余商品，这些剩余商品在国与国之间交换，就产生了国际贸易。

一、国际贸易对一国经济的积极作用

国际贸易对一国经济的积极作用主要表现在：

（1）国际贸易是扩大总需求的重要手段。作为一种最终需求，出口对经济增长具有乘数效应，能够引起社会总需求的多倍扩大，从而对经济增长产生有力的拉动和刺激作用。

（2）国际贸易是促进国际间科学技术交流、加快产业结构调整的重要手段。科学技术的发明、创造和应用一般都是在个别国家首先开始的，然后才通过各种渠道，主要是国际贸易，推广到其他国家和地区。

（3）国际贸易是促进总供给和总需求平衡的重要手段。在开放经济条件下，由于世界经济贸易的相互依存性，对外贸易的广泛开展使得一国经济发展回旋空

间大大拓展，其抵御外部冲击和风险的能力也会大大增强，从而从总体上有利于保障经济增长的稳定性。

二、国际贸易的有关理论

一国参与国际贸易的目的是为了自身国家的利益，这样各国参与国际贸易都可以获得利益。经济学家是从不同角度来解释国际贸易的好处的。

（一）亚当·斯密的绝对优势理论

英国古典经济学家亚当·斯密从分工能提高生产率的前提出发，提出了开展国际贸易对各国都有利的理论。斯密认为，各国由于自然资源赋予或后天条件，生产同一种商品所用的成本并不一样。例如，英国和葡萄牙都生产呢绒和葡萄酒，但成本不同，见表10-2。

表 10-2 单位产品的劳动投入

项目	呢绒	葡萄酒
英国	30	40
葡萄牙	40	30

英国生产呢绒的成本低于葡萄牙，而葡萄牙生产葡萄酒的成本低于英国。这样，英国只生产呢绒，葡萄牙只生产葡萄酒，英国进口葡萄酒出口呢绒，葡萄牙进口呢绒出口葡萄酒。更一般地说，各国生产自己生产成本最低的产品，然后与其他国家交换其他产品，这样对各国都是有利的。

（二）李嘉图的相对有利理论

斯密的理论建立在两国绝对成本比较的基础之上，可以说是绝对有利理论。但实际上，往往是一国无论生产什么，其绝对成本都低于另一国。在这种情况下，国际贸易还有利于双方吗？李嘉图的相对有利理论正是要解决这一问题的。

这种理论认为，一国生产自己相对成本低的产品与别国进行交换，对双方都是有利的。

例如，英国与葡萄牙生产呢绒与葡萄酒的成本情况见表10-3。

表 10-3 单位产品的劳动投入

项目	呢绒	葡萄酒
英国	100	120
葡萄牙	90	80

由表 10-3 可知，葡萄牙生产这两种产品都比英国有利。在这种情况下，双方贸易的基础就不是绝对成本而是相对成本。

从葡萄牙来看，生产呢绒的成本是英国的 90%，生产葡萄酒的成本是英国的 2/3（67%）。这就说明，葡萄牙生产两种物品都绝对有利，但生产葡萄酒的相对优势更大。从英国来看，生产呢绒的成本是葡萄牙的 1.1 倍，生产葡萄酒的成本是葡萄牙的 1.5 倍。这就说明，英国生产这两种物品都绝对不利，但生产呢绒相对有利一些。这样双方生产自己相对有利的产品，并进行交换就是有利的。英国生产呢绒，换取葡萄牙的葡萄酒；葡萄牙生产葡萄酒，换取英国的呢绒，双方都有利。这是因为，英国 220 单位的劳动可以生产 2.2 单位的呢绒，葡萄牙 170 单位的劳动可以生产出 2.125 单位的葡萄酒，两国按 1:1 的比例交换，则同样的劳动成本时，能消费的产品都增加了。

相对有利理论在国际贸易理论中具有重要的地位，是自由贸易政策的依据，以后的各种国际贸易理论都是由此而发展起来的。

（三）赫克歇尔—俄林的要素禀赋理论（简称 H-O 理论）

要素禀赋理论强调的是各国自然资源赋予的差异。这一理论的基本内容是：各种商品生产中所使用的各种生产要素的比例是不相同的，各国所拥有的资源不同使各国的贸易是互利的。具体来说，劳动力丰富而价格低的国家生产劳动密集型产品，资本丰富而价格低的国家生产资本密集型产品，然后两者进行交换。因为各自都是出口自己生产要素价格低的产品，进口自己生产要素价格高的产品，其结果对双方都有利。

（四）产业内贸易

1. 产业内贸易的含义

产业内贸易是产业内国际贸易的简称，是指一个国家或地区，在一段时间内，同一产业部门产品既进口又出口的现象。比如日本向美国出口轿车，同时又从美国进口轿车的现象；中国向韩国出口某种品牌的衬衣，同时又从韩国进口某种 T 恤衫的这种贸易活动。产业内贸易还包括中间产品的贸易，即某项产品的半制成品、零部件在两国间的贸易。

产业内贸易是双向流动的，因此又叫双向贸易。产业间贸易是不同产业间产品的贸易，如一国生产的工业品和另外国家生产的农产品进行交易，而产业内贸易则主要是工业产品中的某一类产品间的贸易。传统的产业间贸易一般是通过分别处于不同国家的独立厂商交易来完成的，而产业内贸易则是通过内部和外部两个市场来实现的。现在，由于跨国公司的兴起和快速发展，使国际贸易的很大一部分是在跨国公司的子公司和子公司、子公司和母公司之间进行的。这种跨国公司利用特殊优势所形成的内部化交易机制被称为内部市场。与此相对应的买卖双方独立进行交易所形成的市场称为外部市场。

由此，产业内贸易可以更精确地表述为：同一产业内的产品，主要是制成品通过外部市场与内部市场在不同的国家或地区间的双向流动。

2. 产业内贸易形成的原因

一般来说，消费者偏好的多样性、国际直接投资活动是产业内贸易最基本的推动因素。

（1）产品差异与产业内贸易的形成。

产业内贸易首先表现为差异产品的贸易。所谓差异产品是指相似但未完全相同，也不能完全替代的产品。差异产品一般分为三类：水平差异产品、垂直差异产品和技术差异产品。商品差异的类型不同，引起的产业内贸易的原因也不同。

①水平差异是指同一类商品具有一些相同的属性，但这些属性的不同组合会使商品产生差异。从水平差异分析，产业内贸易产生的原因是消费者偏好，即消费者的需求是多样化的。当不同的国家消费者对彼此的同类产品的不同品种产生相互需求时，就可能出现产业内贸易。

②垂直差异是指产品品种上的差异。从垂直差异产品看，产业内贸易产生的原因主要是消费者对商品档次需求的差异。这种差异主要取决于个人收入差异，收入高的消费者偏好高档产品，而收入低的消费者只能偏好中、低档产品。为了满足不同层次的消费，就可能出现高收入国家进口中、低档产品和低收入国家进口高档产品的产业内贸易。

③技术差异是指技术水平提高带来的差异，也就是新产品出现带来的差异。从技术差异商品看，产业内贸易产生的原因主要是产品存在生命周期。先进工业国技术水平高，不断推出新产品，而相对落后的国家则主要生产标准化的技术含量不高的产品，因而处于不同生命周期阶段的同类产品会发生产业内贸易。

（2）国际直接投资与产业内贸易的形成。

随着跨国公司的大量出现，跨国公司的投资行为对国际贸易的影响越来越大，极大地促进了产业内贸易的发展。

三、国际贸易的经济效应

如果各国都按上述理论进行专业化生产，然后通过国际贸易获得自己所需要的产品，那么就会对各国产生这样一些经济效应：

（1）资源配置在世界范围内实现最优化。各国按自己的资源条件进行专业化生产，这就可以使资源得到最有效的运用。由于资源配置的改善，同样的资源可以生产出更多的产品，这样就会增加世界各国的福利。

（2）产品价格的均等化。各国产品在世界范围内进行竞争，其结果是各种产品在各国的水平相等，而且是最低的价格水平。

(3) 生产要素的价格均等化。通过国际贸易，各国生产要素的价格也均等化。在进行贸易之前，同种要素在各国的价格不同，这正是进行贸易的原因。通过各国之间的贸易，某种要素价格低的国家生产这类物品出口，需求增加，价格提高，生产要素价格也提高。某种要素价格高的国家进口这类物品，其要素价格必然下降。各国产品流动的结果就是要素价格的均等化。

总之，国际贸易对各国都是有利的。但是，我们要注意到，这里分析的仅仅是一种理想状况，并没有考虑到现实中的各种条件限制，如运输成本的限制和不完全竞争的限制和贸易保护政策的限制等。这些限制因素都会对国际贸易产生一定的影响。

【知识链接】　　经济学十大原理之——贸易能使每个人状况更好

也许你在新闻中听到过，在世界经济中日本人是我们（指的是美国，编者注）的竞争对手。在某些方面，这是真的，因为美国和日本企业生产许多相同的产品。福特公司和丰田公司在汽车市场上争夺同样的顾客，康柏公司和东芝公司在个人电脑市场上争夺同样的顾客。

但在思考国家之间的竞争时，这种想法很容易成为误导。美国和日本之间的贸易并不像体育比赛一样，一方赢而另一方输。实际上，事实正好相反：两国之间的贸易可以使每个国家的状况都变得更好。

为了说明原因，我们考虑贸易如何影响你的家庭。当你的一个家庭成员找工作时要与也在找工作的其他家庭成员竞争；当各个家庭购物时，他们也相互竞争，因为每个家庭都想以最低的价格购买最好的东西。因此，在某种意义上说，经济中每个家庭都与所有其他家庭竞争。

尽管有这种竞争，但把你的家庭与所有其他家庭隔绝开来并不会过得更好。如果是这样的话，你的家庭就必须自己种粮食、自己做衣服和自己盖自己住的房子。显然，你的家庭在与其他家庭交易的能力中受益匪浅。无论是在耕种、做衣服或盖房子方面，贸易使每个人可以专门从事自己最擅长的活动。

国家和家庭一样也从相互交易的能力中获益。贸易使各国可以专门从事自己最擅长的活动，并享有很多各种各样的物品与劳务。日本人和法国人、埃及人与巴西人一样，既是我们的竞争对手，又是我们在世界经济中的伙伴。

四、国际贸易组织

国际贸易是世界各国（或地区）之间按一般商业条件所进行的有形商品（实物商品）和无形商品（劳务、技术）的交换活动。国际贸易组织就是实现上述功能的国际组织的总称。国际贸易组织是一个宽泛的概念，而不是某一个组织。

目前主要的国际贸易组织包括：世界贸易组织（WTO）、国际货币基金组织（IMF）、世界银行、国际商会和中国国际贸易促进委员会（CCPIT）等。

（一）世界贸易组织

1994年4月15日在摩洛哥的马拉喀什市举行的关贸总协定乌拉圭回合部长会议决定成立更具全球性的世界贸易组织（简称"世贸组织"），以取代成立于1947年的关贸总协定（GATT）。

世贸组织是一个独立于联合国的永久性国际组织，其于1995年1月1日正式开始运作，负责管理世界经济和贸易秩序，总部设在瑞士日内瓦莱蒙湖畔。1996年1月1日，它正式取代关贸总协定临时机构。世贸组织是具有法人地位的国际组织，在调解成员争端方面具有更高的权威性。它的前身是1947年订立的关税及贸易总协定。与关贸总协定相比，世贸组织涵盖货物贸易、服务贸易以及知识产权贸易，而关贸总协定只适用于商品货物贸易。

世界贸易组织的作用：
（1）它制定的多边贸易规则已成为各缔约国普遍接受的共同规则；
（2）主持多轮多边贸易谈判，使各国关税大幅度下降；
（3）为各国在经济贸易方面提供谈判和合作的场所；
（4）为调解各国的贸易纠纷起了关键性的作用。

（二）国际货币基金组织

国际货币基金组织是政府间的国际金融组织，它是根据1944年7月在美国新罕布什尔州布雷顿森林召开联合国和联盟国家的国际货币金融会议上通过的《国际货币基金协定》而建立起来的，于1945年12月27日正式成立，1947年3月1日开始办理业务。其于1947年11月15日成为联合国的一个专门机构，但在经营上有其独立性。至今，国际货币基金组织已有182个成员国，它的宗旨主要包括以下几点：
（1）在国际货币问题上进行磋商与合作，促进国际金融的发展；
（2）促进国际贸易的均衡发展；
（3）促进各国汇率的稳定；
（4）为经常性交易建立一个多边支付和汇总制度；
（5）为会员国融通资金；
（6）争取减轻各成员国国际收支的不平衡。

基金组织的最高决策机构是理事会，执行董事会负责处理日常事务。

国际货币基金组织的建立与活动，对于加强国际货币合作、建立多边支付体系、稳定国际汇率、促进国际收支的调整进程和世界经济的发展起了一定的积极作用。特别是对会员国提供各种类型的短期和中期贷款，暂时缓和会员国因国际收支逆差所造成的困难与问题，有助于世界经济的稳定和增长。

国际货币基金组织主要业务活动有：向成员国提供货款，在货币问题上促进国际合作，研究国际货币制度改革的有关问题，研究扩大基金组织的作用，提供技术援助和加强同其他国际机构的联系。

（三）世界银行

国际复兴开发银行简称为世界银行，它是联合国属下的一个专门机构，是负责长期贷款的国际金融机构。世界银行是根据1944年美国布雷顿森林会议上通过的《国际复兴开发银行协定》成立的。

世界银行的宗旨主要包括以下几点：
（1）对用于生产目的的投资提供便利，以协助会员国的复兴和开发；
（2）通过保证或参与的方式促进私人对外投资；
（3）鼓励开发生产资源，促进国际贸易平衡发展，以维持国际收支平衡；
（4）与其他国际贷款机构相配合，提供贷款保证。

国际货币基金组织和世界银行相互补充，前者的首要任务是保持汇率的稳定和国际收支的平衡，后者侧重支持会员国的经济发展计划和经济开发。

（四）国际商会

国际商会成立于1919年，发展至今已拥有来自130多个国家的成员公司和协会，是全球唯一的代表所有企业的权威代言机构。

国际商会以贸易为促进和平、繁荣的强大力量，推行一种开放的国际贸易、投资体系和市场经济。由于国际商会的成员公司和协会本身从事于国际商业活动，因此它所制定用以规范国际商业合作的规章，如《托收统一规则》《跟单信用证统一惯例》和《国际商会1990国际贸易术语解释通则》等被广泛地应用于国际贸易中，并成为国际贸易不可缺少的一部分，国际商会属下的国际仲裁法庭是全球最高的仲裁机构，它对解决国际贸易争议起着重大的作用。

（五）中国国际贸易促进委员会

中国国际贸易促进委员会（以下简称中国贸促会）是由中国经济贸易界有代表性的人士、企业和团体组成的全国民间对外经贸组织，成立于1952年5月。

中国贸促会的宗旨是：遵循中华人民共和国的法律和政府的政策，开展促进对外贸易、利用外资、引进外国先进技术及各种形式的中外经济技术合作等活动，促进中国同世界各国、各地区之间的贸易和经济关系的发展，增进中国同世界各国人民以及经贸界之间的了解与友谊。

经中国政府批准，中国贸促会于1988年6月组建了中国国际商会。

目前，中国贸促会、中国国际商会同世界上180多个国家和地区的400多家商会、工商联合会、外贸协会和其他经贸组织保持着联系，与上百个国家与地区的对口组织签署了合作协议，并同一些国家的商会建立了联合商会；同时，中国贸促会还在15个国家和地区设有驻外代表处。在国内，中国贸促会、中国国际商会在各省、自治区和直辖市建立了48个地方分会、600多个支会和县级国际商会，还在机械、电子、轻工、纺织、农业、汽车、石化、商业、冶金、航空、航天、化工、建材、通用产业、供销合作、建设和粮食等部门建立了17个行业分会，全国会员企业近7万家。

中国贸促会、中国国际商会及其所属业务部门已经加入了许多国际组织，其中包括世界知识产权组织、国际保护工业产权协会、国际许可证贸易工作者协会、国际海事委员会、国际博览会联盟、国际商事仲裁机构联合会、太平洋盆地经济理事会和国际商会等。

五、当前国际贸易的发展趋势和特点

当前国际贸易的发展趋势和特点主要表现在以下几个方面：

（1）国际贸易步入新一轮高速增长期，贸易对经济增长的拉动作用越加明显；

（2）以发达国家为中心的贸易格局保持不变，中国成为国际贸易增长的新生力量；

（3）多边贸易体制面临新的挑战，全球范围的区域经济合作势头高涨；

（4）国际贸易结构走向高级化，服务贸易和技术贸易发展方兴未艾；

（5）贸易投资一体化趋势明显，跨国公司对全球贸易的主导作用日益增强；

（6）贸易自由化和保护主义的斗争越演越烈，各种贸易壁垒花样迭出。

以贸易全球化为首要内容的经济全球化，对中国经济发展产生了深刻影响。深入分析和把握当前国际贸易的发展趋势和特点，对于我们科学决策，在更大范围、更广领域和更高层次上参与国际经济合作与竞争，把握好经济全球化带来的各种机遇，具有十分重要的意义。

任务三　国际金融

国际金融，就是国家和地区之间由于经济、政治和文化等联系而产生的货币资金的周转和运动。国际金融由国际收支、国际汇兑、国际结算、国际信用、国际投资和国际货币体系构成，它们之间相互影响，相互制约。譬如，国际收支必然产生国际汇兑和国际结算；国际汇兑中的货币汇率对国际收支又有重大影响；国际收支的许多重要项目同国际信用和国际投资直接相关，

等等。

国际收支与汇率是国际金融学研究的两个中心问题。国际收支从收入和支出角度描述一国国际交换活动总的数量关系,并分析这一数量关系保持平衡所需要的条件及其变动规律。汇率则是反映本国货币与外国货币之间交换比率的关系。与价格供求关系相类似,汇率一方面受到国际收支状况影响,另一方面汇率变动又对国际收支发生作用。

一、国际收支

国际收支是一国在一定时期内(通常是一年内)对外国的全部经济交往所引起的收支总额的对比。这是一国与其他各国之间经济交往的记录。国际收支集中反映在国际收支平衡表中,该表按复式记账原理编制。任何导致对外国人支付的交易,都记入国际收支账户的借方,并在前面加一个负号"-";任何导致从外国人那里获得收入的交易,都记为贷方,并用正号"+"表示。

二、国际收支平衡表

(一)国际收支平衡表——反映一定时期一国同外国的全部经济往来的收支流量表

国际收支平衡表是对一个国家与其他国家进行经济技术交流过程中所发生的贸易、非贸易、资本往来以及储备资产的实际动态所作的系统记录,是国际收支核算的重要工具。通过国际收支平衡表,可综合反映一国的国际收支平衡状况、收支结构及储备资产的增减变动情况,为制定对外经济政策、分析影响国际收支平衡的基本经济因素和采取相应的调控措施提供依据,并为其他核算表中有关国外部分提供基础性资料。

【知识链接】 2003年1—6月中国国际收支平衡(见表10-4)

表10-4 2003年1—6月中国国际收支平衡 千美元

项目	差额	贷方	借方
一、经常项目	11 120 445	225 021 122	213 900 677
(一)货物和服务	7 257 618	209 637 355	202 379 738
1. 货物	13 532 515	190 418 794	176 886 279
2. 服务	-6 274 897	19 218 562	25 493 459

续表

项目	差额	贷方	借方
（1）运输	-4 667 044	3 541 528	8 208 573
（2）旅游	39 873	7 331 000	7 291 127
（3）通讯服务	131 674	317 491	185 817
（4）建筑服务	76 868	605 072	528 204
（5）保险服务	-1 929 165	130 935	2 060 100
（6）金融服务	-13 994	30 778	44 772
（7）计算机和信息服务	-38 449	481 087	519 536
（8）专有权利使用费和特许费	-1 750 381	54 584	1 804 965
（9）咨询	-696 333	853 837	1 550 170
（10）广告、宣传	33 827	219 399	185 572
（11）电影、音像	-15 045	13 461	28 506
（12）其他商业服务	2 602 823	5 476 698	2 873 875
（13）别处未提及的政府服务	-49 552	162 691	212 243
（二）收益	-3 649 920	7 363 031	11 012 951
1.职工报酬	-24 183	510 315	534 498
2.投资收益	-3 625 737	6 852 717	10 478 453
（三）经常转移	7 512 747	8 020 735	507 988
1.各级政府	-107	61 691	61 798
2.其他部门	7 512 854	7 959 044	446 190
二、资本和金融项目	44 403 099	97 088 867	52 685 768
（一）资本项目	-22 652	0	22 652
（二）金融项目	44 425 751	97 088 867	52 663 116
1.直接投资	26 924 148	30 342 853	3 418 705
（1）我国在外直接投资	-839 412	87 853	927 265
（2）外国在华直接投资	27 763 560	30 255 000	2 491 440
2.证券投资	-4 293 159	899 873	5 193 033
（1）资产	-4 962 094	23 852	4 985 946
①股本证券	0	0	0
②债务证券	-4 962 094	23 852	4 985 946
a.（中）长期债券	16 906	23 852	6 946

续表

项目	差额	贷方	借方
b. 货币市场工具	−4 979 000	0	4 979 000
（2）负债	668 934	876 021	207 087
①股本证券	753 000	753 000	0
②债务证券	−84 066	123 021	207 087
a.（中）长期债券	−118 150	80 409	198 559
b. 货币市场工具	34 084	42 612	8 528
3. 其他投资	21 794 762	65 846 140	44 051 379
（1）资产	18 195 638	27 748 502	9 552 864
①贸易信贷	1 078 070	1 078 070	0
长期	0	0	0
短期	1 078 070	1 078 070	0
②贷款	14 510 741	15 194 802	684 061
长期	−563 000	0	563 000
短期	15 073 741	15 194 802	121 061
③货币和存款	−5 174 904	278 563	5 453 467
④其他资产	7 781 731	11 197 066	3 415 336
长期	0	0	0
短期	7 781 731	11 197 066	3 415 336
（2）负债	3 599 123	38 097 638	34 498 515
①贸易信贷	1 332 904	1 332 904	0
长期	0	0	0
短期	1 332 904	1 332 904	0
②贷款	2 008 193	31 984 679	29 976 487
长期	−274 134	10 473 464	10 747 597
短期	2 282 327	21 511 216	19 228 889
③货币和存款	572 645	4 189 762	3 617 117
④其他负债	−314 619	590 292	904 911
长期	−309 413	477 391	786 804
短期	−5 205	112 901	118 107
三、储备资产	−60 254 600	0	60 254 600

续表

项目	差额	贷方	借方
（一）货币黄金	0	0	0
（二）特别提款权	-16 000	0	16 000
（三）在基金组织的储备头寸	-170 000	0	170 000
（四）外汇	-60 068 600	0	60 068 600
（五）其他债权	0	0	0
四、净误差与遗漏	4 731 057	4 731 057	0

（二）编制国际收支平衡表的意义

国际收支平衡表是各项国际交易的记录，因而从每笔交易和从借贷总计来看总是平衡的。但国际交易所引起的国际收支事先无法达到平衡。反映在国际收支平衡表上的交易实际有两种：一种是事先的自主性交易，另一种是事后的调节性交易。贸易项目一般是前一种。在自主性交易中如发生差额因而只能动用国际储备或借入短期资本以弥补上述差额，则属于事后的调节性交易。自主性交易的国际收支如果能基本相抵，则调节性交易就不必占重要位置。在这个意义上，国际收支就基本上达到平衡；如果情况相反，则国际收支就不平衡。这里说的国际收支平衡不是指平衡表上借贷总计的平衡。国际收支的基本平衡是各国重要经济目标之一。本国经济中许多因素，诸如生产波动、产业结构变动、金融动荡和物价升降等，都能影响这个目标的顺利实现。国外经济、政治、金融状况的变化也能产生不利影响。为避免和抵消这些影响，需要调整国际收支。这不仅是为了使国际收支能保持基本上平衡，而且也是为本国汇价、物价的稳定以及本国对外支付能力的增强创造条件。在制定适当的政策措施以调整国际收支时，要对国际收支平衡表作全面的分析，并把国际收支与国内经济统一起来考虑。

（三）编制国际收支表的用途

编制国际收支表的用途主要有以下几个方面：

（1）进行国际收支平衡状况分析。国际收支平衡状况分析，重点是分析国际收支差额，并找出原因，以便采取相应对策，扭转不平衡状况。

（2）进行国际收支结构分析。对国际收支结构进行分析，可以揭示各个项目在国际收支中的地位和作用，从结构变化中发现问题找出原因，为指导对外经济活动提供依据。

（四）编制国际收支平衡表的基本原则

编制国际收支平衡表的基本原则如下：

(1) 居民原则。即国际收支平衡表主要记载的是居民与非居民之间的交易。

(2) 计价原则。即国际收支原则上按成交的市场价格来计价。

(3) 权责发生制原则。即一旦经济价值产生、改变、交换、转移或消失，交易就被记录下来，一旦所有权发生变更，债权债务就随之出现。

(4) 复式计账原则。即任何一笔交易要求同时作借方记录和贷方记录；一切收入项目或负债增加、资产减少的项目，都列入贷方；一切支出项目或资产增加、负债减少的项目都列入借方；借、贷两方金额相等。如果交易属于单向转移，计账的项目只有一方，不能自动成双匹配，就要使用某个特种项目计账以符合复式计账的要求。

（五）国际收支平衡表中的项目

1. 经常项目

经常项目又称商品和劳务项目，包括商品（进出口）、劳务和国际间单方转移。其经常账户包括以下几方面：

(1) 商品贸易或有形贸易。中国从加拿大进口小麦，向欧洲出口纺织品等，是经常账户中最重要项目。

(2) 服务贸易即劳务进出口，包括运输、旅游、通信服务、建筑服务、保险服务以及咨询、广告等商业服务，等等，又称为无形贸易。

(3) 收益包括职工报酬和投资收益两类。中国人在国外获得的工资、奖金、股票红利和债券利息等作为收益项目贷方，外国人在中国获得工资、奖金、红利和利息等作为收益项目借方。

(4) 经常转移包括政府与民间相互捐赠等发生的收入转移。

2. 资本项目

资本项目指一切对外资产和负债的交易活动，如各种投资、股票与债券交易等。资本账户分为：

(1) 资本项目。资本项目包括固定资产所有权国际间转移，债权人不索取任何回报而取消债务等资本转移部分，还包括非生产和非金融性的资产，如专利、版权、商标权的收买或放弃等。

(2) 金融项目。金融项目是资本与金融账户最重要的部分，它具体包含"直接投资""证券投资"与"其他投资（如贸易信贷）"等三个子项目。

(3) 储备资产项目。储备资产指一国货币当局拥有的可用于国际支付的外国资产，包括货币黄金、外汇和在国际货币基金组织的储备头寸等，又称为外汇储备。

3. 官方储备项目

官方储备项目是国家货币当局对外交易净额，包括黄金和外汇储备等的变动。

另外还有差错与遗漏。差错和遗漏是一个估计项，用以弥补统计过程发生的误差。如果数据没有误差，那么"经常账户差额"+"资本账户差额"+"官方储备变动"正好等于零。然而由于统计过程或人为因素影响会发生误差，如资本非法抽逃没有被国际收支账户所记录，因而实际统计数据往往不满足这一条件。对不同原因导致的误差，设立一个估计项来冲销，以保持国际收支账户形式上的平衡。

（六）国际收支账户基本关系

国际收支账户中心思想很简单：如同个人需要为埋单付账一样，一国必须为它在国外埋单付账。一个人支出大于收入时，必须通过出卖资产或借钱来填补亏空，一国经常账户出现赤字，同样需要通过不同方式弥补：一是向外国人出售资产或借债，二是减少外汇储备。

这一关系表述为：

经常账户顺差 + 净资本流入 + 外汇储备增加 = 0

或

经常账户顺差 + 净资本流入 = 外汇储备增加

三、汇率理论

（一）汇率

汇率又称"外汇行市"或"汇价"，是一国货币单位同他国货币单位的兑换比率。它表示的是两个国家货币之间的互换关系。

（二）汇率的标价法

汇率的标价法包括直接标价法与间接标价法两种方法。

1. 直接标价法

直接标价法是以 1 单位或 100 单位外国货币作为标准，折算为一定数额的本国货币，这种标价法又称付出报价。

2. 间接标价法

间接标价法是以 1 单位或 100 单位本国货币作为标准，折算为一定数额的外国货币，这种标价法又称收进报价。

（三）汇率升值与贬值

汇率升值是指用本国货币表示的外国货币的价格下跌了；汇率贬值是指用本国货币表示的外国货币的价格上升了。

"升值"和"贬值"是描述汇率变动的两个基本概念。升值表示用比较少量本币就能换得一定数量外币，或者一定数量外币只能换得较少数额本币。升值使本国货币兑换价值提高，又称本国货币变强了。贬值表示需要用较多数额本币才能换得一定数量外币，或者一定数量外币能换得较多数额本币。贬值使本国货币兑换价值下降，因而本国货币变弱了。

依据升值和贬值发生机制不同，又分为法定升值、贬值与市场升值、贬值两类情况。

法定升值指政府当局规定和宣布提高本国货币对外币兑换价值，如第二次世界大战后德国马克曾被法定升值；法定贬值指政府当局规定和宣布降低本国货币对外币兑换价值，如我国 1994 年汇率改革，官方汇率与市场调剂汇率并轨，人民币实际发生法定贬值。

市场升值指由于外汇市场供求关系变动造成的某国货币对外币兑换价值上升；市场贬值指由于外汇市场供求关系变动造成的某国货币对外币兑换价值下降。

采用不同汇价标示方法，标价变化与汇率变动关系不同。如采用直接标价法，汇价数值上升表示本国货币贬值和外国货币升值，汇价数值下降则表示本币升值和外币贬值。例如，人民币汇价从 8 元升为 9 元表示人民币贬值，因为这时兑换 1 美元需要用比先前更多的人民币；反之，如下降到 7 元，则表示人民币升值，因为这时兑换 1 美元仅需用比先前较少的人民币。如采用间接标价法，汇价数额上升表示本国货币升值和外币贬值；汇价数额下降则表示本币贬值和外币升值。因而，首先需要确定采用什么标价法，然后才能判断汇价标价额变动与汇率升值或贬值的关系。

【经典案例】　　　　　　共同通货会使贸易更容易

法国法郎、德国马克和意大利里拉，正处于消失的过程中。许多欧洲国家已经决定放弃自己国内的通货，并开始使用一种称为欧元的新的共同通货。由所有参与国代表新建立的欧洲中央银行发行欧元，并控制流通中的货币量，这就正像联邦储备控制美国经济中的美元一样。

为什么这些国家采用一种共同的通货？共同通货的一个好处是使贸易更容易。设想美国 50 个州都有不同的通货。你每跨过一个州界，就需要兑换你的货币，并进行汇率计算。这是不方便的，并阻止了你在你所在的州之外购买物品与劳务。欧洲国家决定，随着它们的经济变得更为一体化，避免这种不方便更好一些。

但是，选择一种共同货币也有代价。如果欧洲国家只有一种货币，他们就只能有一种货币政策。如果它们对于什么是最好的货币政策有分歧，它们就必须达成某种一致，而不是各行其是。由于采用单一货币既有好处又有代价，所以经济学家中对欧洲最近采用欧元是不是一个好的决策仍有争论。

(四) 汇率形成的供求分析

如同商品价格取决于供求并且影响供求一样,汇率取决于外汇供求并影响外汇供求,因而可以从供求关系角度对汇率形成机制进行分析。

以美元作为外汇代表,分析人民币对美元汇率。由于对外汇需求意味着人民币供给,外汇供给意味着对人民币需求,因而讨论汇率供求决定关系,只要考虑对人民币或美元的供求关系,无须同时讨论对本币和外币各自供求关系。

(一) 对人民币需求

所有产生收受外汇的国际交易都导致对人民币需求,其主要由三方面因素决定:

(1) 中国对外出口;
(2) 资本流入;
(3) 国际交易媒介因素和外国储备资产也形成对人民币需求。例如,瑞典向埃及出售烟熏鱼,可能用美元报价和结算,从而发生对美元作为国际交易媒介的需求。人民币不是完全可兑换货币,因而对它作为国际交易媒介的需求较小。

与商品需求曲线相类似,对人民币的需求曲线向右下方倾斜,说明用美元表示的人民币价值越高,对人民需求越小,反之亦然。

当人民币汇率贬值即比较便宜时,中国出口国外商品的外币价格降低,对中国出口商品需求增加,对人民币需求相应增加;相反,当人民币升值时,中国出口商品外币价格上升和需求下降,对人民币需求相应下降。

从资本流入方面对人民币需求也是如此。当人民币变得比较便宜时,用人民币标价的中国各类资产比较便宜,因而对中国资产需求即资本流入增加,从而提升了对人民币的需求,反之亦然。

(二) 人民币供给

人民币供给主要由以下三个方面决定:

(1) 中国公民、企业和其他机构购买国外商品和劳务时,要把人民币变成外汇,产生了人民币的供给。
(2) 中国人想购买外国资产,如纳斯达克上外国企业股票时,也要获得外汇,从而产生人民币供给。也就是说,国外投资导致人民币供给。
(3) 如果一部分人民币作为外国交换媒介或官方储备,当外国人由于某些考虑(如认为人民币将贬值)减少人民币使用和储备量时,也会造成人民币供给。

人民币供给曲线向右上方倾斜,说明用美元表示的人民币价值越高,对人民币供给越大,反之亦然。

例如，当人民币汇率贬值即比较便宜时，进口商品的人民币价格上升，对中国出口商品需求下降，人民币供给相应下降；相反，当人民币升值时，进口商品人民币价格下降，对进口商品需求上升，人民币供给相应上升。

从资本流入看，当人民币贬值变得便宜时，用人民币表示的外国资产价格上升，因而对外国投资需求和资本流出下降，结果人民币供给下降。反之亦然。

【经典案例】　　　　　汇率调整将打破中国的出口依赖

作为世界上最大的经济体和世界上增长最快的经济体，美国和中国都存在失衡问题，而且正是两国经济过分紧密的相连才使这种失衡现象得以持续。最近，天则经济研究所张曙光教授发表的一篇论文，创造性地用一个"双向循环和双向依赖"的概括，解释了中、美两国产生的这种失衡。

简单地说，在实物经济方面，中国经济的高增长需要大量的资源投入，而中国又是资源相对短缺的国家，需要从国际市场大量进口，经过"中国制造"后，再大规模出口世界，从商品变成货币，完成了一个生产循环；在货币经济方面，中国大量企业严重依赖出口，创造了大笔外汇，再加上招商引资引进的 FDI，以及赌人民币升值的热钱，中央银行不得不发行相同额度的货币，而为了回笼流通中过多的货币，中央银行不得不通过公开市场操作，不断地发行中央银行票据。增加的外汇储蓄无法有效使用，政府不得不用其购买美国国债或都存放在美国银行，由外国政府和外国企业再将这些钱投资到中国，形成资金和货币的国外循环。

在第一个循环中，中国依赖的是国外的资源和市场；美国依赖的是中国加工的产品；在第二个循环中，中国依赖的是美国的货币，美国依赖的则是中国手中的外汇支撑其赤字经济。

在这种双向依赖中，中国处于弱势地位。在实物经济方面，中国正面临越来越严峻的贸易摩擦和"中国威胁论"，中国自己资源耗尽以赚得的血汗钱，却面临夺走别国工人饭碗的指责；在货币经济方面，中国购买的美国国债最多只有5%的收益，这一来一回，就是10%的净损失，还不算中国付出的环境污染、本土企业被挤出等隐性成本或难以计算的损失。

中国明明拥有超过11万亿元的储蓄余额，为什么还要拼命招商引资尤其是吸引外商直接投资，以至于各地政府以之作为政绩标杆？10多年来，中国官产学界不断有人提出警告，呼吁加快产业升级和向服务业的拓展，甚至政府给予了明确的政策导向，这条高消耗、低效率之路越走越远，直至把国内资源"资本化"殆尽后，今天宁可满世界像冤大头一样高价买资源，仍继续在出口—加工工业化的不可持续路径上越陷越深？为什么外资的流入和贸易出口的增长这么快，中国拥有的巨额外汇储备越来越惊人，但却并没有给中国最广大的产业工业和农民带来什么福利，以至于父亲10年前到广州打工一月赚500元钱，10年后儿子去还是拿这么多钱？这钱都让谁赚去了？这些问题当然从经济、社会及至政治角度可以拿出不同的答案，但却缺乏一个将中国的角色放在全球体系中系统性考量的解释。

与11年前的那次人民币的大幅贬值形成鲜明对比的是，此次人民币汇率的一次微调，不仅在国际货币市场引起大的震动，而且成为中国老百姓关注的焦点，影响到了很多人的切身利益。人民币汇率有史以来第一次起到了牵一发而动全身的作用，这是一个巨大的进步，它也使我们相信，人民币价格的一个小的动作，会带来许多改革的需求；调整汇率形成机制，也因此有可能成为国内经济政策的一个转机。

中国经济要实现健康的可持续增长，必须把现在中国依靠出口和投资拉动的经济增长模式，改变为内需推动、以内部为导向的增长方式，达到内部经济平衡；中国内部的广大市场必须尽快启动，中国本土资本的活动性和滚动性效率需要激发和提高，企业需要依靠升级和技术进步刷新在国际市场中的竞争能力。在这些方面，汇率能够起到约束和激励作用，同时还需要投融资体制、贸易政策、财税制度和金融服务等诸多因素的改进。因汇率形成机制的解冻而打开的要素价格国家管制的大门，虽然只是一条小缝，也会因为来自市场、来自农民出自自身利益而推动的巨大倍增效应，对中国更为宏大的市场化改革和经济转轨起到不可估量的作用。

（引自高昱《商务周刊》2005年8月1日的文章。）

四、汇率体系

世界上的汇率体系主要包括固定汇率制和浮动汇率制。

（一）固定汇率制

固定汇率制是指一国货币同他国货币的汇率基本固定，其波动仅限于一定的幅度之内。

实行固定汇率有利于一国经济的稳定，也有利于维护国际金融体系与国际经济交往的稳定，减少国际贸易与国际投资的风险。但是，实行固定汇率要求一国的中央银行有足够的外汇或黄金储备。如果不具备这一条件，必然出现外汇黑市，黑市的汇率要远远高于官方汇率，这样反而会不利于经济发展与外汇管理。

（二）浮动汇率制

浮动汇率制是指一国中央银行不规定本国货币与他国货币的官方汇率，听任汇率由外汇市场自发地决定。浮动汇率制又分为自由浮动与管理浮动。

自由浮动又称"清洁浮动",指中央银行对外汇市场不采取任何干预措施,汇率完全由市场力量自发地决定。

管理浮动又称"肮脏浮动",指实行浮动汇率制的国家,其中央银行为了控制或减缓市场汇率的波动,对外汇市场进行各种形式的干预活动,主要是根据外汇市场的情况售出或购入外汇,以通过对供求的影响来影响汇率。

实行浮动汇率有利于通过汇率的波动来调节经济,也有利于促进国际贸易,尤其在中央银行的外汇与黄金储备不足以维持固定汇率的情况下,实行浮动汇率对经济较为有利,同时也能取缔非法的外汇黑市交易。但浮动汇率不利于国内经济和国际经济关系的稳定,会加剧经济波动。

【经典案例】　　　　固定汇率制——国际金本位

19世纪后期和20世纪初期,世界上大多数主要国家在金本位制下运行。每个国家都维持黄金储备,并同意一单位本国通货兑换一定量黄金。在金本位制下,世界各国保持固定汇率制。

假设美国财政部随时准备以一盎司黄金买卖100美元,而德国中央银行随时准备以一盎司黄金买卖100马克。这些政策共同固定了美元和马克之间的汇率,即1美元必定交换1马克,否则,单一价格规律就要发生作用,而且在一个国家购买黄金并在另一个国家出售就是有利的。

假设汇率是每美元3马克。在这种情况下,套利者可以用100美元购买300马克,用这些马克从德国中央银行购买3盎司黄金,把黄金带到美国,并以300美元卖给美国财政部,获得利润200美元。通过把黄金从德国带到美国,套利者增加了美国的货币供给,而减少了德国的货币供给。

因此,在金本位制时代,套利者的国际黄金转移就是调整货币供给和稳定汇率的自动机制。这种制度并没有完全固定汇率,因为在距离遥远的两国间运送黄金是有成本的,但国际金本位制在运输成本确定的范围内保持了汇率。因此,它防止了大幅度而长久的汇率变动。

五、影响汇率的因素

两种货币实际所代表的价值量是汇率决定的基础,并受下列主要因素影响而不断变动。

(一)国际收支

国际收支中外贸收支对汇率变动起决定性的作用。外贸顺差,本币汇率就上升;反之,就下跌。外贸收支直接影响外汇供求。

（二）通货膨胀

通货膨胀既直接关系到货币本身实际代表的价值与购买力，又关系到商品的对外竞争能力与对外汇市场的心理影响。通货膨胀减缓，本币汇率就上涨；反之，则下跌。

（三）利率水平对资本的流动的影响

一定条件下，高利率水平可吸引国际短期资金流入，提高本币汇率；低利率则反之。

（四）各国的汇率政策

汇率政策虽然不能改变汇率的基本趋势，但一国根据本国货币走势，进一步采取加剧本币汇率的下跌或上涨的措施，其作用不可低估。

（五）投机活动

投机活动特别是跨国公司的外汇投机活动，有时能使汇率波动超出预期的合理幅度。

（六）政治事件

国际上突发的重大政治事件，对汇率的变化也有重大影响。上述各因素的关系，错综复杂：有时各种因素会合在一起同时发生作用；有时个别因素起作用；有时各因素的作用以相互抵消；有时某一因素的主要作用，突然为另一因素所代替。

一般而言，在较长时间内（如一年）国际收支是决定汇率基本走势的重要因素；通货膨胀、汇率政策只起从属作用——助长或削弱国际收支所起的作用；投机活动不仅是上述各项因素的综合反映，而且在国际收支状况决定的汇率走势的基础上，起推波助澜的作用，加剧汇率的波动幅度；从最近几年看，在一定条件下，利率水平对一国汇率涨落也起重要作用。

【知识链接】　　　　　影响汇率变动的重要组织

1. 国际货币基金组织（IMF）

国际货币基金组织是政府间的国际金融组织，它是根据 45 个同盟国于 1944 年 7 月在美国新罕布什尔州布雷顿森林村通过《国际货币基金协定》而建立起来的。该组织于 1945 年 12 月 27 日正式成立，1947 年 3 月 1 日开始办理业务，1947 年 11 月 15 日成为联合国的一个专门机构，但在经营上有其独立性。

2. 八国集团（G8）

八国集团的全称是"八国首脑会议"。20世纪70年代初,西方国家经历了第二次世界大战后最严重的全球性经济危机,为共同研究世界经济形势,协调各国政策,重振西方经济,在法国的倡议下,法、美、德、日、英、意六国领导人于1975年11月在法国举行了第一次首脑会议。1976年增加了加拿大,形成七国集团,也称为"西方七国首脑会议"。1994年第20次会议时,俄罗斯总统叶利钦正式参加政治问题讨论,形成了"7+1"机制。1997年,美国总统克林顿作为东道主邀请叶利钦以正式与会者的身份"自始至终"参加会议,并首次与七国集团首脑以"八国首脑会议"的名义共同发表"最后公报"。从此,延续了23年的"西方七国首脑会议"成为了"八国首脑会议"。

3. 欧佩克（OPEC）

欧佩克的全称为"石油输出国家组织",该组织成员国的石油蕴藏约占世界石油蕴藏总量的77%,其石油产量约占全球石油总产量的40%。石油输出国家组织于1960年9月14日在伊拉克首都巴格达成立,其成立的宗旨是维护产油国利益,维持原油价格及产量水准。成立时,有沙特阿拉伯、委内瑞拉、科威特、伊拉克及伊朗五国加盟。其后,陆续加入的会员国包括：卡塔尔、利比亚、印尼、阿拉伯联合酋长国、阿尔及利亚、尼日利亚、厄瓜多尔及加蓬八国,其中厄瓜多尔及加蓬已退出。石油、黄金与美元,是全球重要的战略资源,因而石油输出国家组织的石油政策与美元汇率的涨跌息息相关。

4. 欧洲央行（ECB）

欧洲央行的全称为"欧洲中央银行",根据1992年《马斯特里赫特条约》的规定于1998年7月1日正式成立,其前身是设在法兰克福的欧洲货币局。欧洲央行的职能是维护货币的稳定,管理主导利率、货币的储备和发行以及制定欧洲货币政策；其职责和结构以德国联邦银行为模式,独立于欧盟机构和各国政府之外。欧洲中央银行是世界上第一个管理超国家货币的中央银行,它不接受欧盟领导机构的指令,不受各国政府的监督。它是唯一有资格允许在欧盟内部发行欧元的机构,欧元正式启动后,欧元国政府失去制定货币政策的权力,而必须实行欧洲中央银行制定的货币政策。但由于欧盟区每个国家的经济情况和问题都不同,而欧洲央行的政策只有一个,所以统一的政策在不同的欧盟区国家里被执行的难度很大。

5. 美联储（Fed）

美联储的全称是"美国联邦储备银行",其类似于美国的中央银行,完全独立地制定货币政策,保证经济获得最大程度的非通货膨胀的增长。美联储是根据1913年美国国会的一项法案设立的,共由12家区域性的联邦储备银行构成,这12家银行各自推举一名代表出任美联储联邦顾问委员会成员。每月,美联储货币政策委员会都将召开货币政策会议,对各联储银行收集来的消息和其他相关经济信息进行分析,并对当前和未来的经济形势作出评估,随即决定采用什么方式来配合经济的增长或延缓经济的下滑，包括利率水平的决定。由于美国经济在世界上的主导地位，美联储对国内和国际经济的看法和政策都显得非常重要，对外汇市场常常有较大的影响。

6. 美国财政部

美国财政部成立于1789年，其职责是处理美国联邦政府的财政事务、征税、发行债券、偿付债务、监督通货发行，制定和建议有关经济、财政、税务及国库收入的政策，进行国际财务交易。财政部长在总统内阁官员中居第二位，也是国际货币基金组织、国际复兴开发银行、美洲国家开发银行、亚洲国家开发银行的美方首脑。从2001年开始的美元弱势行情，跟美国财政部的大肆宣传很有关系。美财政部的一举一动是外汇市场非常关注的问题，其现行的政策是利用弱化美元来解决美国越来越严重的贸易赤字、财政赤字以及劳务市场等问题。

7. 日本财政部

日本财政部是外汇市场里最活跃的成员，专门负责日元政策和外汇市场的干预工作，曾经为干预日元的波动而一日花掉150亿日元。日本央行原来是财政部下的一个机构，后来成为独立的央行，负责印刷钞票、制定利率政策和解决其他金融方面的问题。日本央行用10年时间的"零利率政策"应对1989年以来的日本经济衰退，并取得了一定的效果。每次财政部决定干预汇市时，日本央行就会利用20多个被选银行部署汇市的干预行动。

六、国际资本流动与国际金融市场

（一）国际资本流动

1. 国际资本流动的概念

国际资本流动是指资本在国际间转移；或者说资本在不同国家或地区之间作单向、双向或多向流动，具体包括贷款、援助、输出、输入、投资、债务的增加、债权的取得、利息收支、买方信贷、卖方信贷、外汇买卖、证券发行与流通，等等。

2. 国际资本流动的原因

引起国际资本流动的原因很多，归结起来主要有以下几个方面：

（1）过剩资本的形成或国际收支大量顺差。过剩资本是指相对的过剩资本。随着资本主义生产方式的建立，资本主义劳动生产率和资本积累率的提高，资本积累迅速增长，在资本的特性和资本家唯利是图本性的支配下，大量的过剩资本就被输往国外，追逐高额利润，早期的国际资本流动就由此而产生了。随着资本主义的发展，资本在国外获得的利润也大量增加，反过来又加速了资本积累，加剧了资本过剩，进而导致资本对外输出规模的扩大，加剧了国际资本流动。近

20年来，国际经济关系发生了巨大的变化，国际资本、金融和经济等一体化趋势有增无减，加之现代通信技术的发明与运用，资本流动方式的创新与多样化，使当今世界的国际资本流动频繁而快捷。总之，过剩资本的形成与国际收支大量顺差是早期也是现代国际资本流动的一个重要原因。

（2）利用外资策略的实施。无论是发达国家，还是发展中国家，都会不同程度地通过不同的政策和方式来吸引外资，以达到一定的经济目的。美国目前是全球最大的债务国。而大部分发展中国家，经济比较落后，迫切需要资金来加速本国经济的发展，因此，往往通过开放市场、提供优惠税收、改善投资软硬环境等措施吸引外资的进入，从而增加或扩大国际资本的需求，引起或加剧国际资本流动。

（3）利润的驱动。增值是资本运动的内在动力，利润驱动是各种资本输出的共有动机。当投资者预期到一国的资本收益率高于他国，资本就会从他国流向这一国；反之，资本就会从这一国流向他国。此外，当投资者在一国所获得的实际利润高于本国或他国时，该投资者就会增加对这一国的投资，以获取更多的国际超额利润或国际垄断利润，这些也会导致或加剧国际资本流动。在利润机制的驱动下，资本从利率低的国家或地区流往利率高的国家或地区。这是国际资本流动的又一个重要原因。

（4）汇率的变化。汇率的变化也会引起国际资本流动，尤其是20世纪70年代以来，随着浮动汇率制度的普遍建立，主要国家货币汇率经常波动，且幅度大。如果一个国家货币汇率持续上升，则会产生兑换需求，从而导致国际资本流入，如果一个国家货币汇率不稳定或下降，资本持有者可能预期到所持的资本实际价值将会降低，则会把手中的资本或货币资产转换成他国资产，从而导致资本向汇率稳定或升高的国家或地区流动。

在一般情况下，利率与汇率呈正相关关系。一国利率提高，其汇率也会上浮；反之，一国利率降低，其汇率则会下浮。例如，1994年美元汇率下滑，为此美国连续进行了7次加息，以期稳定汇率。尽管加息能否完全见效取决于各种因素，但加息确实已成为各国用来稳定汇率的一种常用方法。当然，利率、汇率的变化，伴随着的是短期国际资本（游资或热钱）的经常或大量的流动。

（5）通货膨胀的发生。通货膨胀往往与一个国家的财政赤字有关系，如果一个国家出现了财政赤字，该赤字又是以发行纸币来弥补，必然增加了对通货膨胀的压力，一旦发生了严重的通货膨胀，为减少损失，投资者会把国内资产转换成外国债权。如果一个国家发生了财政赤字，而该赤字以出售债券或向外借款来弥补，也可能会导致国际资本流动，因为，当某个时期人们预期到政府又会通过印发纸币来抵销债务或征收额外赋税来偿付债务，则又会把资产从国内转往国外。

（6）政治经济及战争风险的存在。政治、经济及战争风险的存在，也是影响一个国家资本流动的重要因素。政治风险是指由于一国的投资气候恶化而可能使资本持有者所持有的资本遭受损失的风险。经济风险是指由于一国投资条件发生变化而可能给资本持有者带来的损失的风险。战争风险，是指可能爆发或已经爆发的战争对资本流动造成的可能影响。例如海湾战争，就使国际资本流向发生重大变化，在战争期间许多资金流往以美国为主的几个发达国家（大多为军费），战后安排又使大量资本涌入中东，尤其是科威特等国。

(7) 国际炒家的恶性投机。所谓恶性投机，可包含这两种含义：

①投机者基于对市场走势的判断，纯粹以追逐利润为目的，刻意打压某种货币而抢购另一种货币的行为。这种行为的普遍发生，会导致有关国家货币汇率的大起大落，进而加剧投机，汇率进一步动荡，形成恶性循环，投机者则在"乱"中牟利。这是一种以经济利益为目的的恶性投机。

②投机者不是以追求盈利为目的，而是基于某种政治理念或对某种社会制度的偏见，动用大规模资金对某国货币进行刻意打压，由此阻碍、破坏该国经济的正常发展。

无论是哪种投机，都会导致该国资本的大规模外流，并会导致该国经济的衰退，如1997年7月爆发的东南亚货币危机等。

(8) 其他因素。如政治及新闻舆论、谣言、政府对资本市场和外汇市场的干预以及人们的心理预期等因素，都会对短期资本流动产生极大的影响。

3. 国际资本流动的影响

各国间资本的流动取决于利率的差异，如果国内利率高于国际利率，则资本流入国内；如果国内利率低于国际利率，则资本流往国外。资本流入有利于增加总需求，并改善国际收支状况；而资本流出会减少需求，使国际收支状况恶化。

如果利率上升，在国内会使国内生产总值减少，这种减少会减少进口，改善贸易收支状况。当国际利率水平不变时，国内利率水平上升会使资本流入。这样，利率的上升就使国内生产总值减少，国际收支状况改善。相反，如果利率下降，在国内会使国内生产总值增加，从而会增加进口，使贸易收支状况恶化。当国际利率水平不变时，国内利率水平下降又会使资本流出。这样，利率的下降就会使国内生产总值增加，国际收支状况恶化。

（二）国际金融市场

1. 国际金融市场的概念

国际金融市场指从事各种国际金融业务活动的场所。此种活动包括居民与非居民之间或非居民与非居民之间的活动。

在国际领域中，国际金融市场显得十分重要，商品与劳务的国际性转移、资本的国际性转移、黄金的输入输出、外汇的买卖以至于国际货币体系运转等各方面的国际经济交往都离不开国际金融市场，国际金融市场上新的融资手段、投资机会和投资方式层出不穷，金融活动也凌驾于传统的实质经济之上，成为推动世界经济发展的主导因素。

2. 国际金融市场的划分

国际金融市场可以按照不同的分类方法进行划分。

（1）按性质不同划分。

传统国际金融市场：从事市场所在国货币的国际信贷和国际债券业务，交易主要发生在市场所在国的居民与非居民之间，并受市场所在国政府的金融法律法规管辖。

离岸金融市场：其交易涉及所有可自由兑换的货币，大部分交易是在市场所在国的非居民之间进行的，业务活动也不受任何国家金融体系规章制度的管辖。

（2）按资金融通期限的长短划分。

国际货币市场：指资金借贷期在1年以内（含1年）的交易市场，或称短期资金市场。

国际资本市场：指资金借贷期在1年以上的中长期信贷或证券发行，或称长期资金市场。

（3）按经营业务的种类划分。

国际资金市场：是狭义上的国际金融市场，即国际间的资金借贷市场，按照借贷期限长短可划分为短期信贷市场和长期信贷市场。

国际外汇市场：由各类外汇提供者和需求者组成的，进行外汇买卖、外汇资金调拨和外汇资金清算等活动的场所。主要业务包括外汇的即期交易，远期交易、期货交易和期权交易。伦敦是世界最大的外汇交易中心，世界上比较重要的外汇交易市场还包括纽约、苏黎世、法兰克福、东京和新加坡。

证券市场：是股票、公司债券和政府债券等有价证券发行和交易的市场，长期资本投资人和需求者之间的有效中介，是金融市场的重要组成部分。

国际黄金市场：指专门从事黄金交易买卖的市场。

（4）按金融资产交割的方式不同划分。

现货市场：指现货交易活动及场所的总和。

期货市场：主要交易类型有外国货币期货、利率期货、股指期货和贵金属期货等。

期权市场：是投资者进行期权交易的场所。

3. 国际金融市场形成条件

（1）政局稳定。这是最基本条件。

（2）有较强的国际经济活力。对外开放，贸易具有一定规模，对外经济交往活跃。

（3）外汇管制少，基本上实现自由外汇制度，管理很松，征低税或免征税，货币政策、财政政策较松，较优惠。

（4）国内发达的金融市场。如机构、信用、体制、设施、通信等。

（5）地理位置好，交通便利，通信设施完善。

（6）国际金融人才。

4. 国际金融市场的作用

（1）大规模的国际资金的运用、调拨，合理高效地进行配置调节，生产和资本国际化。

（2）调节各国国际收支。汇率自动调节；国际储备动用；金融市场上借贷筹措资金，维护一国国际收支。

（3）畅通国际融资渠道能使一些国家顺利地获得经济发展所需资金。联邦德国和日本的兴起就依赖欧洲货币市场；亚洲货币市场对亚太地区经济发展起到积极作用。

（4）银行业务国际化。各国银行通过市场有机地联系在一起，在国际间建立了良好信用关系。

（5）资金余缺的调配，极大地推动了第三世界经济发展，从而使整个世界焕然一新。

当然国际金融市场也会产生消极影响，游资的冲击、危机传播和投机等的存在带来了诸多不安。

七、国际金融对一国宏观经济的影响

（一）汇率变动的影响

汇率变动对一国经济有重要的影响，主要是影响进出口贸易。汇率贬值有增加出口、减少进口的作用。相反，汇率升值则有减少出口、增加进口的作用。这样，汇率贬值就可以使国内生产总值增加。同时，因为边际出口倾向小于1，所以尽管国内生产总值增加会使进口增加，但进口的增加一定小于出口的增加，从而也可以使贸易收支状况改善。相反，汇率升值会使国内生产总值减少，贸易收支状况恶化。

（二）国际资本流动的影响

各国间资本的流动取决于利率的差异，如果国内利率高于国际利率，则资本流入国内；如果国内利率低于国际利率，则资本流往国外。资本流入有利于增加总需求，并改善国际收支状况，而资本流出会减少需求，使国际收支状况恶化。如果利率上升，则会使国内生产总值减少，这种减少会减少进口，改善贸易收支状况。当国际利率水平不变时，国内利率水平上升使资本流入。这样，利率的上升就使国内生产总值减少，国际收支状况改善。相反，如果利率下降，在国内会使国内生产总值增加，这种增加会增加进口，使贸易收支状况恶化。当国际利率水平不变时，国内利率水平下降又会使资本流出。这样，利率的下降就会使国内生产总值增加，国际收支状况恶化。

任务练习与学习思考

1. 国际贸易的经济效应有哪些？
2. 什么是国际收支平衡表？它的内容包括哪些？
3. 什么是汇率？汇率的标价法有哪些？
4. 简述国际资本的流动及其流动的原因。
5. 国际金融对一国宏观经济的影响有哪些？
6. 影响汇率的因素是什么？

参考文献

[1] 〔美〕曼昆. 经济学原理 [M]. 北京：北京大学出版社，1999.
[2] 〔美〕曼昆. 经济学原理 [M]. 第三版. 北京：机械工业出版社，2003.
[3] 梁小民. 西方经济学 [M]. 北京：中央广播电视大学出版社，2003.
[4] 梁小民. 西方经济学教程 [M]. 北京：中国统计出版社，1995.
[5] 〔美〕保罗·R·格里高利. 经济学精要 [M]. 第六版. 北京：电子工业出版社，2006.
[6] 张宏岩，范忠. 宏观经济管理与实践 [M]. 北京：经济科学出版社，2007.
[7] 郝军. 经济学基础 [M]. 北京：北京邮电大学出版社，2010.
[8] 王海滋，等. 经济学原理 [M]. 武汉：武汉理工大学出版社，2005.
[9] 韩景华. 经济学原理 [M]. 北京：清华大学出版社，北京交通大学出版社，2005.
[10] 余少谦. 西方经济学 [M]. 北京：中国财政经济出版社，2005.
[11] 李慧凤，李锡玲. 经济学原理 [M]. 北京：北京邮电大学出版社，2007.
[12] 何璋. 西方经济学 [M]. 北京：中国财政经济出版社，2003.
[13] 梁小民. 经济学是什么 [M]. 北京：北京大学出版社，2001.